LETTERS OF ART

LETTERS *OF* ART

KÜNSTLERBRIEFE VON MICHELANGELO BIS FRIDA KAHLO

MICHAEL BIRD

PRESTEL

München · London · New York

Inhaltsverzeichnis

Einführung

»Dein Brief kommt und spricht für dich«
W.H. Auden

Am Abend eines Februartages des Jahres 1506 unterschreibt und versiegelt Albrecht Dürer in Venedig einen Brief an seinen engsten Freund Willibald Pirckheimer, einen berühmten Nürnberger Juristen und Humanisten. Nach einer 650 km langen Reise über die Alpen, die er wohl größtenteils zu Fuß zurückgelegt hatte, war Dürer einige Wochen zuvor in Venedig angekommen. Dank der finanziellen Unterstützung seines vermögenden Freundes wird er hier ein Jahr verbringen, um seine Kenntnisse in Sachen Proportionen, Perspektive und anderer Techniken zu erweitern und zu beweisen, dass er, ein deutsch sprechender Maler aus dem rauen Norden, die italienischen Maler auf ihrem eigenen Terrain schlagen kann. Sein Brief wird auf winterlichen Straßen und über schwer passierbare Bergpässe denselben Weg zurücklegen und Pirckheimer mit viel Glück am Ende des Monats erreichen. Seine Mutter habe ihn gescholten, schreibt Dürer, dass er ihm nicht geschrieben habe. Sie befürchtete wohl, ihr Sohn hätte seinen verdienten Freund verärgert. Aufgrund eines Ausschlags (glücklicherweise im Abklingen) konnte er für längere Zeit nicht malen. Dürer neckt Pirckheimer wegen seiner Liebschaften. Dazwischen – berichtend, klagend oder sich rühmend – liefert er ihm und uns aus erster Hand eine der frühesten Beschreibungen dessen, was wir heute als die Welt der Kunst bezeichnen würden.

Indem er diesen Brief schreibt, zeigt Dürer (vermutlich ganz bewusst), dass er ein Bewohner jener »Welt« ist, in der Künstler von gleich zu gleich mit Schriftstellern, Denkern und Juristen kommunizieren, die den Oberbau einer noch zumeist des Lesens und Schreibens unkundigen Gesellschaft bilden. Dürer ist stolz darauf, dass »vernünftige und gelehrte Männer, gute Lautenschläger und Pfeifer, verständig in der Malerei und von edlem Gemüt«, seine Gesellschaft suchen und Giovanni Bellini, der von ihm am meisten geschätzte venezianische Maler, sich für seine Arbeiten interessiert. Dürers Vater war ein berühmter Goldschmied, in seinem Fach sicherlich ein Künstler. Aber er hätte nie in dieser Gesellschaft verkehrt, in der Bücher und Musik, Kunstkenntnis, Reisen ins Ausland und Briefe mit persönlichen Reflexionen und der Schilderung von Impressionen zu einer relativ neuen Form des europäischen Kunstlebens gehörten (im nördlichen Europa wesentlich unbekannter als in Italien). In Analogie dazu – auch wenn es darin um so familiäre Angelegenheiten wie eine Sendung Käse oder die Wahl einer Ehefrau geht – ist Michelangelos Brief vom Dezember 1550 an seinen Neffen Leonardo in genau dieser wunderbar klaren Handschrift verfasst, die humanistische Gelehrte entwickelten, um ihre Gedanken auszutauschen. Es ist die Handschrift eines freien Geistes, nicht die eines Kunsthandwerkers. Benvenuto Cellinis Brief von 1559 an den achtzigjährigen Michelangelo fällt mit einer weiteren Steigerung des künstlerischen Egos zusammen: Cellini schreibt an Michelangelo wie an einen Fürsten, während er selbst (was er nicht erwähnt) an seiner Autobiografie arbeitet, in der er die Rolle des heldenhaft forschen Künstlers spielt, der sich von niemandem etwas sagen lässt.

Diese Auswahl von etwa neunzig Briefen aus der Hand ebenso vieler Künstler bildet eine Übersicht über die vielfältigen Sujets in der Geschichte von Künstlern als Briefeschreiber: Von der Bewerbung, mit der sich Leonardo da Vinci um 1480 dem Mailänder Despoten Ludovico Sforza vorstellt, bis hin zu Cindy Shermans Postkarte von 1995 an den Kunstkritiker Arthur Danto. Physisch gesehen bestehen diese Briefe aus per Hand und per Schreibmaschine geschriebenen Dokumenten oder – in einem Fall – aus einer von einem Faxgerät ausgegebenen Papierrolle. Briefe erscheinen zunächst als Objekte: angefasst und angestarrt, gefaltet und entfaltet, zerknittert und glattgestrichen, in Umschläge oder Jackentaschen gesteckt, als Lesezeichen verwendet, mit Kaffee befleckt, von Mäusen angenagt, in Schuhschachteln vergessen. Mary Savig zufolge sind »handgeschriebene Briefe Performances auf Papier ... in denen Sprache und Kunst ineinandergreifen.«[1] Seit Mitte der 1990er Jahre ziehen wir den »Performances auf Papier« jedoch zunehmend digitale Alternativen vor. Eine Auswahl von »analogen« Künstlerbriefen von 1995 bis 2495 wird – falls es noch jemanden gibt, der sie liest – eine (in mehrfacher Hinsicht) wesentlich dünnere Publikation ergeben.

Was Freunde und Liebende einander in Briefen mitteilen, hat sich in fünfhundert Jahren nicht besonders verändert. »Ich wollte, dass Ihr hier in Venedig wäret«, schreibt Dürer an Pirckheimer. »Plötzlich habe ich Dich vermisst«, kritzelt Ben Nicholson 1931 in einem Brief an Barbara Hepworth auf das Papier; Winifred, seine Frau, »malt und ist glücklich«. »Du fehlst mir, ich wünschte, wir könnten das hier miteinander teilen«, schreibt Lee Krasner 1956 an Jackson Pollock, ihren schwierigen Ehemann, von dem sie sich in Paris erholen wollte. Briefe wie diese treffen etwas, was elektronischen Medien in dieser Form nicht möglich ist: Was die Empfänger in der Hand halten, ist ein Zeichen der Anwesenheit, durch das zugleich Abwesenheit und Ferne deutlich wird. Gleich Saurierknochen oder den Scherben antiker Vasen verweisen fast alle jener der Vergangenheit entrissenen Briefe auf einen viel größeren Zusammenhang, der von den Umständen ihrer Entstehung erzählt: durch physische Merkmale wie der Art der Handschrift oder des Papiers oder durch das Auswerten von Indizien des Briefinhalts selbst (wo, wann und an wen geschrieben; Anspielungen und Hinweise auf weitere Ereignisse; spezifische Wortwahl und Formulierung). Nüchtern betrachtet ist das Vergnügen, sich den Moment vorzustellen, in dem die Absender sich zum Schreiben hingesetzt haben, bei Künstlerbriefen das gleiche wie bei jeder anderen Sammlung von Briefwechseln.

Der wesentliche Unterschied liegt in der Vielfalt der oft überraschenden Einblicke in die Kunstgeschichte, die sie über das rein Persönliche hinaus bieten. Man kann Krasners Brief an Pollock als bloße Szene einer Ehe lesen: Auf der anderen Seite des Atlantiks angekommen, drückt die Ehefrau eines alkoholsüchtigen, berühmten weißen Mannes ihre Gefühle aus; er schickt ihr dunkelrote Rosen ins Hotel. Einerseits will sie ihn

1 Mary Savig, Pen to Paper: *Artists' Handwritten Letters from the Smithsonian's Archives of American Art* (Princeton Architectural Press, New York, 2016), S. 9

küssen und sich versöhnen. Andererseits will sie, als wäre dies ein bedingter Reflex, etwas über sein Handeln und seinen Gemütszustand erfahren (»Wie geht's dir, Jackson?«). Sieht man den Brief in anderem Licht, so lassen sich (geht man den von Krasner genannten Themen, Orten, Personen und den zwischen ihnen bestehenden Beziehungen nach) ganze Phasen der Geschichte der amerikanischen und europäischen Malerei nach dem Krieg erschließen – es würde für ein Buch reichen. In den kurzen, den Transkriptionen bzw. Übersetzungen vorangestellten Kommentaren, habe ich einige solcher Themen behandelt. Es mag sein, dass Briefe nicht dafür gedacht sind, auf diese Weise interpretiert zu werden. Briefe, seit jeher versiegelt oder verpackt wie Geschenke, richten sich an eine Person und nur sie hat das Recht, das Siegel oder den Umschlag zu öffnen. Doch die Lektüre all dieser nicht für uns bestimmten Zeilen macht einmal mehr die befremdliche Tatsache bewusst, dass das Auge der Geschichte keine Privatsphäre zulässt.

Die intimsten und zugleich am deutlichsten mit der großen Geschichte der Kunst verbundenen Briefe dieses Buchs sind die der französischen Bildhauerin Camille Claudel und ihres Lehrers Auguste Rodin. Wie so oft beginnt es damit, dass sich ein berühmter Meister mittleren Alters in eine junge, schöne und begabte Assistentin verliebt, die seine Avancen weit länger als gewohnt zurückweist. Rodin, nicht gerade ein Sprachkünstler, versteigt sich in seinem Brief an Claudel zu gewagten Formulierungen, nur mit dem Zweck, sie mittels Worten ins Bett zu bekommen. Sie anbetend kniet er vor ihr – so beschreibt er sich –, wie die männliche Figur der Skulptur *Ewiges Idol*, an der er möglicherweise schon arbeitete. Claudels Brief an Rodin stammt aus einer späteren Phase ihrer Beziehung, als sie während einer Art Flitterwochen so viel Zeit wie möglich zusammen in einem schönen kleinen Landschloss an der Loire verbringen. Geht es in Rodins Brief in erster Linie über ihn selbst (als sei er, von Leidenschaft überwältigt, nicht in der Lage, ihre Gefühle zu ergründen), so zeigt Claudels Brief auf subtile und fast rührende Weise, wie gut sie sich in Rodin einfühlen kann. Statt in eine Badeanstalt zu gehen, will sie im Fluss baden. Und könne er ihr in Paris einen Badeanzug besorgen – dunkelblau und mit weißen Borten? Rodins Abwesenheit ist durch wichtige Angelegenheiten bedingt, vielleicht ist er sogar bei seiner langjährigen Geliebten Rose Beuret. Doch da Rodin Dinge berühren muss, um sie zu verstehen, wird ihn der Kauf eines Badeanzugs physisch an Camille erinnern. Claudel schließt mit der Beschreibung dessen, woran er vermutlich schon denkt und was ihn zu ihr zurückbringen soll: »Ich schlafe völlig nackt, um das Gefühl zu haben, dass Sie da sind.« Claudels und Rodins Liebesverhältnis sollte kein Happy End vergönnt sein: Camille gerät in große finanzielle und psychische Krisen, sie landet schließlich in der Psychiatrie. Im Wissen um dieses Ende kommt heute in ihrem glücklichen, jugendlich optimistischen und klar erotisch konnotierten Brief tragische Ironie zum Ausdruck. Aber vielleicht gibt es bereits Hinweise auf das nahende Unglück? Vielleicht ist es jener selbstbemitleidende, effektheischende Ton, der in der Verführungsrhetorik von Rodins früherem Brief spürbar ist? Oder vielleicht auch Claudels Postskriptum: »Und vor allem betrügen Sie mich nicht mehr.« Hier wird uns Lesern auf peinliche Art bewusst, dass wir die dritte Person im Raum sind.

Ob es um Liebe, Geld, Kollegialität oder Rivalität im Beruf geht oder auch nur um das Gefühl, auf eine unvermutete Anfrage antworten zu müssen: Die Beziehung zwischen Sender und Empfänger bildet die Matrix jedes Briefes. Da sie jene Menschen waren, die die Briefe aufbewahrten – manchmal, weil ihnen ihre potenzielle historische Bedeutung klar war und ihr Nachlass in Museen und Archiven endete –, darf es nicht überraschen, dass viele der Empfängerinnen und Empfänger selbst auch Namen aus der Kunstgeschichte darstellen. Darunter finden sich aber auch weitere Figuren der Kulturpolitik wie der Dichter, Komponist, Diplomat und fürstliche Kunstberater Constantijn Huygens oder Anatoli Lunatscharski, Volkskommissar für das Bildungswesen im postrevolutionären Russland. Andere, wie Renoirs Mäzen Georges Charpentier, der New Yorker Galerist Leo Castelli oder die Kritikerin und Kuratorin Lucy Lippard, waren aktive Akteure der Kulturwirtschaft ihrer Zeit, sie sammelten und interpretierten Werke, veranstalteten Ausstellungen, verkauften Bilder und veränderten auf vielfältige Weise das Klima in der damaligen Kunstwelt.

Die Gründe, weswegen Künstlerinnen und Künstler Briefe verfassten, haben genauso häufig mit diesen kommerziellen Aspekten zu tun, wie mit den Arbeiten selbst. Rembrandts Briefwechsel mit Huygens ist ein Musterbeispiel dafür, wie man mit ehrerbietiger Zurückhaltung eine berechtigte Ungeduld zum Ausdruck bringt. »Wo bleibt mein Geld?« ist ein häufiges Thema in Künstlerbriefen vom 16. Jahrhundert bis heute. Courbets nüchterner und reservierter Brief an den Marquis de Chennevières stammt von einem Künstler, der seinen gesellschaftlichen Erfolg größtenteils Menschen verdankt, die er im Grunde verachtet. Judy Chicago schreibt an Lucy Lippard als eine Künstlerkollegin und ideologische Mitstreiterin in der Frauenbewegung der 1970er Jahre. Förderer eines Künstlers zu sein, ist ohnehin eine Berufung an sich: Otto Mauer, John Rothenstein, Sam Wagstaff und Erica Brausen sind nirgendwo auch nur annähernd so bekannt wie die von ihnen unterstützten Künstler (Joseph Beuys, Henry Moore, Agnes Martin und Francis Bacon). Aber zumindest in den Briefen erkennen und spüren wir deren wechselseitige Beziehung.

Briefe, in denen die Verfasser am ehesten in der Lage sind, ihren Gedanken Ausdruck zu verleihen oder Bilder mit Worten zu malen, sind erwartungsgemäß oft Briefe von »Künstlern an Künstler«. In der Hoffnung, dass sein *compare* (Kollege) Michelangelo seine Beziehungen nutzen kann, damit er seinen Lohn erhält, gesteht Sebastiano del Piombo: »Um Euch die Wahrheit zu sagen: Ich bin pleite.« »Manchmal«, grübelt Dorothea Tanning in einem Brief an Joseph Cornell, »denke ich, schreiben, nicht reden, ist das einzige wirklich befriedigende Mittel, mit denen in Verbindung zu bleiben, die man liebt. Ich finde, dass unsere Briefe weit mehr unser wahres Gefühlsbarometer wiedergeben, als wenn wir in New York einige überfrachtete Momente lang miteinander sprechen.« In seiner Antwort an Ulay und Marina Abramović, die er auf einem Performance-Festival in Europa kennenlernte und die ihn gebeten hatten, ihnen zehn Bumerangs zu übersenden, schildert der australische Künstler Mike Parr eine surreale Reise nach Queensland: »1000 km in einem typisch irren australischen Zug« über Flächen, »die bis zum Horizont krochen, sodass man sich in einem Traum glaubte.«

Gelegentlich wird der Vorgang des Briefschreibens, bei dem »Sprache und Kunst ineinandergreifen«, zu einer Form des Nachdenkens über Arbeit und Werk. Das berühmt gewordene Bild seines Schlafzimmers in Arles beschreibend erklärt van Gogh Paul Gauguin die Wahl seiner Farben: »Die Wände hell violett, der Boden in einem gebrochenen und verblassten Rot, die Stühle und das Bett chromgelb ... das Fenster grün« und wie sehr er sich gewünscht habe, »mit all diesen unterschiedlichen Tönen das Gefühl vollkommener Ruhe auszudrücken.« In Marcel Duchamps Brief aus New York an seine Schwester Suzanne in Paris im Ersten Weltkrieg wird die Formulierung »une sculpture toute faite« (»a sculpture already made«) auf der folgenden Seite zu »readymade«. Es ist dies die erste nachgewiesene Verwendung eines Ausdrucks, mit dem Duchamp die Kunst der Moderne nachhaltig beeinflussen wird.

Kunstklatsch und Künstlertratsch sowie Einblick in persönlichen Kummer (»glaube, meinen angegriffenen Verstand zu verlieren«, äußert der gealterte Cézanne auf dem Höhepunkt seines Könnens) sind der ständige und alltägliche Pulsschlag – die reale Welt, ohne die die Welt der Kunst nur ein Talentwettbewerb ist. Claudels Einkaufsvorschläge an Rodin mit Bezug auf Les Grands Magazins du Louvre und Le Bon Marché ermöglichen einen kurzen Blick auf ein kulturelles Phänomen der Belle Époque: den demokratisierten Chic der neuen Kaufhäuser. Wir erfahren weiter von Vanessa Bells Plänen zur Raumgestaltung (»Ich würde wohl viele Wände weiß oder farbig tünchen«), Michelangelos Überlegungen, was er mit all dem Käse machen soll, den sein Neffe ihm übersandt hat, Mondrians Zahnproblemen und Zhu Das Verstopfung, Pissarros Bemerkungen über Homöopathie, Hockneys neuem Faxgerät, George Grosz' Geburtstagsfeier, Eva Hesses Medikamenten und Jules Olitskis Bedarf an Klarsichtfolien. Francis Bacon bewundert »gestärkte Shorts und hochglanzpolierte Gamaschen« der südrhodesischen Polizei (»unsagbar sexy«). John Constable erklärt seinem Mentor John Thomas Smith, dass er den Dorfschuster beauftragt habe, seinen Brief zu überbringen, einen Mann, der »sich wohl nie weiter als 20 Meilen von seinem Haus entfernt hat.«

Einige der in diesem Buch behandelten Künstler wurden auch schriftstellerisch tätig. Michelangelo und William Blake traten als Dichter, Dürer und Joshua Reynolds als Verfasser kunsttheoretischer Schriften auf. Bei chinesischen Künstlern wie Zhu Da und Wang Zhideng waren Malerei, Dichtung und Kalligrafie – die »drei Vollkommenheiten« – gleichwertige und integrale Aspekte des Künstlertums. John Ruskin und Edward Lear sind durch ihre Bücher bekannter als durch ihre Kunst. Trotzdem zeugen diese Briefe gemeinsam und überwältigend von einer visuellen Sensibilität, die oft aus Wörtern in Bilder übergeht. In dem für seinen Jugendfreund Martin Zapater skizzierten Selbstporträt gleitet Goya ins Karikaturhafte, das er später in seinem satirischen Radierungszyklus *Los Caprichos* weiterentwickeln und vertiefen wird. Wenn Beatrix Potter ihren Brief an einen kranken Jungen mit Zeichnungen versieht, um ihn aufzuheitern, beginnt sie dabei mit der Erfindung eben jener Tierfiguren, die ihre Kinderbücher bald berühmt machen werden. Paul Signac stellt seinem Brief an Monet ein Bildchen des alten Hafens von La Rochelle voran, um zu zeigen, dass ihm die selbstverordnete »Aquarell-Therapie« weit besser bekommt als eine Kur im Thermalbad.

Vielleicht wird die »Brieftherapie« (oder ist sie es bereits?) zum Standard einer Digital-Detox-Kur. Doch auch physisch greifbare Dokumente haben ihre Nachteile: Sie erfordern Zeit, Transportmittel und die Notwendigkeit, zu einem bestimmten Zeitpunkt an einem bestimmten Ort zu sein. Ich hätte die hier vorgelegte Auswahl nicht zusammenstellen können, ohne die hochwertigen Aufnahmen von Briefen aus digitalisierten Archivbeständen, auf die man via Internet zugreifen kann. Institutionen, die in den arbeitsaufwändigen Prozess der Digitalisierung und Zugänglichmachung ihrer Archive investierten, haben es ermöglicht, dass Briefe aus Papier, die als solche oft äußerst fragil sind, im digitalen Zeitalter weiterleben dürfen (Beinecke Rare Book & Manuscript Library, British Museum, Courtauld Institute of Art, The Metropolitan Museum of Art, Tate Gallery und Smithsonian American Art Museum verdienen es, hier namentlich genannt zu werden). Aber selbst auf dem Bildschirm (eingefangen, gespeichert) behalten Briefe ihren wunderbar vergänglichen Charakter, getragen von flüchtigen Gedanken und zufälligen Beobachtungen, die wir auf eigenes Risiko zu Papier bringen. Die vorliegende Auswahl schließt mit zwei Briefen, die Künstler sozusagen an ihrem Lebensende geschrieben haben: dem bereits genannten Brief Cézannes an Émile Bernard und einem Schreiben Thomas Gainsboroughs an den Kunstsammler Thomas Harvey. Gainsborough wird bald an Krebs sterben und ist sich dessen mehr oder minder bewusst. Er erlebt eine »große Mischung aus körperlichen Schmerzen«. »Es ist seltsam«, schreibt er, »wie sich um einen Kranken all diese kindischen Leidenschaften versammeln. Ich spüre eine derartige Freude an meinen ersten Nachahmungen von kleinen holländischen Landschaften, dass ich es nicht lassen kann, jeden Tag ein, zwei Stunden zu malen ... Ich bin so kindisch, dass ich einen Drachen basteln, Goldfinken fangen oder kleine Schiffe bauen könnte.« Es scheint, als ob das Schreiben dieses Briefes, das Mitteilen seiner Gedanken, ihm einen Moment der Erlösung verschafft hätte. Er denkt daran, dass er als Junge niederländische Landschaftsbilder kopierte, Drachen und Spielzeugschiffe bastelte und einen Goldfinken in den Händen hielt. Schauen, malen, verschiedene Teile zusammensetzen, das Gefühl für Farbe – ein ganzes Künstlerleben.

Anmerkungen zum Text

Die einzelnen Briefe werden als Reproduktion präsentiert, mit Kommentar und Übersetzung oder Transkription auf der jeweils gegenüberliegenden Seite. Einige der Originalbriefe umfassen mehrere Seiten. Doch nicht jede Seite jedes Briefes liegt als Reproduktion vor und oft sind die Übersetzungen gekürzte Versionen des Gesamttexts; Auslassungen werden durch eckige Klammern angezeigt. In bestimmten Fällen wurden falsche Schreibweisen und ungewöhnliche Satzzeichen (bzw. deren Fehlen) beibehalten oder in der Übersetzung nachgeahmt. In eckigen Klammern finden sich mitunter minimale redaktionelle Ergänzungen. Wo es sinnvoll oder von Interesse erschien, wurden in die Übersetzungen bzw. Transkriptionen handgeschriebene oder gedruckte Briefköpfe mitaufgenommen. Quellenangaben finden sich auf den Seiten 222/223. Die Briefe wurden in acht thematische Abschnitte gegliedert, sie erscheinen darin aber nicht in chronologischer Reihenfolge. Eine chronologische Auflistung der Briefe findet sich auf Seite 218.

Kapitel 1

»Mittwoch war ich im Zoo«

Familie & Freunde

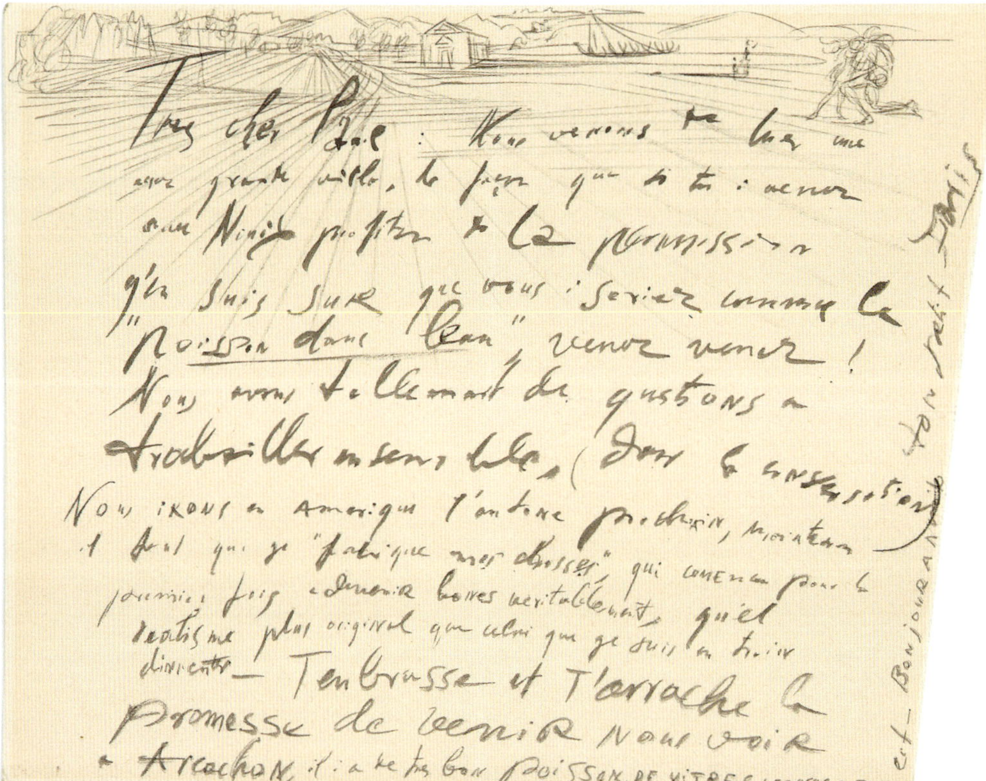

Tres cher Paul : Nous venons de louer une assez grande villa, le pays que di ti : venez avec Nusch profiter de la permission qu'en suis sur que vous y seriez comme le "poisson dans l'eau", venez venez ! Nous avons tellement de questions à travailler ensembles (dans la conversation) Nous irons en Amerique l'autonne prochain, maintenant il faut que je "fabrique mes choses" qui commencent pour la premiere fois a devenir bonnes veritablement, quel realisme plus original que celui que je suis en train d'inventer — Tembrasse et T'arrache la promesse de venir nous voir a Arcachon, il i a de tres bon poisson, de vitres leonards finis

est — BONJOUR AMICAL de petit Dalis

Salvador Dalí (1904–1989) an Paul Éluard
September 1939

Im September 1939 mieteten Salvador und Gala Dalí die Villa Salesse in der südwestfranzösischen Küstenstadt Arcachon. Seit 1936, als in Dalís Heimatland Spanien der Bürgerkrieg ausbrach, waren sie immer wieder umgezogen und wohnten mehrmals in London, Paris und dem Haus der Modeschöpferin Coco Chanel an der Côte d'Azur. Im Frühjahr 1939 war Dalí in der New Yorker Kunstszene als böser Bube aufgetreten: Von Februar bis Mai hatte er mit seinen erotisch aufgeladenen Traumbildern und Objekten in seiner Ausstellung in der Galerie Julien Levys Aufmerksamkeit und Anstoß erregt, nicht anders als mit seinem Schaufenster im Kaufhaus Bonwit Teller & Co. (an dessen Stelle heute der Trump Tower steht) und dem Pavillon Dream of Venus auf dem Vergnügungsareal der New Yorker Weltausstellung. Der Pavillon bestand aus einem kleinen, einer ausgeblichenen Korallenhöhle gleichenden Bau, in dem siebzehn »Liquid Living Ladies« in gläsernen Aquarien abwechselnd ihre Schwimmkünste vorführten.

Als in Europa noch im selben Jahr der Krieg ausbrach, wählte Dalí Arcachon als Zufluchtsort. Es war seiner Einschätzung nach der Ort in Frankreich, den die deutschen Truppen zuallerletzt erreichen würden. Vielleicht noch wichtiger war für ihn der gastronomische Ruf Arcachons, vor allem in Bezug auf Austern. In gebrochenem Französisch schreibt er seinem Freund und surrealistischen Mitstreiter, dem Dichter Paul Éluard, er solle ihn mit seiner Frau Nusch (»Ninis«) besuchen kommen – was Éluard schwerlich annehmen kann, da er im selben Monat zum Militärdienst einberufen wird. Mit dem latinisierenden Wortspiel am Ende seines Briefs »Leonoris Finis est« deutet Dalí an, dass sich auch die schöne und als Exhibitionistin bekannte italienische Surrealistin Leonor Fini in der Villa Salesse aufhält. Im August 1940 brachen die Dalís nach New York auf, wo sie bis zum Kriegsende blieben.

Liebster Paul! Wir haben vor kurzem eine ziemlich große Villa gemietet. Ich bin sicher, dass ihr beide – wenn Du mit Ninis kommst, um Deinen Urlaub zu genießen – »wie der Fisch im Wasser« sein werdet. Kommt, kommt! Wir müssen so viele Fragen klären (in unseren Gesprächen). Wir gehen im nächsten Herbst nach Amerika, jetzt muss ich die Sache rasch zu Ende bringen, die anfängt, zum ersten Mal wirklich gut zu werden. Welcher Realismus [ist] originaler, als der, den ich gerade neu erfinde –

Ich sende liebe Grüße und verlange eine Zusage, dass Ihr uns in Arcachon besuchen kommt. Es gibt hier sehr guten Fisch, Austern – Leonora Finis est – Ein herzliches Willkommen, Eure kleinen Dalís

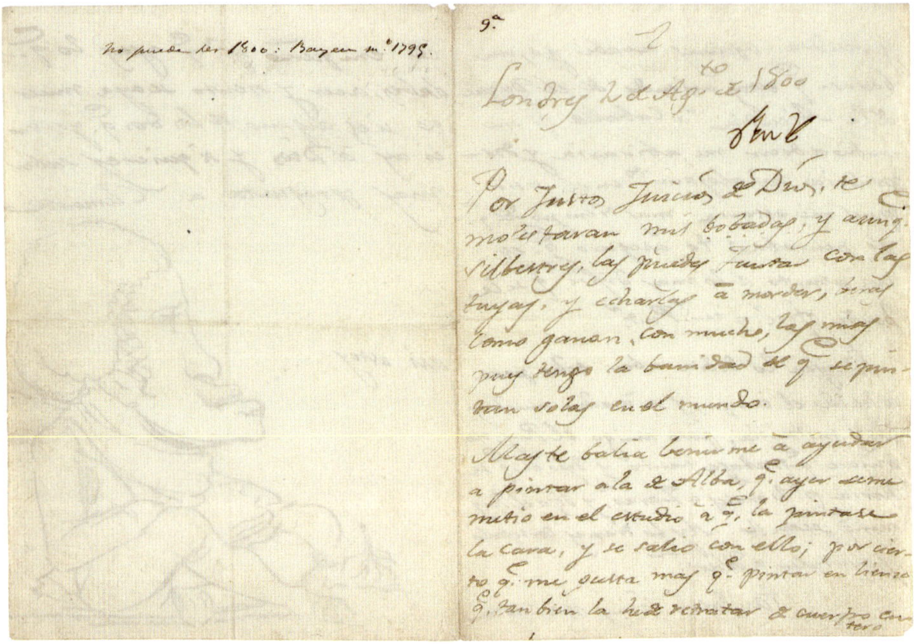

No puede ser 1800: Bayeu m. 1795.

9ª

2

Londres 2 de Agosto de 1800

Sr. D.

Por Justo Juicio de Dios, te molestaran mis bobadas, y aunque si las ves, las puedes juntar con las tuyas, y echarlas a morder, veras como ganan, con mucho, las mias pues tengo la bamidad de q. se pintan solas en el mundo.

Mas te balia benir me a ayudar a pintar a la de Alba, q. ayer se me metio en el estudio a q. le pintase la cara, y se salio con ello; por cierto q. me gusta mas q. pintar en lienzo q. tanbien la he de retratar de cuerpo entero

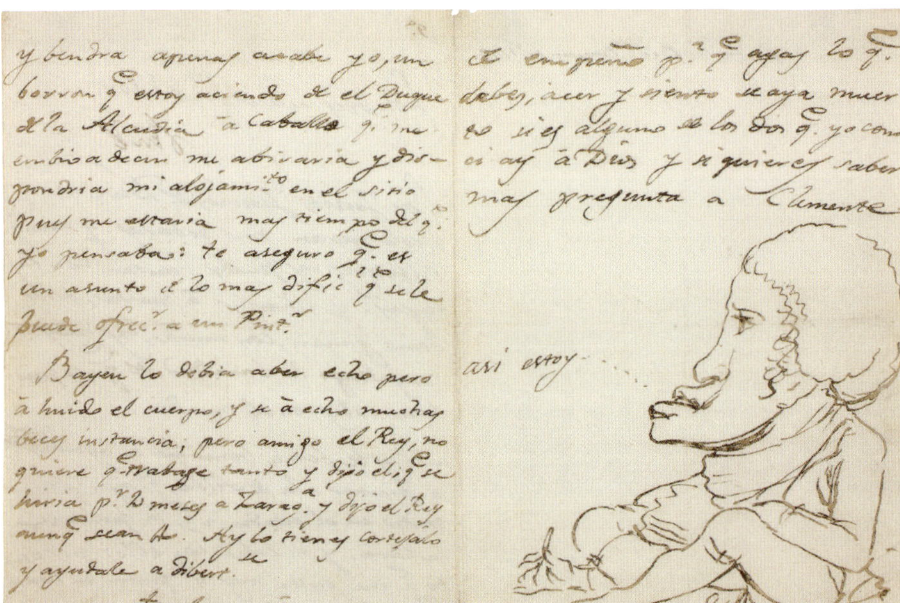

y bendra apenas acabe yo, un borron q. estoy aciendo de el Duque de la Alcudia a Caballo q. me enbio a decir me abisaria y dispondria mi alojamiento en el sitio pues me estaria mas tiempo del q. yo pensaba: te aseguro q. es un asunto el lo mas dificil q. se le puede ofrecer a un Pintor.

Bayeu lo debia aber echo pero a huido el cuerpo, y se a echo muchas beces instancia; pero amigo el Rey, no quiere q. trabage tanto y dijo el q. se hiria por 2 meses a Zaragoza. y dijo el Rey aunque sean 4. Ay lo tienes cortejalo y ayudale a dibertirse.

tanbien tienes esa carta de empeño p. q. agas lo q. debes, acer y siento se aya muerto si es alguno de los dos q. yo conoci ay a Dios y si quieres saber mas pregunta a Clemente

asi estoy......

Francisco de Goya y Lucientes (1746–1828) an Martín Zapater
Juli 1794

Francisco de Goya und Martín Zapater lernten sich in den 1750er Jahren in Saragossa an der Schule kennen und blieben bis zu Zapaters Tod 1803 enge Freunde. Nachdem Goya 1775 nach Madrid übersiedelt war, schrieben sie sich regelmäßig, tauschten Neuigkeiten oder schlüpfrigen Klatsch aus und übten sich in schrägem Humor (wie das gefakte Datum des Jahres 1800 und der erfundene Absendeort „London" dieses Briefes hier zeigen). Zapater machte in Saragossa als Geschäftsmann Karriere und verwaltete die Gelder, die der als Künstler sehr bald erfolgreiche Goya zur Unterstützung seiner Verwandten übersandte.

1786 wurde Goya Hofmaler Karls III. und avancierte 1789 – nach der Thronbesteigung Karls IV. – zum obersten Hofmaler. Er wurde mit zahlreichen Porträts der vielköpfigen königlichen Familie sowie Mitgliedern der Hofaristokratie (wie der Herzogin von Alba) betraut. Wie schon seit seinen ersten Jahren in Madrid musste er auch weiterhin Entwürfe für die königliche Tapisseriemanufaktur liefern. Möglicherweise war er bei dieser Arbeit giftigen Chemikalien ausgesetzt, was im Winter 1792/1793 zu einer ernsthaften Erkrankung führte, in deren Folge Goya sein Gehör verlor. In seinem Brief an Zapater macht er Andeutungen über die Zwänge, denen ein königlicher Maler ausgesetzt ist. Von seinem Schwager, dem ebenfalls aus Saragossa stammenden Hofmaler Francisco Bayeu, hat er eine mühselige Aufgabe übernommen: ein Reiterporträt von Manuel Godoy, dem Herzog von Alcúdia, einem eitlen und anspruchsvollen Günstling. Goyas Selbstkarikatur, mit der er diesen Brief ergänzt, erscheint wie eine Vorankündigung seiner zwei Jahre später auf dem Landsitz der Herzogin von Alba entstandenen satirischen Skizzen, die als Grundlage für seinen phantasmagorischen Radierungszyklus *Los Caprichos* dienten.

Meine albernen Kritzeleien werden Dich wohl belästigen – eine gerechte Strafe Gottes! Doch auch wenn sie derb und grob erscheinen: Legst Du sie neben Deine und vergleichst beide, so wirst auch Du zugeben müssen, dass meine eindeutig gewinnen.

Ich kann mich selbst nicht genug loben, wie einzigartig sie sind!

Für dich hätte es sich gelohnt, mir zu helfen, die Herzogin von Alba zu malen. Sie kam gestern in mein Atelier, um sich von mir das Gesicht schminken zu lassen; und es ist geglückt! Im Prinzip gefällt mir das ohnehin besser, als auf Leinwand zu malen. Und ich soll bei ihr weitermachen: ein Ganzkörperporträt! Sie wird wieder kommen, sobald ich fertig bin mit einem in Arbeit befindlichen Reiterbild des Herzogs von Alcúdia. Er ließ mir ausrichten, dass er im Palast [El Escorial] für meine Unterkunft sorgen wollte, denn ich werde länger dort sein, als gedacht. Ich kann dir eines sagen: Es ist eines der schwierigsten Sujets für einen Maler.

Bayeu hätte es machen sollen, doch er kam aus der Sache raus.

Er wurde mehrere Male darum gebeten, doch der König wollte nicht, dass er so viel auf sich nimmt. Und als er ankündigte, für zwei Monate nach Saragossa gehen, meinte der König, es dürften auch vier sein. Du hast ihn nun also bei dir: Kümmere dich um ihn und sorge für Amüsement!

Auch hast Du diese Bürgschaft für ein Darlehen bekommen, mit der Du machst, was zu machen ist. Ich habe das Gefühl, dass er gestorben sein wird, wenn er einer der beiden ist, die ich dort kannte.

Adios! Wenn Du mehr wissen willst, frag Clemente [Arannaz, Zapaters Sekretär].

Das bin ich. [siehe Karikatur]

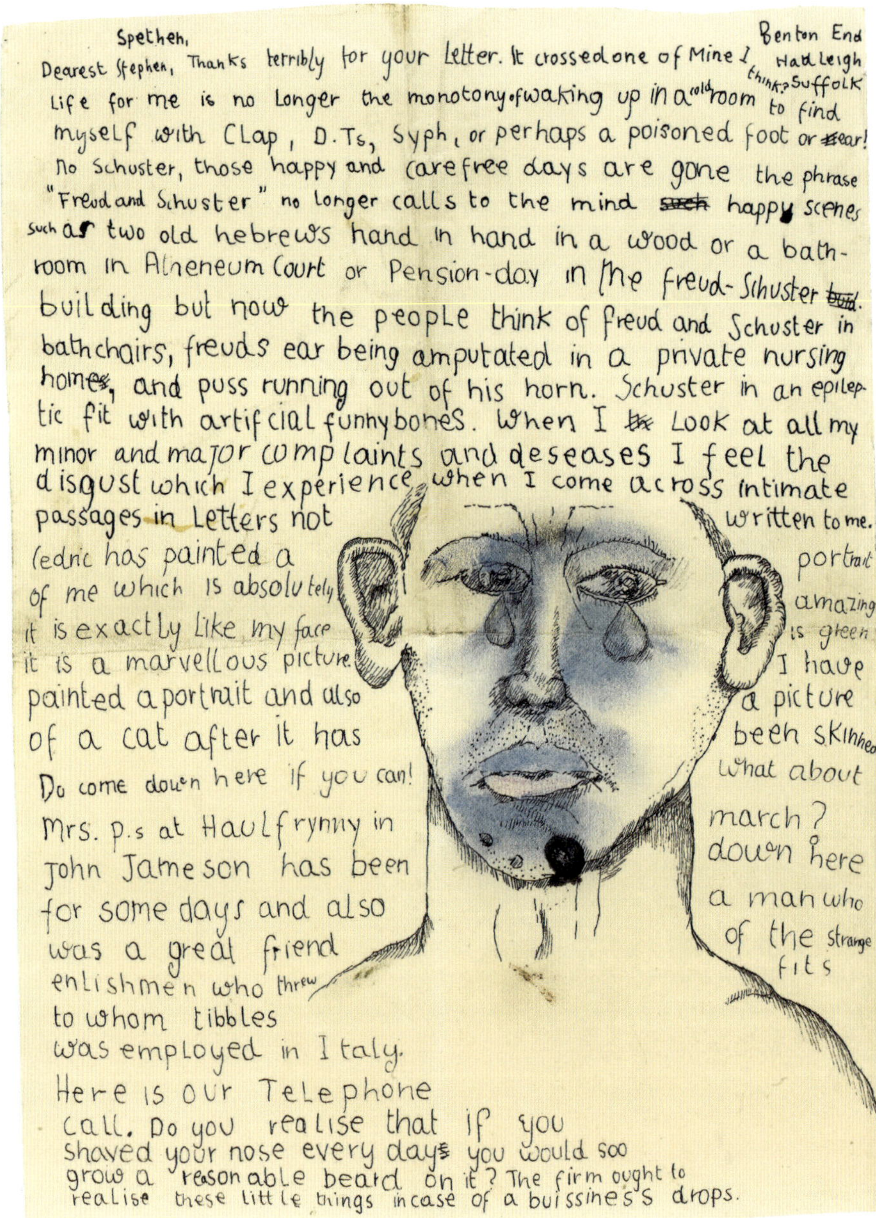

Spetheh,

Benton End
Hadleigh
Suffolk

Dearest Stephen, Thanks terribly for your letter. It crossed one of Mine I think?

Life for me is no Longer the monotony of waking up in a cold room to find myself with Clap, D.Ts, Syph, or perhaps a poisoned foot or ~~ear~~ ear! No Schuster, those happy and carefree days are gone the phrase "Freud and Schuster" no Longer calls to the mind ~~such~~ happy scenes such as two old hebrews hand in hand in a wood or a bathroom in Atheneum Court or Pension-day in the freud-Schuster ~~bu~~. building but now the people think of freud and Schuster in bathchairs, freuds ear being amputated in a private nursing homes, and puss running out of his horn. Schuster in an epileptic fit with artifcial funnybones. When I ~~th~~ Look at all my minor and major complaints and deseases I feel the disgust which I experience when I come across intimate passages in Letters not written to me.

Cedric has painted a portrait
of me which is absolutely amazing.
it is exactly like my face is green
it is a marvellous picture. I have
painted a portrait and also a picture
of a cat after it has been skinned
Do come down here if you can! What about
Mrs. P.s at Haulfrynny in march?
John Jameson has been down here
for some days and also a man who
was a great friend of the strange
enlishmen who threw fits
to whom tibbles
was employed in Italy.

Here is our Telephone call. Do you realise that if you shaved your nose every days you would soo grow a reasonable beard on it? The firm ought to realise these little things incase of a buissiness drops.

Lucian Freud (1922–2011) an Stephen Spender
1940

Die aus dem nationalsozialistischen Deutschland geflohene Familie Lucian Freuds hatte sich 1933 in England niedergelassen. Nach einer bewegten Schulzeit schrieb sich Freud 1938 an der von Cedric Morris und Arthur Lett-Haines geleiteten East Anglian School for Painting and Drawing ein. »Cedric brachte mir das Malen bei«, erinnerte er sich, »und vor allem immer dran zu bleiben, was noch wichtiger ist.« Im Jahr darauf verbrachte Freud zwei Monate in Nordwales, wo ihn der Dichter Stephen Spender besuchte. Sie arbeiteten gemeinsam an einem Album mit surrealen Szenen und Skizzen, das sie »Freud-Schuster Book« nannten (Schuster war der Mädchenname von Spenders Mutter) und das im Brief liebevoll Erwähnung findet. Morris' »absolut erstaunliches« Porträt des 18-jährigen Freud mit grünem Gesicht, das Freud hier als Pastiche einfügt, befindet sich heute in der Tate-Sammlung.

Benton End
Hadleigh
Suffolk

Liebster Stephen/Spethen,

schrecklich vielen Dank für Deinen Brief. Kann es sein, dass er sich mit einem von mir gekreuzt hat? Das Leben besitzt für mich nicht mehr die Monotonie des Erwachens in einem kalten Zimmer mit der Erkenntnis, dass ich Tripper, Delirium tremens, Syph oder vielleicht eine Vergiftung im Fuß oder Ohr habe! Nein, Schuster, diese glücklichen und sorglosen Tage sind vorbei. Die Worte »Freud und Schuster« rufen nicht mehr glückliche Szenen in Erinnerung – wie zwei alte Hebräer Hand in Hand in einem Wald oder im Badehaus in Atheneum Court oder beim Ruhetag im Freud-Schuster-Haus. Sondern jetzt denkt man sich Freud und Schuster in Rollstühlen, dass Freuds Ohr in einem privaten Pflegeheim amputiert wird und aus seinem Schwanz Eiter rinnt. Schuster ist ein epileptischer Anfall mit künstlichen Musikantenknochen. Wenn ich mir alle meine kleineren und größeren Leiden ansehe, fühle ich einen Ekel, der mich ebenso überkommt, wenn ich auf intime Passagen in Briefen stoße, die nicht an mich gerichtet sind. Cedric hat ein absolut erstaunliches Porträt von mir gemalt. Es gleicht mir völlig, mein Gesicht ist grün, es ist ein wunderbares Bild. Ich habe ein Porträt gemalt und auch das Bild einer Katze, nachdem sie gehäutet wurde. Komm doch hier runter, wenn du kannst! Wie wäre es mit März bei Mrs. P. in Haulfrnny? John Jameson war hier ein paar Tage und auch ein Mann, der ein großer Freund dieser merkwürdigen Engländer ist, die ausrasten und für die in Italien Tibbles beschäftigt war. Hier ist unser Telefongespräch. Ist dir klar, dass du auf deiner Nase, wenn du sie täglich rasieren würdest, bald einen ordentlichen Bart hättest? Die Firma sollte diese kleinen Sachen ernst nehmen, falls es mit den Geschäften bergab geht [...].

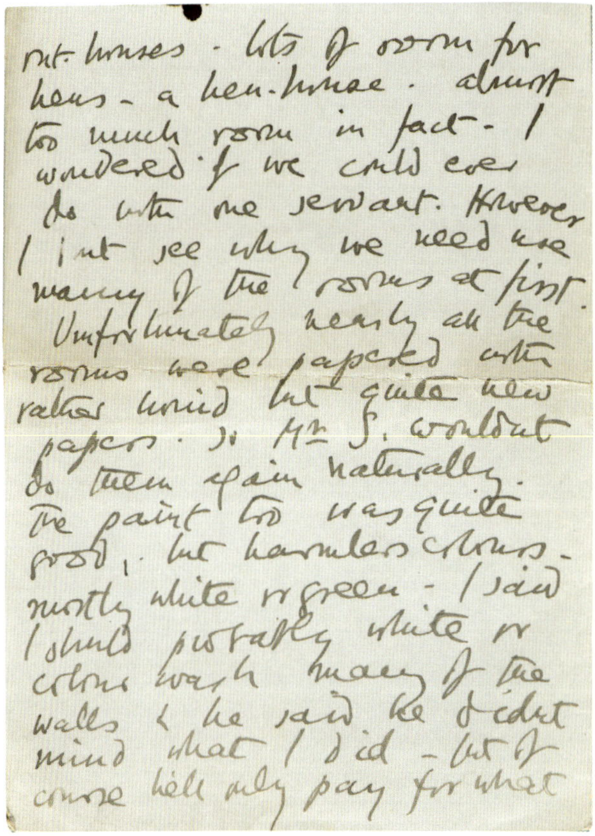

out-houses - lots of room for
hens - a hen-house - almost
too much room in fact - I
wondered if we could ever
do with one servant. However
I don't see why we need use
many of the rooms at first.
Unfortunately nearly all the
rooms were papered with
rather horrid but quite new
papers. so Mr S. wouldn't
do them again naturally.
The paint too was quite
good, but harmless colours -
mostly white or green - I said
I should probably white or
colour wash many of the
walls & he said he didn't
mind what I did - but of
course he'll only pay for what

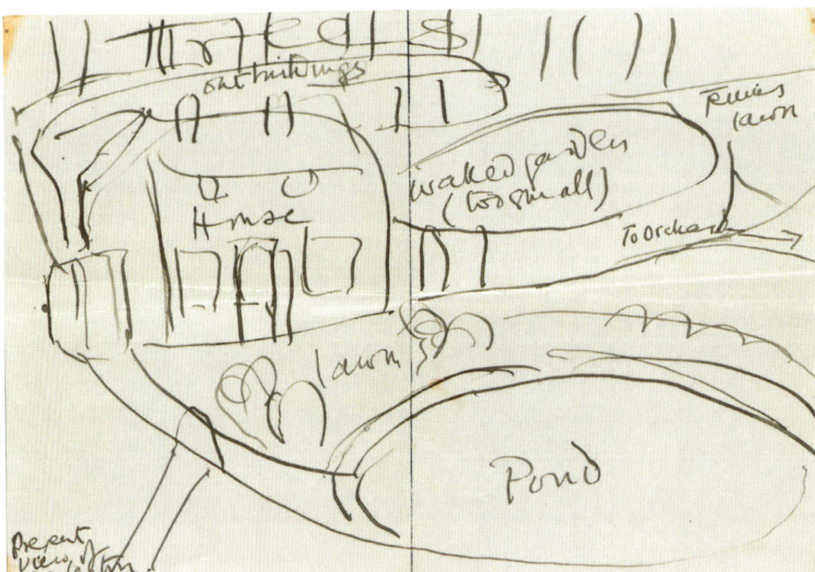

Vanessa Bell (1879–1961) an Duncan Grant
ca. September 1916

Während des Ersten Weltkriegs hielten sich Vanessa Bell, Duncan Grant, Roger Fry, Lytton Strachey, Maynard Keynes und weitere Mitglieder der als Bloomsbury Group bekannten Künstlerclique abwechselnd in London und diversen Landsitzen auf. 1916 suchte Bell nach einem Ort, wo sie und Grant, der mit seinem Liebhaber Edward Garnett eine Zeitlang in Suffolk verbracht hatte und nun mit ihr eine langjährige Beziehung einging, einen gemeinsamen Wohnsitz gründen konnten. Das Landgut Charleston Farmhouse in Sussex, das Bell in ihrem Brief beschreibt und in einer Zeichnung darstellt, wurde eines der wichtigsten Bloomsbury-Zentren. Bells Verweis auf das »enttäuschende« Einsetzen ihrer Periode könnte ein Hinweis sein, dass sie und Grant sich ein Kind wünschten. 1918 wurde in Charleston ihre gemeinsame Tochter Angelica geboren.

46 Gordon Squ.
Mittwoch

My darling Bear,

ich scheine Dir immer dann zu schreiben, wenn ich aus allen möglichen Gründen völlig durcheinander bin. Ich komme gerade aus Charleston zurück, ich habe zugesagt – der Mietvertrag ist aber noch nicht unterschrieben. Zum Glück war Dein Brief da. Es war so schön, von Dir zu hören – nur Dein Hals macht mir Sorgen. Meinem geht es besser. Du würdest es mir doch sagen, wenn es Dir schlechter ginge? Ich würde sofort kommen, um Dir heiße Milch mit Honig zu machen. Bitte tu das, mein alter Freund. Aber Freitag komme ich ohnehin.

Ich muss berichten, was ich seit meinem letzten Brief getan habe. Roger [Fry] war zum Essen da, der restliche Abend war ziemlich melancholisch, mehr will ich nicht sagen. Ich denke, ich war selbst daran schuld, ich war ziemlich müde, weil ich den ganzen Tag entrümpelt hatte, dazu die Reise vom Vortag. Und am Morgen (es ist enttäuschend, aber ich hatte es ohnehin nicht anders erwartet) setzte meine Regel ein.

Heute Morgen nahm ich den Neun-Uhr-Zug, die einzige gute Verbindung nach Glynde. Bei der Ankunft war von Stacey nichts zu sehen, aber dann fuhr er mit einem kleinen Zweisitzer vor und brachte mich nach Charleston. Ich weiß, dass ich völlig unfähig bin, einen Ort zu beschreiben, aber diesmal sah ich zu meiner großen Überraschung etwas ganz anderes: einen großen See, einen Obstgarten, hinten um das Haus und die Wirtschaftsgebäude Bäume [...]. Die vielen Zimmer sind (nach meinem heutigen Eindruck) ziemlich geräumig und hell. Es gibt riesige Schränke, zahllose Vorratskammern, eine Milchkammer, Kellerräume, alle Arten von Nebengebäuden, viel Platz für Hühner, ein Hühnerhaus – eigentlich fast zu viel Platz. Ich fragte mich, ob wir mit nur einem Dienstboten überhaupt klar kommen würden [...].

Leider waren fast alle Zimmer mit ziemlich schrecklichen, jedoch relativ neuen Tapeten ausgestattet. Ich würde sie also nicht nochmals tapezieren lassen. Der Anstrich war ganz in Ordnung – nur unbedenkliche Farbtöne, meistens weiß oder grün. Ich sagte, ich würde wahrscheinlich viele Wände weiß oder farbig übertünchen [...].

Ich glaube, man könnte das Haus schön herrichten [...]. Heute kommt Lytton zum Dinner, auch Maynard und wahrscheinlich Sheppard [...].

Dein liebevolles
Nagetier

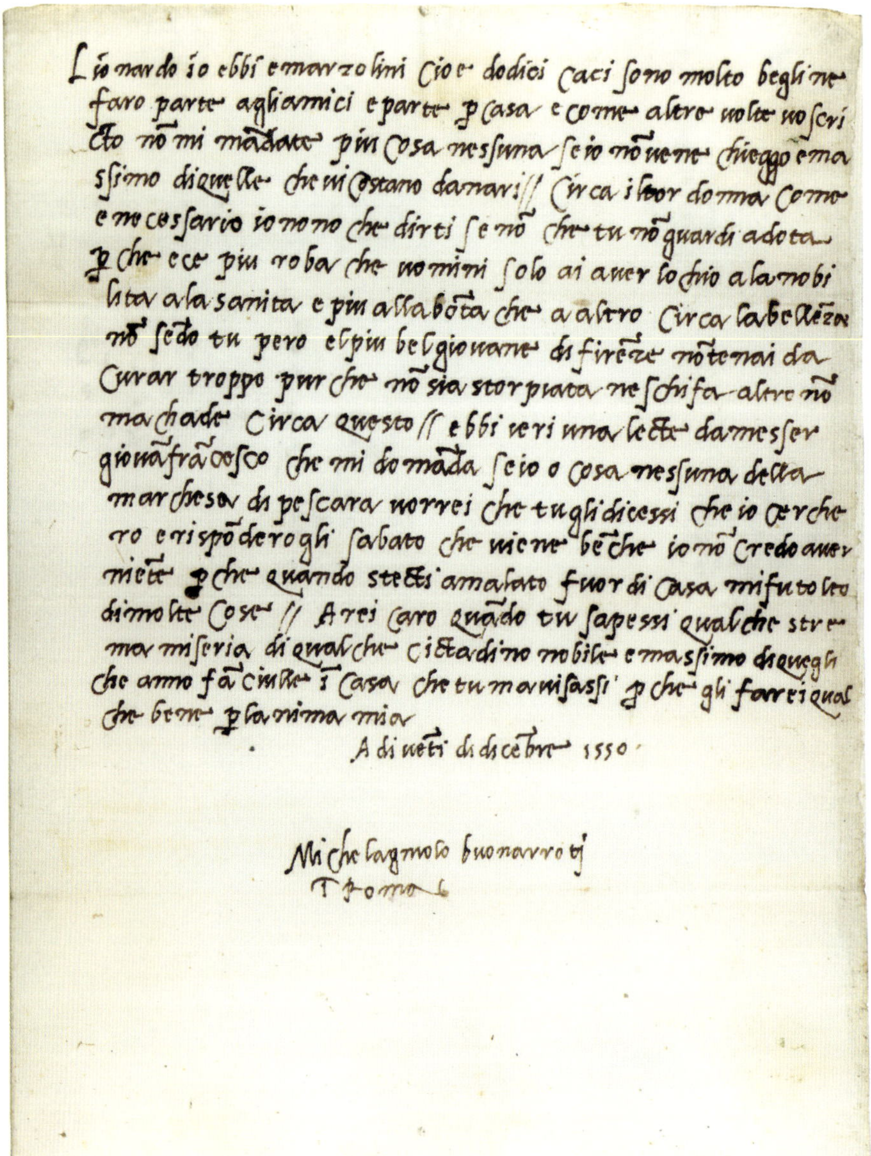

Lionardo io ebbi e marzolini cioè dodici caci sono molto begli ne
farò parte agliamici e parte p casa e come altre volte tò scri
cto nō mi mādate più cosa nessuna s'io nō ve ne chieggo e ma
ssimo di quelle che vi costano danari // Circa il tor donna come
è necessario io non ho che dirti se nō che tu nō guardi a dota
p che cè più roba che uomini solo ai aver locchio ala nobi
lità ala sanità e più alla bontà che a altro Circa la bellezza
nō sēdo tu però el più bel giovane di Firēze nō te nai da
curar troppo pur che nō sia storpiata nè schifa altro nō
machade circa questo // ebbi ieri una lectera da messer
giovāfrācesco che mi domāda s'io ò cosa nessuna della
marchesa di pescara vorrei che tu gli dicessi che io cerche
rò e rispōderogli sabato che viene bē che io nō credo aver
niēte p che quando stetti amalato fuor di casa mi fu tolto
di molte cose // Arei caro quādo tu sapessi qualche stre
ma miseria di qualche cictadino nobile e massimo di quegli
che ànno fanciulle i casa che tu me navisassi p che gli farei qual
che bene p lanima mia

A dì vēti di dicēbre 1550

Michelagniolo Buonarroti
i Roma

Michelangelo Buonarroti (1475–1564) an Leonardo di Buonarroti Simoni

20. Dezember 1550

Leonardo di Buonarroti Simoni war Michelangelos Neffe und Erbe des kinderlosen Künstlers, woraus den beiden ernstliche Zerwürfnisse erwuchsen. Als sich im Winter 1545/1546 in Florenz die Nachricht verbreitete, Michelangelo läge im Sterben oder wäre bereits tot, brach Leonardo sofort nach Rom auf, um sein Erbe zu sichern, unterließ es aber, seinen Onkel zu besuchen. Seine vorgebliche Zuneigung wäre nichts anderes als »pure Berechnung«, schäumte Michelangelo.

1550 hatte sich die Lage beruhigt. In Michelangelos Briefen an seinen Neffen (Leonardo war nun einunddreißig Jahre alt) wimmelt es von Ratschlägen in Bezug auf Besitz und Verehelichung.

»Alle sagen, ich solle Dich mit einer Ehefrau ausstatten«, schreibt ihm Michelangelo im August, »als hätte ich davon tausend in der Tasche.« Er tadelt Leonardo, der ihm teure Geschenke übersendet – Hemden, Käse und auch Wein, den er nicht trinken kann, da er vor kurzem Gallensteinprobleme hatte. Auch in diesem Brief geht es um Geld in Form von Aussteuerverpflichtungen, denn von der Familie des Bräutigams wurde erwartet, für den Fall seines vorzeitigen Todes, Sicherheiten für die Ausstattung der Braut zu hinterlegen. Und es geht um Michelangelos Wunsch, Gutes zu tun und zur Aussteuer von Töchtern verarmter Landadeliger beizutragen. Die Marchesa von Pescara war Michelangelos verehrte Freundin Vittoria Colonna, die 1547 verstorben war. Die Manuskripte ihrer Gedichte, so glaubt Michelangelo, seien ihm nebst anderen Dingen in der Zeit seiner Krankheit gestohlen worden.

Leonardo! Ich habe den Käse erhalten, zwölf *marzolini*. Sie schmecken hervorragend. Einen Teil werde ich Freunden geben und den Rest behalten. Aber wie ich Dir schon mehrmals geschrieben habe: Bitte schicke mir nichts mehr, es sei denn, ich bitte darum. Und vor allem nichts, was Dir Kosten verursacht.

Betreffs Deiner Hochzeit, die ich für nötig erachte, kann ich Dir nur raten, nicht zu sehr auf die Mitgift zu schauen, denn Besitz ist von geringerem Wert als die Menschen selbst. Habe nur ein Auge auf adelige Abstammung, Gesundheit und – mehr als auf alles andere – auf Gutmütigkeit. Was die Schönheit betrifft: Auch Du bist nicht der schönste Jüngling von Florenz. Sei also nicht allzu wählerisch, sie soll nur nicht missgestaltet sein oder abstoßend hässlich. Mehr habe ich hierzu nicht zu sagen.

Ich bekam gestern einen Brief von Messer Giovan Francesco, der mich fragte, ob ich nicht noch etwas von der Marquise von Pescara besäße. Sag ihm, ich will nachsehen und ihm bis nächsten Samstag antworten; ich glaube jedoch nicht, dass ich etwas habe. Denn als ich während meiner Krankheit nicht im Hause weilte, wurden mir viele Dinge gestohlen.

Mein Lieber! Solltest Du von einem edlen Bürger erfahren, der sich in Geldnöten befindet, insbesondere von jemanden, der Töchter im Hause hat, so lass es mich wissen. Ich würde ihnen gerne eine Wohltat erweisen für mein Seelenheil.

Am 20. Dezember 1550.
Michelangelo Buonarroti in Rom

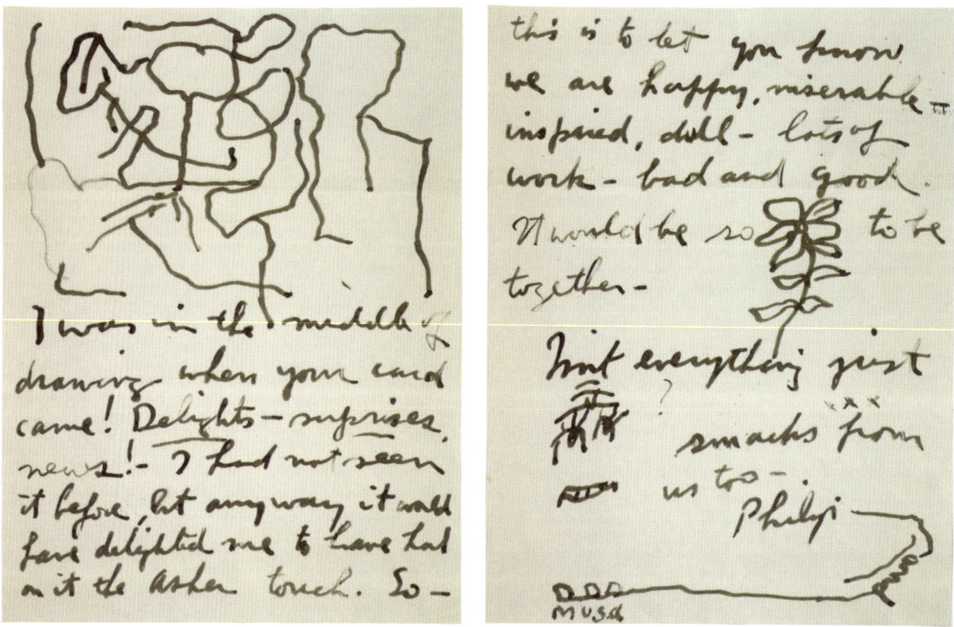

I was in the middle of drawing when your card came! Delights – surprises, news! – I had not seen it before, but anyway it would have delighted me to have had on it the Asher touch. So –

this is to let you know we are happy, miserable – inspired, dull – lots of work – bad and good. It would be so to be together –

Just everything just smacks from us to – Philip

Philip Guston (1913–1980) an Elise Asher
17. August 1964

Philip Guston arbeitete 1966 an den Bildern für seine Ausstellung im New Yorker Jewish Museum, als er diese Karte an die Dichterin und Malerin Elise Asher schrieb. Heute wird Guston vor allem mit seinen späteren, gegenständlichen Arbeiten in Verbindung gebracht, bei denen er sich einer bewusst skurril-derben, comicartigen Bildsprache bediente, Mitte der 1960er Jahre hingegen zählte er zu den führenden Vertretern des abstrakten Expressionismus. Nach einer Retrospektive im Solomon R. Guggenheim Museum 1962 begann er die Zahl der Farben in seinen Werken zu reduzieren und benutzte schließlich nur mehr Schwarz und Weiß. Er erklärte: »Weißes Pigment dient dazu, das Schwarz, das ich nicht mag, auszulöschen und grau werden zu lassen. Durch die Verwendung beschränkter Mittel, wie ich sie jetzt einsetze, entsteht etwas Unvorhersehbares wie Atmosphäre, Licht, Illusion.«

In Gustons großem Gemälde *Prospects* (1964, National Gallery of Australia, Canberra) entsteht durch ineinandergreifende senkrechte und waagrechte Pinselstriche ein Geflecht unterschiedlicher Grautöne. Vom Wesen her ähnelt das Gleichgewicht zwischen offenen (oder vollen) Formen und der Matrix sich kreuzender Linien der seinem Brief vorangestellten Zeichnung. Möglicherweise bedankt er sich bei Asher mit dieser Skizze für deren Zeichnung, die sie ihm kurz zuvor auf einer Karte geschickt hatte. Sie war mit dem Dichter Stanley Kunitz verheiratet und fügte Zeilen aus dessen Gedichten in ihre nahezu monochromen abstrakten Bilder ein, auf denen die Pinselstriche – wie bei Gustons Arbeiten – auffallend »gezeichnet« wirken. Nach seiner Ausstellung im Jewish Museum hörte Guston auf zu malen und fertigte zwei Jahre lang hunderte Zeichnungen an – abstrakt und gegenständlich. Er betrachtete sie als »sehr wichtige Zwischenstufe ... vor dem Beginn der gegenständlichen Arbeiten der Jahre 1968 bis 1970.«

In die Schlussformel bezieht Guston seine Frau mit ein, die Malerin Musa McKim. Sie hatten sich in den 1930er Jahren am Otis Art Institute kennengelernt und in der Zeit des Zweiten Weltkriegs an der Ausschmückung von Fassaden öffentlicher Bauten mitgewirkt. In den 1960er Jahren lebten sie in Woodstock, New York. Von hier schreibt Guston an Asher, die sich mit Kunitz in ihrem Sommerhaus in Provincetown an der Nordspitze von Cape Cod aufhält.

Ich war gerade mit Zeichnen beschäftigt, als Deine Karte kam! Freuden – Überraschungen, Neuigkeiten! Ich hatte das noch nicht gesehen, aber ohnehin hätte es mich gefreut, wenn ich den Asher-Touch darauf gehabt hätte. Nun ja – Hiermit möchten wir dir mitteilen, wie es uns geht: Wir sind glücklich, unglücklich – inspiriert, stumpfsinnig – viel Arbeit – schlecht und gut. Es wäre so [Zeichnung Blume] zusammen zu sein –

Ist nicht alles einfach [Zeichnung frohes Gesicht]?

xxx
Schmatzer von uns beiden –
Philip
und
Musa

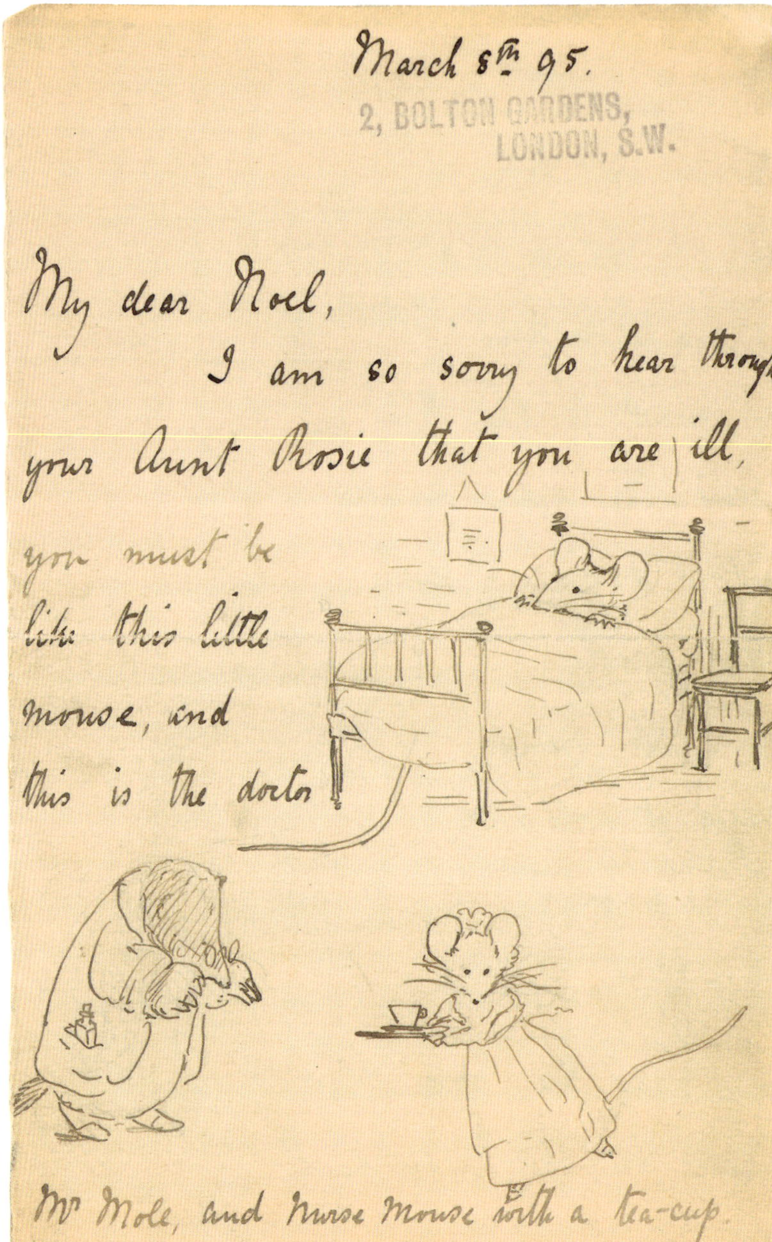

March 8th 95.

2, BOLTON GARDENS,
LONDON, S.W.

My dear Noel,

I am so sorry to hear through your Aunt Rosie that you are ill, you must be like this little mouse, and this is the doctor

Mr Mole, and Nurse Mouse with a tea-cup.

Beatrix Potter (1866–1943) an Noel Moore
8. März 1895

Als der damals siebenjährige Noel Moore im Frühjahr 1895 krank im Bett lag, wünschte ihm Beatrix Potter mit diesem Brief baldige Besserung. Sie wusste genau, auf welche Art und Weise sie ihn aufheitern konnte. Sie selbst war ein einsames und kränkelndes Kind gewesen, das Trost im Zeichnen und in der Natur suchte. Noels Mutter Annie war einst ihre Gouvernante gewesen. Für Noel hat sich Beatrix Potter hier im Brief die Charaktere *Dr. Maulwurf* und *Schwester Maus* ausgedacht. Damit ergänzt sie den Reigen der Tierfiguren, den sie 1893 in einem Brief an ihn mit *Peter Hase* [Originaltitel: Peter Rabbit] eröffnet hatte.

Potter befasste sich damals intensiv mit Mykologie und schuf naturgetreue Aquarelle von Pilzen (1897 legte sie der Londoner Linné-Gesellschaft gar eine Abhandlung »Über die Sporenkeimung bei den *Agaricineae*« vor). *Die Geschichte von Peter Hase*, ihr erstes, nach zahlreichen Ablehnungen 1901 im Selbstverlag erschienenes Bilderbuch für Kinder, geht auf die Bilder und Geschichten aus den Briefen an Noel zurück. 1902 führte ein entsprechender Vertrag mit dem Verlag Frederick Warne & Co zu über zwanzig weiteren Titeln, wie beispielsweise den Geschichten von Stoffel Kätzchen, Jemima Pratschel-Watschel, Frau Tiggy-Wiggel oder dem Frosch Jeremias Quaddel. Sie wurden in der ganzen Welt zu Kinderbuchklassikern und brachten Potter ein Vermögen ein. Die freundliche Mäusedame in diesem Brief sollte 1917 in »*Appley Dapplys Kinderreime*«, einem der letzten Bücher der Reihe, erneut in Erscheinung treten.

2, Bolton Gardens,
London, S.W.

Mein lieber Noel,

es tut mir so leid, von Tante Rosie zu erfahren, dass Du krank bist. Du musst wie diese kleine Maus sein; und das sind Doktor Maulwurf und Schwester Maus mit einer Teetasse!
[Zeichnungen]

Ich hoffe, die kleine Maus wird bald in einem Sessel am Kamin sitzen können.

Mittwoch war ich im Zoo und sah die neue Giraffe. Sie ist jung, sehr hübsch und der Wärter sagte, sie würde noch viel größer werden.

Ich sah auch die Kiste, in der sie gebracht wurde. Der Wärter sagte, ihr Hals wäre noch ganz steif, weil die Kiste nicht groß genug gewesen war. Sie brachten sie mit dem Zug aus Southampton und konnten keine größere nehmen, weil sie sonst nicht durch die Tunnel gekommen wären. Ich sah auch eine neue Affendame namens Jenny. Sie hat schwarzes Haar und ein Gesicht wie eine ganz hässliche alte Frau. Ein Mann gab ihr ein Paar Handschuhe, sie zog sie sich an, ergriff einen Schlüsselbund und versuchte, die Käfigtür aufzuschließen.

Dem Elefanten gab ich aus meiner Tasche eine Menge Brötchen, aber nicht den Straußenvögeln. Man darf sie nicht mehr füttern, seit ihnen ein Bengel alte Handschuhe gegeben hat und sie daraufhin krank wurden. Ich sah auch einen Schwarzbären, der sich auf dem Rücken wälzte. Ich wusste gar nicht, dass der alte Wolf so gutmütig ist.

Ich verbleibe zuneigungsvoll Deine
Beatrix Potter

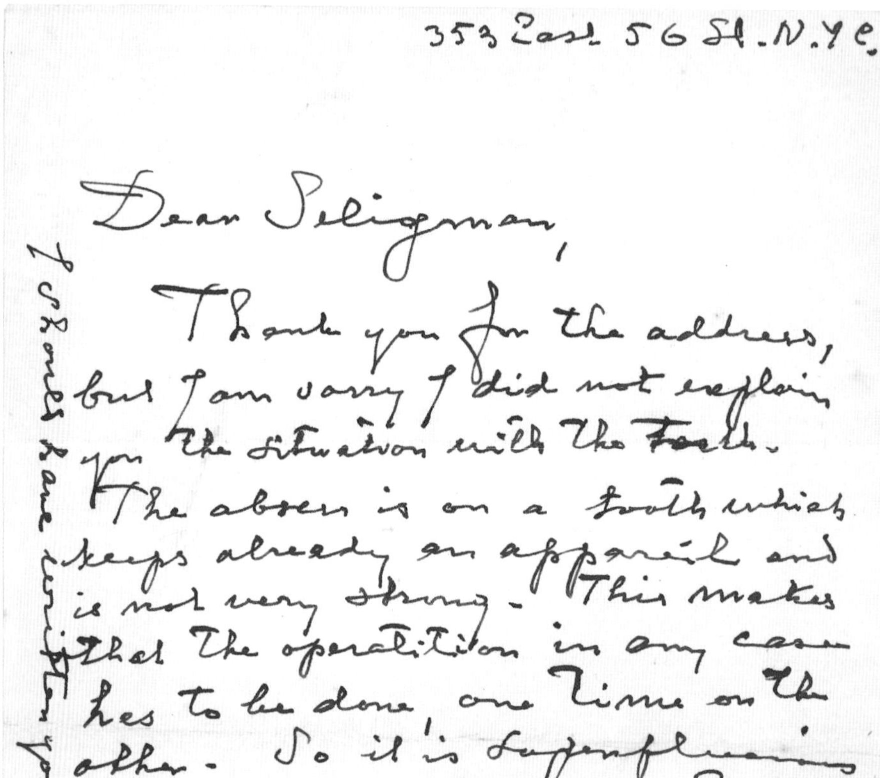

353 East 56 St. N.Y.C.

Dear Seligman,

Thank you for the address, but I am sorry I did not explain you the situation with the teeth. The abcess is on a tooth which keeps already an appareil and is not very strong. This makes that the operatition in any case has to be done, one time or the other. So it is superfluous to inquire and I caused you trouble for nothing. But perhaps your dentist's address can be usefull to me later.

Very much thanks again and hoping to see you again, with greetings to your both, yours

Mondrian

I should have written you directly but I didn't know your address.

Piet Mondrian (1872–1944) an Kurt Seligmann

Anfang der 1940er Jahre

Im September 1938 gab Piet Mondrian sein Pariser Atelier auf, wo er – mit Unterbrechungen – sechsundzwanzig Jahre gearbeitet hatte, und übersiedelte nach London. Damals hatte er bereits die Absicht, in die USA zu gehen, da er befürchtete, dass in Europa Krieg ausbrechen würde. Aufgrund der Invasion seiner niederländischen Heimat und Frankreichs durch deutsche Truppen im Sommer 1940 (auf die im September Bombenangriffe auf London folgten) sah sich Mondrian außerstande zu malen. Im Oktober befand er sich bereits in New York.

Er wurde von Harry Holtzman aufgenommen, einem abstrakten amerikanischen Maler und früheren Schüler Hans Hofmanns. Er hatte Mondrian bereits in Paris besucht und richtete ihm nun ein Atelier an der 56th Street Kreuzung 6th Avenue ein. Bei Mondrian löste die Entdeckung der amerikanischen Jazzmusik, der New Yorker Stadtlandschaft und neuartiger Materialien wie farbiger Klebebänder eine neue Schaffensperiode aus. Bei *Broadway Boogie Woogie* (1942/1943, Museum of Modern Art, New York), dem nahezu letzten vor seinem Tod im Februar 1944 vollendeten Bild, ersetzte er sein bekanntes schwarzes Gitter durch gelbe, von roten und blauen Quadraten unterbrochene Streifen.

In den 1930er Jahren war Mondrians Atelier in der Rue du Départ das Pilgerziel amerikanischer Maler und Kuratoren gewesen. In New York wurde er von Mitgliedern der Gruppe American Abstract Artists als moderner Meister verehrt und traf sich mit zahlreichen Malerfreunden, die ebenfalls aus Europa emigriert waren. Im März 1942 stellte er mit *Artists in Exile* – neben Marc Chagall, Max Ernst, Fernand Léger und anderen wie Kurt Seligmann (Siehe S. 89) – in der Pierre Matisse Gallery aus. Offenbar hatte der über gute Verbindungen verfügende Seligmann Mondrian an seinen Zahnarzt verwiesen, der ihm einen Abszess entfernen sollte. Mondrian lehnt dieses Angebot höflich ab und erklärt, an dem durch eine Vorrichtung (er benutzt das französische Wort appareil) gestützten Zahn sei ohnehin eine Operation erforderlich.

---

353 East 56 St. N.Y.C.

Lieber Seligman,

ich danke Ihnen für das Schreiben. Doch es tut mir leid, dass ich die Sache mit dem Zahn nicht richtig erklärt hatte. Der Abszess ist an einem Zahn, den bereits ein appareil hält, und dieser ist nicht sehr stabil. Deshalb muss die Operation ohnehin gemacht werden, über kurz oder lang. Es ist also überflüssig, Energie in diese Sache zu stecken, ich habe Ihnen unnötig Umstände bereitet.

Aber vielleicht kann mir die Adresse Ihres Zahnarztes ein anderes Mal nützlich sein.

Nochmals vielen Dank, ich hoffe, Sie wiederzusehen. Mit Grüßen an Sie beide, Ihr

Mondrian

Ich hätte Ihnen sofort schreiben sollen, kannte aber Ihre Anschrift nicht –

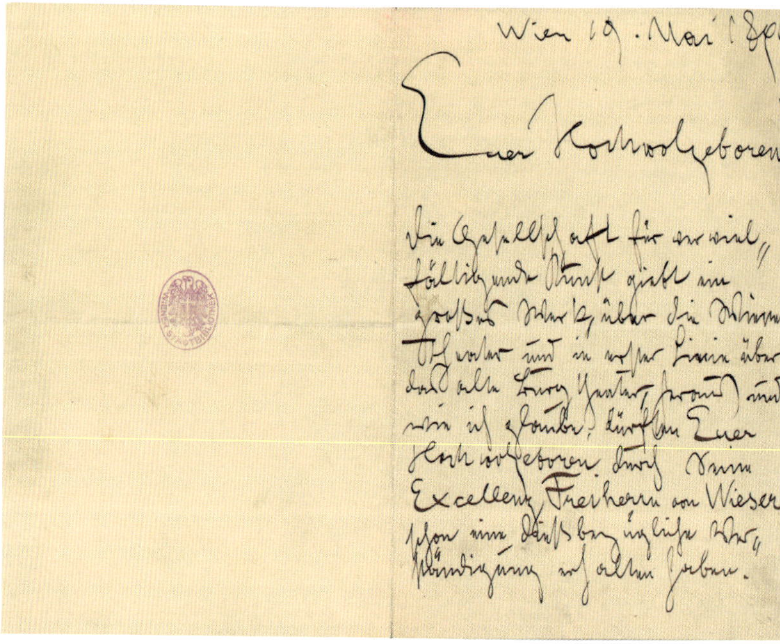

Wien 19. Mai 1894

Euer Hochwohlgeboren!

Die Gesellschaft für vervielfältigende Kunst giebt ein grosses Werk über die Wiener Theater und in erster Linie über das alte Burgtheater heraus und wie ich glaube, dürften Euer Hochwohlgeboren durch Seine Excellenz Freiherrn von Wieser schon eine diesbezügliche Verständigung erhalten haben.

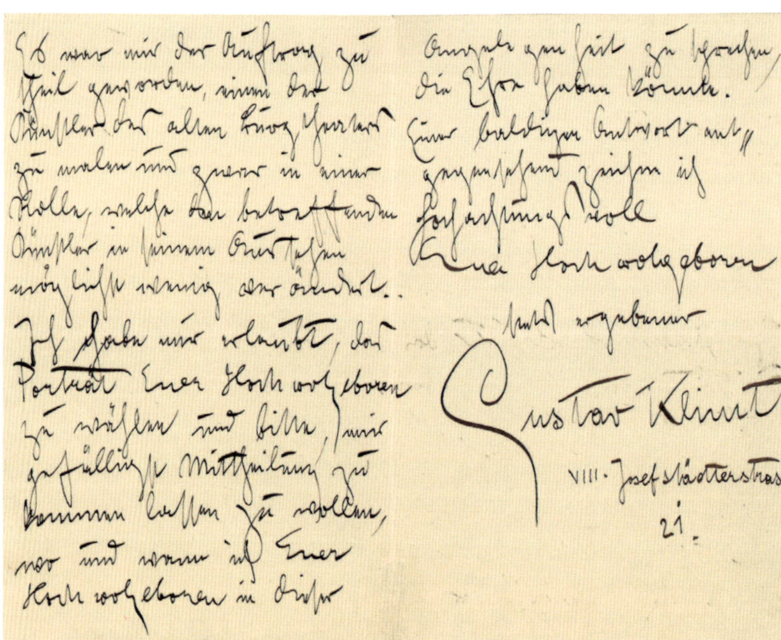

Es war mir der Auftrag zu Theil geworden, einen der Künstler des alten Burgtheaters zu malen und zwar in einer Rolle, welche den betreffenden Künstler in seinem Charakter möglichst wenig verändert. Ich habe mir erlaubt, das Portrait Euer Hochwohlgeboren zu wählen und bitte, mir gefälligst Mittheilung zukommen lassen zu wollen, wo und wann ich Euer Hochwohlgeboren in dieser Angelegenheit zu sprechen die Ehre haben könnte.

Euer baldigen Antwort entgegensehend zeichne ich hochachtungsvoll

Euer Hochwohlgeboren

höchst ergebener

Gustav Klimt

VIII. Josefstädterstrasse 21.

Gustav Klimt (1862–1918) an Josef Lewinsky
19. Mai 1894

Nach seinem Studium an der Wiener Kunstgewerbeschule arbeitete Gustav Klimt mit seinem Bruder Ernst und seinem Schulfreund Franz Matsch an einer Reihe von Gemälden für öffentliche Gebäude. 1886 nahmen sie einen zehnteiligen Freskenzyklus für die beiden Treppenhäuser des neu erbauten Wiener Burgtheaters in Angriff. Klimts vier auf klassischen Motiven sowie Shakespeare-Themen basierende Fresken brachten ihm das Goldene Verdienstkreuz für Kunst ein, einen von Kaiser Franz Josef gestifteten und seiner Karriere höchst förderlichen Verdienstorden. Noch vor dem Abriss des alten Burgtheaters erhielten Klimt und Matsch den Auftrag zu einem Aquarell, das den Zuschauerraum mit treffsicheren Miniaturporträts von etwa 200 Angehörigen der Wiener Gesellschaft darstellen sollte.

Dieses in Klimts Brief an den verdienten Schauspieler Josef Lewinsky erwähnte Projekt sollte dazu dienen, das Vermächtnis des alten Burgtheaters zu bewahren. Lewinsky war in Wien eine gefeierte Theatergröße und einer der großen Schauspieler seiner Zeit. Klimt hat bereits eine gewisse Erfahrung im Umgang mit den Empfindlichkeiten berühmter Persönlichkeiten und wendet sich an ihn mit wohlkalkulierter Ehrerbietung: »Euer Hochwohlgeboren« ist eigentlich eine Anrede für Adelige. Doch es funktioniert.

Klimts 1895 vollendetes Porträt zeigt Lewinsky als Don Carlos in Goethes Tragödie *Clavigo* (Wien, Österreichische Galerie Belvedere). Lewinsky spielte diese Rolle erstmals 1858 im Jahr seines Debüts am alten Burgtheater und dann mit großem Erfolg erneut 1894. Klimt stellt ihn in romantischer Manier mit einem Gesichtsausdruck dar, der leidenschaftliche Entschlossenheit verrät. Jenen streng akademischen Stil, mit dem er so großen Erfolg hatte, ließ Klimt schon sehr bald hinter sich und entwickelte eine neue Bildsprache voller Symbolismen, reicher Ornamentik und hieratisch-erotischen Darstellungsformen. Eine skandalträchtige Wandlung, die wohlgeborene Wiener schockierte, jedoch Klimts heutige Berühmtheit erst begründete.

Euer Hochwohlgeboren!

Die Gesellschaft für Vervielfältigung der Kunst gibt ein großes Werk über die Wiener Theater und in erster Linie über das alte Burgtheater heraus und wie ich glaube, dürften Euer Hochwohlgeboren durch seine Exzellenz Freiherrn von Wieser schon eine diesbezügliche [...] Ankündigung erhalten haben.

Es war mir der Auftrag zuteil geworden, einen der Künstler des alten Burgtheaters zu malen und zwar in einer Rolle, welche den betreffenden Künstler in seinem Aussehen möglichst wenig verändert.

Ich habe mir erlaubt, das Porträt Euer Hochwohlgeboren zu wählen und bitte, mir gefälligst Mitteilung zukommen lassen zu wollen, wo und wann ich Euer Hochwohlgeboren in dieser Angelegenheit zu sprechen die Ehre haben könnte.

Einer baldigen Antwort entgegensehend zeichne ich hochachtungsvoll
Euer Hochwohlgeboren
stets ergebener
Gustav Klimt

VIII. Josefstätterstrasse 21

I January I970

Dear Rosamund:

I thought to begin the new year properly by writing to you, even though I can't find your last letters. I just returned last night from IO days in St. Martens, a much needed and, I thought, deserved vacation in the sunshine. The island was beautiful and has about eight beaches, each with a character that differs from the others.

One no sooner sets foot on New York than one feels the muscles and nerves tighten up and start to jerk. It is almost as though one hasn't been away at all. Maybe it is good that that is the way it is. I have to dye costumes and shrink sweaters for Merce C. who opens his season on the 5th and finish a couple of drawings and see that everything is framed and hung for my show at Leo's on the IOth. I hope that it will all get done and I think it will. It often does.

Thank you for offering to send more of the Baby's Tears but don't do it just now. There are two cats here now who insist upon sitting in the flower pots in spite of my efforts to keep them out. And I think there isn't enough sunshine to help the plants recover from this sort of treatment. A bit of the first batch is still holding on.

The news about your job at the museum is great. I hope you are enjoying it and that you like being an expert.

I wish us all a happy new year.

Love,

Jasper Johns (geb. 1930) an Rosamund Felsen
1. Januar 1970

Jasper Johns schreibt an die junge Kuratorin und spätere Galeristin Rosamund Felsen nach der Rückkehr von einem kurzen Sonnenurlaub auf der Karibikinsel St. Martin nach New York. Er bereitet eine Ausstellung seiner Zeichnungen in der Galerie Leo Castelli vor, deren Eröffnung für den 10. Januar angesetzt ist. Es ist fünfzehn Jahre her, dass er das erste seiner Bilder mit der US-Flagge malte, die ihn berühmt machten. Zusammen mit den Serien von Schießscheiben, Buchstaben- und Zahlenreihen oder den aus Alltagsgegenständen wie Bierdosen gefertigten Skulpturen waren sie frühe Beispiele der Verschmelzung der Schönen Künste mit der amerikanischen Massenkultur, aus der bald das umfassendere Phänomen Pop-Art entstand. Johns blieb seinen grafischen Motiven treu: »Ich übertrage gern ein Bild in ein anderes Medium«, erklärte er, »um das Spiel zwischen den beiden – der Idee und dem Medium – zu beobachten.«

Johns erwähnt die Kostüme, die er für *Second Hand* entworfen hat, die neue Ballettproduktion des Choreografen Merce Cunningham nach der Musik von John Cage. Er plant, jeden der zehn Tänzer in einer anderen Farbe auftreten zu lassen. Ohne jedes weitere Dekor wird der visuelle Effekt durch das Zusammenspiel der Farben der sich bewegenden Tänzer entstehen. Die Premiere von *Second Hand* an der Brooklyn Academy of Music findet in genau einer Woche statt, er muss aber noch die Kostüme färben. »Ich hoffe, dass alles klappt«, schreibt er Felsen, »Doch es wird schon gut gehen – wie immer.« Ihr Angebot, ihm aus Los Angeles Pflanzen der Art Bubikopf (*Soleirolia soleirolii*) für seine Wohnung zu übersenden, lehnt er höflich ab.

Liebe Rosamund:

Ich dachte mir, ich beginne das neue Jahr passend, indem ich Dir schreibe, obwohl ich Deine letzten Briefe nicht mehr finden kann. Gestern Abend bin ich von einem 10-tägigen Aufenthalt auf St. Martin zurückgekehrt, einem wirklich notwendigen und – wie ich mir sagte – verdienten Urlaub in der Sonne. Die Insel war herrlich und hat an die acht Strände mit jeweils eigenem Charakter.

Kaum hat man den Fuß auf New Yorker Boden gesetzt, fühlt man, wie sich Muskeln und Nerven anspannen und zu zucken beginnen. Es ist fast so, als wäre man nicht weg gewesen. Vielleicht ist es auch gut so. Ich muss für Merce C., der seine Spielzeit in der 5th eröffnet, Kostüme färben, Pullover einschrumpfen und noch ein paar Zeichnungen fertig machen und auch dafür sorgen, dass für meine Ausstellung bei Leo in der 10th alles gerahmt und gehängt wird. Ich hoffe, dass alles klappt. Doch es wird schon gut gehen – wie immer.

Ich danke Dir für Dein Angebot, mir wieder Bubiköpfe zu schicken. Mach es aber jetzt gerade nicht: Es gibt hier zwei Katzen, die beharrlich in meinen Blumentöpfen sitzen, obwohl ich mich bemühe, sie davon abzuhalten. Außerdem ist hier nicht genug Sonne, durch die sich die Pflanzen von einer derartigen Behandlung erholen könnten. Ein kleiner Teil der ersten Sendung hält immer noch durch.

Die Nachricht von Deinem Job im Museum klingt großartig. Ich hoffe, du genießt es und Du magst es, Expertin zu sein.

Ich wünsche uns allen ein glückliches neues Jahr.

Alles Liebe
Jasper

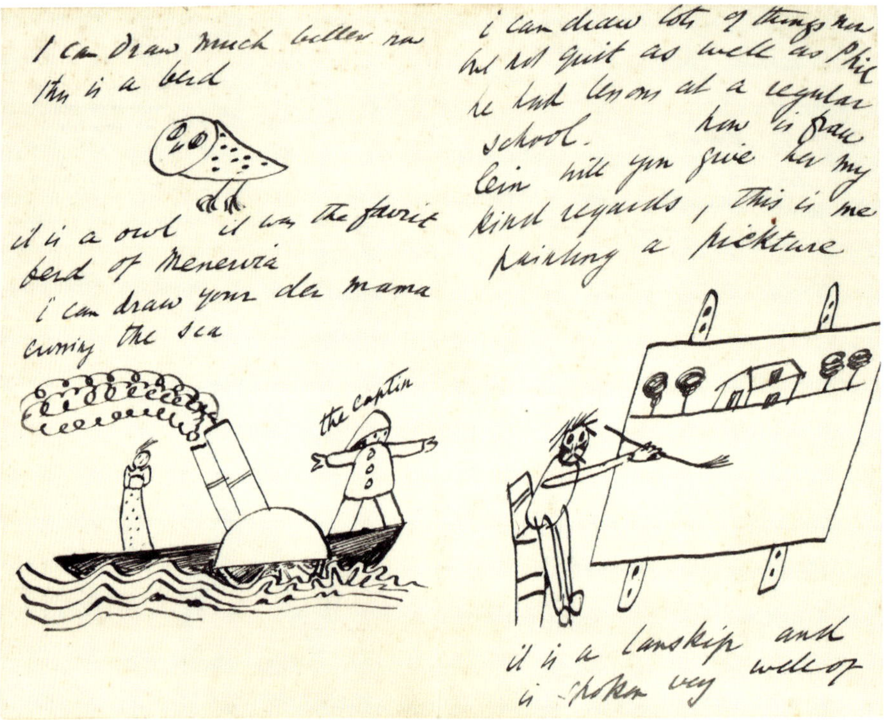

i can draw much better now
this is a berd
it is a owl it was the favrit
berd of Menerva
i can draw your dea mama
crossing the sea

the captin

i can draw lots of things now
but not quit as well as Phil
he had lessons at a regular
school. how is frau
lein will you give her my
kind regards, this is me
painting a picktire

it is a lanskip and
is spoken very well of

Edward Burne-Jones (1833–1898) an Daphne Gaskell
1897/1898

Der präraffaelitische Maler Edward Burne-Jones war Anfang sechzig, als er diesen Brief an Daphne Gaskell richtete, die Tochter seiner engen Freundin Helen Mary (May) Gaskell, einer unglücklich verheirateten Gesellschaftsdame der Londoner Society. Burne-Jones und May waren einander 1892 begegnet und unterhielten in der Folge eine ebenso intime wie intensive Korrespondenz. Sie schrieben sich bis zu fünfmal am Tag, doch ihre Beziehung blieb offenkundig platonisch. Auch Mays Tochter Daphne schrieb er regelmäßig, wobei Burne-Jones in die Rolle eines Kindes schlüpfte und eine kindliche Art des Schreibens und Zeichnens übernahm.

Als Burne-Jones in Daphnes Leben trat, war sie etwa fünf Jahre alt und zwölf, als er 1898 starb. Manche seiner undatierten Briefe evozieren eine Art Kinderstubenwelt, in der »niemand meine Rechtschreibunk korigirt, da alle wek sind ... Zum Essen gab es Biskwitroulade und Schachkuchen«. Mit seinen Verweisen auf das deutsche Kindermädchen (»frau lein«), die von Weihnachten bis zum Sommeranfang währende Londoner Gesellschaftssaison (Burne-Jones erwähnt lila Bordüren und Schirme mit Vichy-Mustern) sowie auf wechselnde Moden, scheint sich dieser Brief an ein schon älteres Mädchen zu richten. Offenbar ist der kindliche Schreibstil nun weniger angebracht; Daphne ist wohl schon älter oder Burne-Jones der Albereien müde. Er verfällt jetzt öfter in die korrekte Orthografie als früher, »Mode« und »Vichy-Mustern« kann er anscheinend nichts abgewinnen. In der Schlussformel bleibt er seinen nett gemeinten Wortverdrehungen treu und verabschiedet sich als ihr »zogeneikter« Freund.

Chewsday

Meine libe Dafny

ich wollte dich sehen und mit dir spielen, aber du warst nicht da, schreib mir, wann genau du zurück kommst

Phil gehts gut – das ist Phil

Ich hab Zeichenunterricht genommen, während du weg warst

Ich kann jetzt viel besser zeichnen, das ist ein Fogl [Zeichnung]

es ist eine Eule, es war der Liblingsfogl von Menervia

ich kann deine libe Mama zeichnen auf dem Meer [Zeichnung]

der Kapitän

Ich kann vieles zeichnen, aber nicht ganz so gut wie Phil, er hatte Unterricht an einer Regelschule. Wie gehts frau lein, grüß sie von mir. Das bin ich beim Malen [Zeichnung]

Es ist eine Landschafft und die Zeitungen schreiben darüber nur Gutes.

Ich wollte, dass dein Papa sie kauft, aber er sagt nicht, ob er dies weiß.

Mir geht es gut. Angela geht es gut, die Seson ist fast vorbei und lila Bordüren kommen in Mode und Alpakamäntel und Galoschen und Regenschirme mit Vichy-Mustern, aber Kord ist außer Mode, doch ich trag ihn weiter, weil ich ihn noch nicht abgewetzt habe

Ich verbleibe dein dir sehr zogeneikter Freund

edward burne-jones

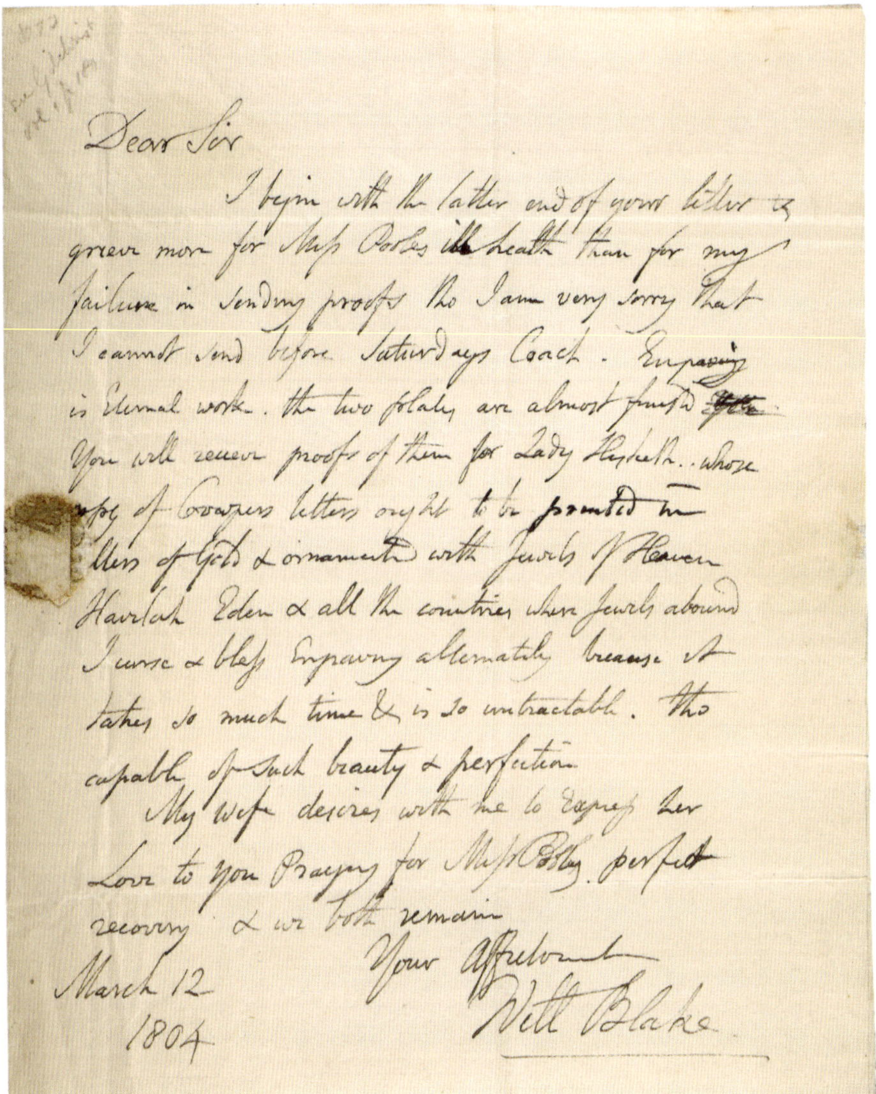

Dear Sir

I begin with the latter end of your letter &
grieve more for Miss Pooles ill health than for my
failure in sending proofs tho I am very sorry that
I cannot send before Saturdays Coach. Engraving
is Eternal work. the two plates are almost finishd
You will recieve proofs of them for Lady Hesketh. whose
copy of Cowpers letters ought to be printed in
letters of Gold & ornamented with Jewels of Heaven
Havilah Eden & all the countries where Jewels abound
I curse & bless Engraving alternately because it
takes so much time & is so untractable. tho
capable of such beauty & perfection

My wife desires with me to Express her
Love to you Praying for Miss Pooles perfect
recovery & we both remain

Your Affectionate
Will Blake

March 12
1804

William Blake (1757–1827) an William Hayley
12. März 1804

Im September 1800 überredete der Dichter und Biograf William Hayley William Blake, von London in ein Cottage in Felpham in Sussex zu ziehen, das in der Nähe seiner neu errichteten »Eremitage« lag. Blake, heute als visionärer Dichter und Maler bekannt, war von Beruf Graveur und Hayley hatte ihn beauftragt, die von ihm geplante Biografie des kurz zuvor verstorbenen Dichters William Cowper zu illustrieren. Cowper war einer jener Künstlerfreunde Hayleys, der sich als vermögender Mann in der Rolle des Mäzens gefiel und Verfasser von Oden, Grabgedichten und erfolglosen Bühnenstücken war. Dem Individualisten Blake missfiel die ständige Beaufsichtigung und Kontrolle seitens Hayley, dennoch blieb er drei Jahre in Felpham.

Nach London zurückgekehrt, gesteht Blake in seinem Schreiben vom März 1804 ein, dass die Illustrationen noch nicht fertig seien. Dass er den Termin nicht halten könne, so deutet er an, sei nicht nur seine Schuld, denn »Gravieren dauert eine Ewigkeit«. Trotzdem wurden seine Drucke noch im selben Jahr in *Life of Cowper* veröffentlicht, einem äußerst erfolgreichen Buch, das Hayley £ 11.000 einbrachte (nach heutigem Wert etwa 544.000 Euro). Blake hatte jedoch feststellen müssen, dass es schwierig war, Lady Harriett Hesketh, eine Cousine Cowpers, zufriedenzustellen. Sie »vergötterte ihren Vetter als Dichter geradezu und hielt ihn für absolut perfekt«. Lady Hesketh klagte im privaten Gespräch, Cowpers Kopf (Blake hatte hierfür ein von George Romney stammendes Porträt als Vorlage genommen) würde einem traurigen Manne gleichen, „der mit aus dem Kopf hervor tretenden Augen seinen Aufsehern entflöhe.«

Dear Sir,

ich beginne mit dem Ende Ihres Briefes und dabei bekümmert mich der schlechte Gesundheitszustand Miss Pooles mehr als mein Versäumnis, Probedrucke zu übersenden. Dennoch tut es mir sehr leid, dass ich sie erst mit der Samstagspost senden kann. Gravieren dauert eine Ewigkeit. Die beiden Platten sind fast fertig. Sie werden davon Abzüge für Lady Hesketh erhalten, deren Abschrift von Cowpers Briefen in goldenen Lettern gedruckt und mit den Edelsteinen des Himmels, Hawilas, Edens und aller Länder verziert werden sollte, in denen es Edelsteine im Überfluss gibt. Im Wechsel verfluche und preise ich das Gravieren, weil es so viel Zeit erfordert und so widerspenstig ist, aber auch so viel Schönheit und Vollkommenheit in sich birgt.
Meine Frau bittet mich, Ihnen ihre Grüße zu übermitteln. Sie betet für die vollständige Genesung Miss Pooles.
Wir beide verbleiben

Ihnen herzlich zugetan
Will Blake
12. März
1804

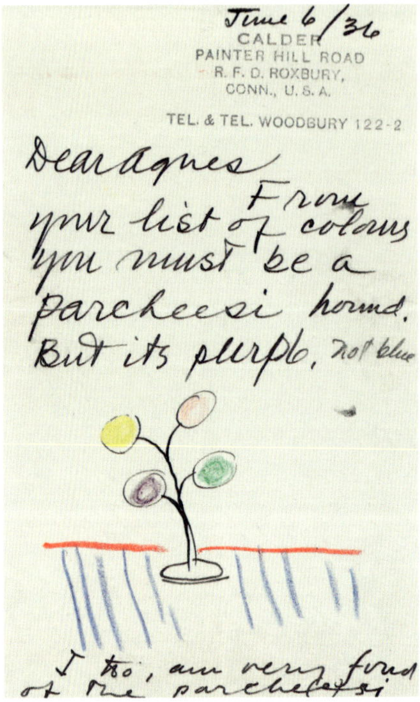
June 6/36

CALDER
PAINTER HILL ROAD
R. F. D. ROXBURY,
CONN., U.S.A.

TEL. & TEL. WOODBURY 122-2

Dear Agnes

From your list of colours you must be a parcheesi hound. But its plurple. not blue

I too, am very fond of the parcheesi

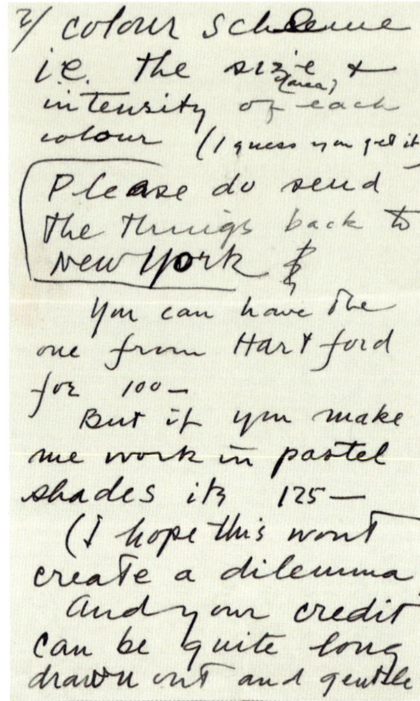
2/ colour scheme i.e. the size (area) + intensity of each colour (I guess you get it!)

Please do send the things back to New York &

You can have the one from Hartford for 100 —

But if you make me work in pastel shades its 125 —

(I hope this wont create a dilemma)

And your credit can be quite long drawn out and gentle

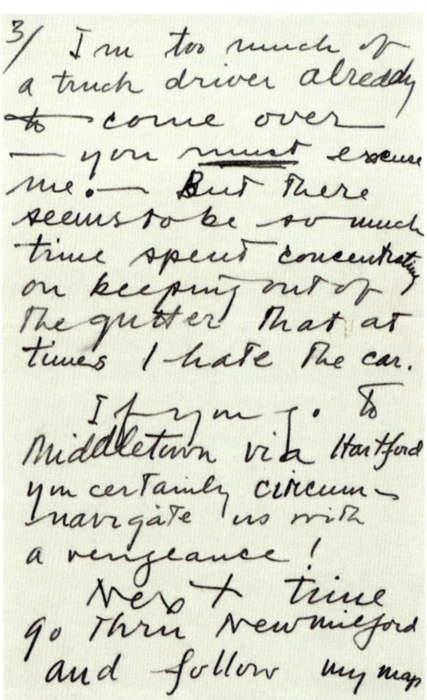
3/ I'm too much of a truck driver already ~~to~~ come over — you must excuse me! — But there seems to be so much time spent concentrating on keeping out of the gutter that at times I hate the car.

If you go to Middletown via Hartford you certainly circum-navigate us with a vengeance!

Next time go thru New Milford and follow my map

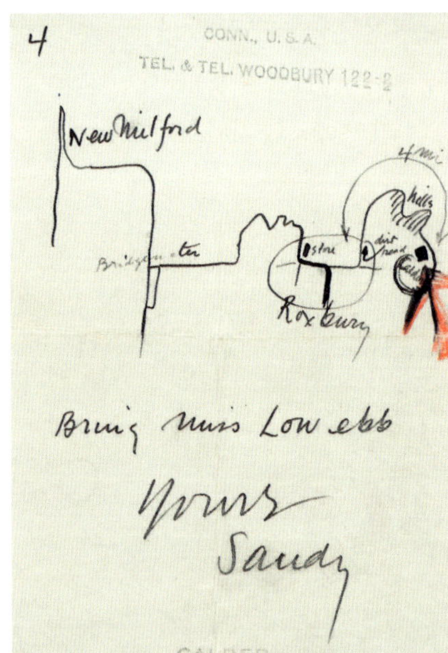
4

CONN., U.S.A.
TEL. & TEL. WOODBURY 122-2

Bring Miss Low ebb

Yours
Sandy

CALDER
PAINTER HILL ROAD
R. F. D. ROXBURY,
CONN., U.S.A.

Alexander Calder (1898–1976) an Agnes Rindge Claflin
6. Juni 1936

Nach seiner ersten Reise nach Europa 1926 pendelte Alexander Calder zwischen Frankreich und den USA hin und her. Die Vorstellungen seines *Cirque Calder,* einem Spielzeug-Zirkus mit Modellen aus Draht, Stoff, Gummi, Kork und anderen Materialien, machten ihn in der Pariser Avantgarde der Zwischenkriegszeit zu einer Berühmtheit. Ein Besuch in Piet Mondrians Atelier im Oktober 1930 brachte Calder dazu, mit abstrakter Malerei und später mit mechanisch bewegten, abstrakten Skulpturen zu experimentieren, für die Marcel Duchamp den Ausdruck »Mobile« vorschlug.

Im Juli 1933 übersiedelten Calder und seine Frau Louisa von Paris nach New York. Sie kauften ein heruntergekommenes kolonialzeitliches Farmhaus in Roxbury, Connecticut, in dem Calder sein Atelier einrichtete und stets zahlreiche Gäste empfing. Darunter befand sich Agnes Rindge Claflin, eine junge Dozentin für Kunstgeschichte am Vassar College in Poughkeepsie. Ihre Freundschaft begann offenbar im Sommer 1936, als sie ein Mobile oder vielmehr ein Stabile (kein hängendes, sondern stehendes Mobile) in Auftrag geben wollte. Calder bringt ihr bevorzugtes Farbschema mit dem des Parcheesi-Spiels in Verbindung, das auf einem Brett mit farbigen Rechtecken und unterteilten Kreisen gespielt wird. Als sich Claflin 1944 bei Calder beklagte, sie habe für eine Party »nichts anzuziehen«, fertigte er ihr einen »feuerfesten Schleier« an – ein modernistisches Diadem mit an gekrümmten Drähten befestigten Lettern aus Metall (Calder Foundation, New York).

Calder
Painter Hill Road
R.F.D. Roxbury,
Conn., U.S.A.
Tel. & Tel. Woodbury 122–2

Liebe Agnes,

aus Deinen Farblisten zu schließen, musst Du eine Parcheesi-Närrin sein. Aber es ist lila, nicht blau [Zeichnung]

Auch ich bin sehr angetan vom Parcheesi-Farbschema d. h. Größe und Intensität der jeweiligen Farbe (ich denke Du verstehst!)

[Bitte schicke die Sachen unbedingt nach New York zurück

Du kannst das Ding aus Hartford für 100 haben –

Wenn ich es aber in Pastelltönen machen soll, sind es 125 –

(Ich hoffe, das schafft keine Probleme)

Und einen guten und langen Kredit kann ich Dir auch geben.

Ich habe schon zu viel von einem Lkw-Fahrer an mir, um bei Dir vorbeizukommen – Du *musst* mir verzeihen. – Aber ich verwende scheinbar so viel Zeit damit, mich darauf zu konzentrieren, nicht im Straßengraben zu landen, sodass ich manchmal das Auto hasse.

Wenn Du über Hartford nach Middletown fährst, dann umfährst du uns natürlich gehörig!

Fahr nächstes Mal bis New Milford und folge meiner Karte [Zeichnung]

Bring Miss Low ebb mit [vermutlich: Miss France Lehman Loeb]

Dein
Sandy

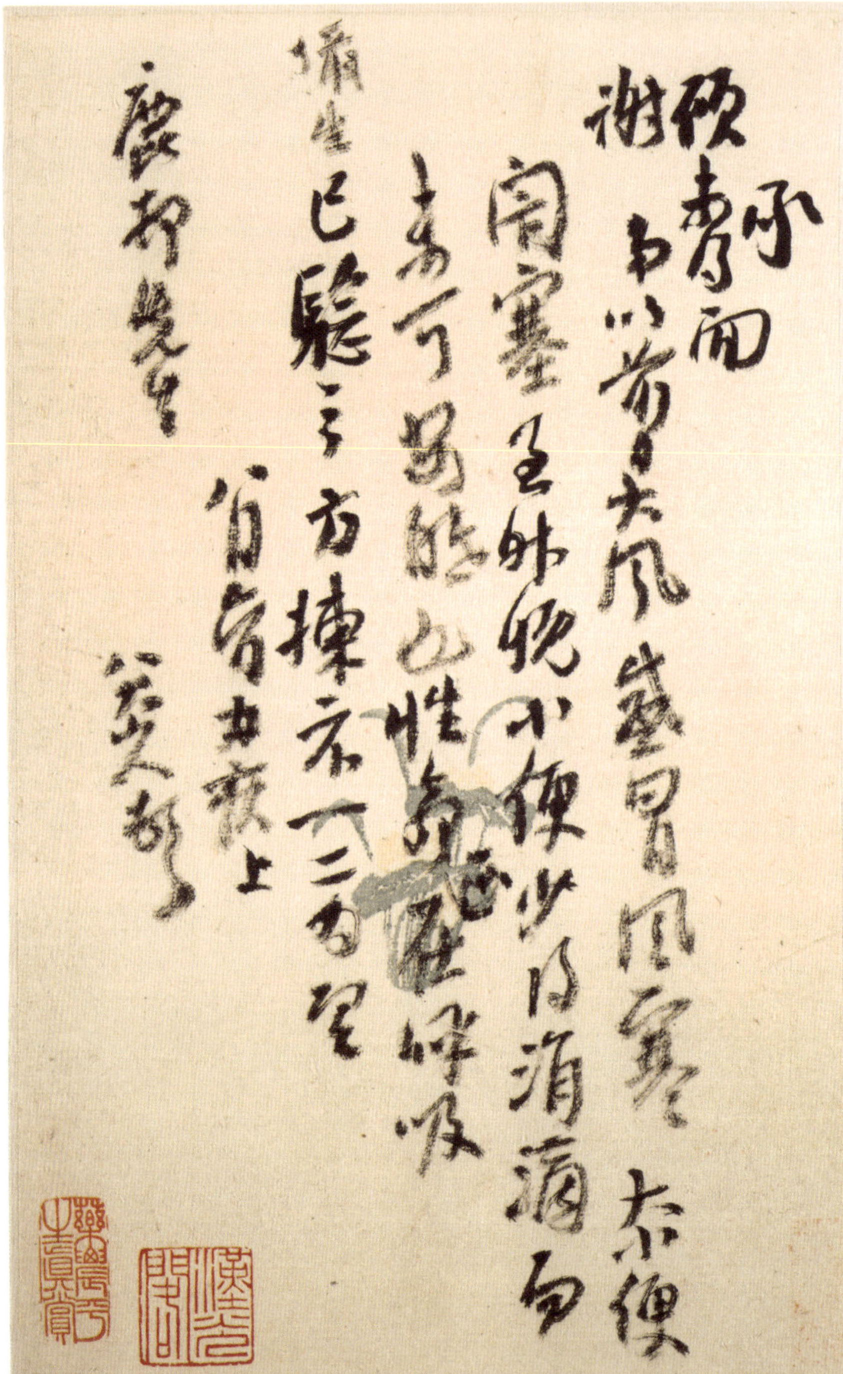

Zhu Da (1626–1705) an Fang Shiguan
zwischen 1688 und 1705

Zhu Da wurde als Sohn eines Prinzen der chinesischen Ming-Dynastie in das Haus Zhu geboren. Als Mandschu-Truppen nach jahrelangen Konflikten Peking eroberten und die Ming-Dynastie zu Fall brachten, musste er 1644 im Alter von 18 Jahren in seine Heimatstadt Nanchang fliehen. Zhu Da wurde buddhistischer Mönch, Dichter und Maler. Da ihm aufgrund seiner Verbindungen zum alten Regime der Zugang zu staatlichen Ämtern verwehrt blieb, erlitt er Berichten zufolge 1680 aus Enttäuschung einen Nervenzusammenbruch, bei dem er seine Mönchskleidung zerriss und verbrannte. In der Folge wurde der »verrückte Mönch« Zhu Da zum reisenden Maler, der durch seine ausdrucksvollen, kalligrafischen Darstellungen von Vögeln, Tieren und Landschaften Berühmtheit erlangte. Je nach Lebenslage und Gemütsverfassung nahm er verschiedene Namen an. 1681 bis 1684 signierte er seine Bilder und Kalligrafien mit »Bada Shanren«, was übersetzt »Mann der Berge und der acht Erhabenheiten« bedeutet. Diesen Namen benutzt er auch in diesem Brief an seinen engen Freund Fang Shiguan.

Fang bewahrte die zahlreichen Briefe auf, die ihm Zhu Da in seinen Sechziger- und Siebzigerjahren schrieb, als dieser sich zunehmend der Darstellung von Landschaften widmete. Zhu Da malte mit sparsamen Pinselstrichen und wenig Farbe, ganz so als würde er schreiben und versuchen, ganze Landschaften – Bäume, Landzungen, weite Himmel, Schiffe auf See – ohne Aufwand und mit minimalsten Mitteln darzustellen. Briefe von Malern und Kalligrafen wie Zhu Da hatten einen hohen Wert. So prosaisch ihr Inhalt auch sein mochte (in diesem Brief beklagt sich Zhu Da über Verstopfung und Harnverhalt): Sie galten als besonders natürliches und persönliches Mittel künstlerischen Ausdrucks.

Es war mir nicht möglich, Ihnen persönlich für Ihre Güte zu danken. Ich habe mich unlängst durch den starken Wind erkältet, konnte nicht urinieren und litt an Verstopfung. Vergangene Nacht ist es mir lediglich gelungen, ein paar Tropfen abzusondern und ich habe schlecht geschlafen. Ich hänge kaum am Leben fest. Könnten Sie mir ein paar Rezepte beschaffen, die sich als wirksam erwiesen haben? An Herrn Lucun. Mit vielfachen Erkrankungen verbeugt sich Bada Shanren am sechsten Tag des achten Mondmonats.

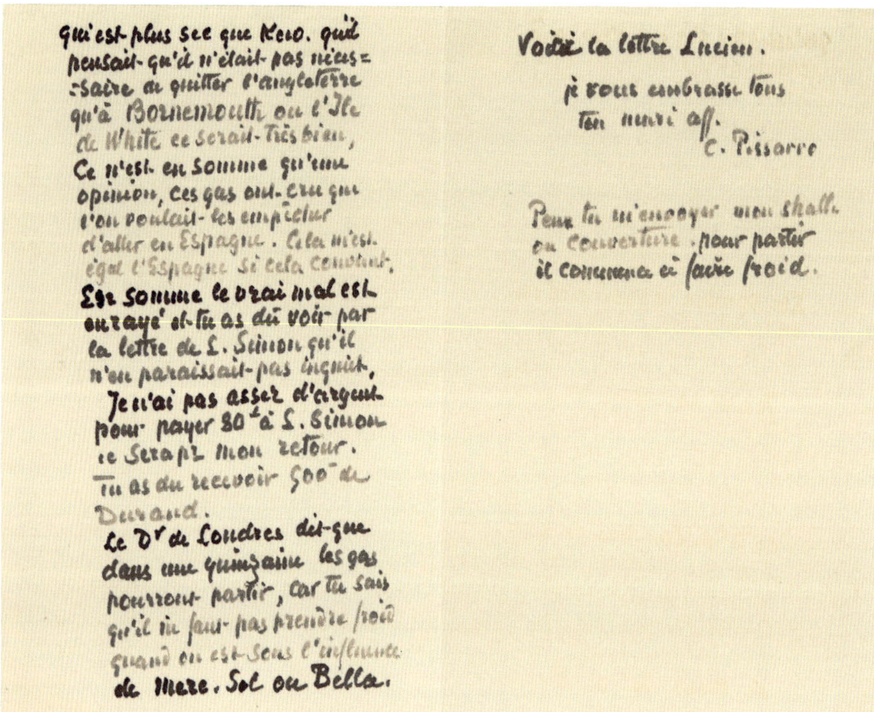

qui est plus sec que Kew. quid
pensait qu'il n'était pas néces=
=saire de quitter l'angleterre
qu'à Bornemouth ou l'Ile
de White ce serait très bien,
Ce n'est en somme qu'une
opinion, ces gas ont cru que
l'on voulait les empêcher
d'aller en Espagne. Cela m'est
égal l'Espagne si cela convient.
En somme le vrai mal est
enrayé et tu as dû voir par
la lettre de L. Simon qu'il
n'en paraissait pas inquiet.
Je n'ai pas assez d'argent
pour payer 80£ à L. Simon
ce sera pr mon retour.
Tu as du recevoir 500 de
Durand.
Le Dr de Londres dit que
dans une quinzaine les gas
pourront partir, car tu sais
qu'il ne faut pas prendre froid
quand on est sous l'influence
de mere. Sol ou Bella.

Voici la lettre Lucien.
je vous embrasse tous
ton mari aff.
C. Pissarro

Peux tu m'envoyer mon shall
ou couverture, pour partir
il commence à faire froid.

Camille Pissarro (1830–1903) an Julie Pissarro

25. Oktober 1896

Camille Pissarro, geboren auf der Karibikinsel St. Thomas, war ein französisch-jüdischer Maler; Julie Vellay war die Tochter eines burgundischen Winzers. Als sich die beiden 1860 kennenlernten, war Julie bei Camilles Eltern als Köchin angestellt. Pissarro, bis dahin weitgehend Autodidakt, studierte damals in Paris mit Claude Monet und Paul Cézanne an der privaten Malschule »Académie Suisse« und hatte kurz zuvor begonnen, im Salon auszustellen. In den folgenden 24 Jahren sollten Julie und Camille acht Kinder haben. 1871 heirateten sie schließlich, als sie wegen des Deutsch-Französischen Kriegs vorübergehend im Londoner Exil lebten. In seinem 1896 im Hôtel d'Angleterre in Rouen verfassten Brief an Julie spricht Pissarro über die Gesundheit ihres gemeinsamen Sohnes Georges, dessen Kuraufenthalt am Meer in England und über einen Brief seines Arztes. Außerdem legt er einen Brief seines Sohnes Lucien bei. Von seinem Vater unterrichtet, war Lucien ebenfalls Maler geworden und 1890 nach England übersiedelt.

Der oft als »Vater des Impressionismus« bezeichnete Pissarro hatte zwischen 1874 bis 1886 als Einziger an allen Impressionisten-Ausstellungen teilgenommen. Nachdem er Mitte der 1880er Jahre Paul Signac (siehe S. 57) und Georges Seurat kennengelernt hatte, ging er zum Pointillismus über, dem Nebeneinandersetzen von winzigen Tupfern reiner Farbe. 1896 kehrte er dann zum breiten Pinselstrich und der eher atmosphärischen Malweise der Impressionisten zurück, wie das Bild *Le Pont Boieldieu à Rouen, matin, temps mouillé* (The Metropolitan Museum of Art, New York) zeigt, eine Ansicht der Boieldieu-Brücke, die er von dem Fenster seines Zimmers im Hôtel d'Angleterre aus malte.

In seinem Brief klagt Pissarro, dass er kein Geld habe, um den Arzt zu bezahlen. Er nimmt an, dass Julie Zahlungen von den Kunsthändlern Durand-Ruel erhalten hat. Auch scheint sich Pissarro mit Homöopathie auszukennen: Sohn Georges nimmt offenbar gerade Mercurius solubilis (Quecksilber) und Belladonna (Schwarze Tollkirsche) ein, die üblicherweise bei Infektionen des Ohrs und bei Halsschmerzen verschrieben werden.

[Der Arzt] meinte, es sei nicht nötig, England zu verlassen, da Bournemouth oder die Isle of Wight durchaus geeignet wären. Letztlich ist es nur eine Meinung, die Jungs dachten, man wollte sie davon abhalten, nach Spanien zu gehen. Mir ist es gleich, meinetwegen Spanien, wenn es das Beste ist. Kurz gesagt: Das eigentliche Problem ist nun unter Kontrolle und Du dürftest aus dem Brief von L. Simon ersehen haben, dass er nicht in Sorge ist.

Ich habe nicht genug Geld, um L. Simon die 80 Francs zu geben, das muss warten, bis ich zurück bin. Du solltest von den Durands inzwischen 900 Francs erhalten haben.

Der Arzt in London sagt, dass die Jungs in vierzehn Tagen abreisen können. Du weißt ja, man darf sich nicht erkälten, wenn man Merc. Sol. oder Bella einnimmt.

Beiliegend Luciens Brief.

Meine Grüße an Euch alle
Dein Dich liebender Ehemann
C. Pissarro

Könntest Du mir einen Schal [?] oder eine Decke für die Reise schicken, es fängt an, kalt zu werden.

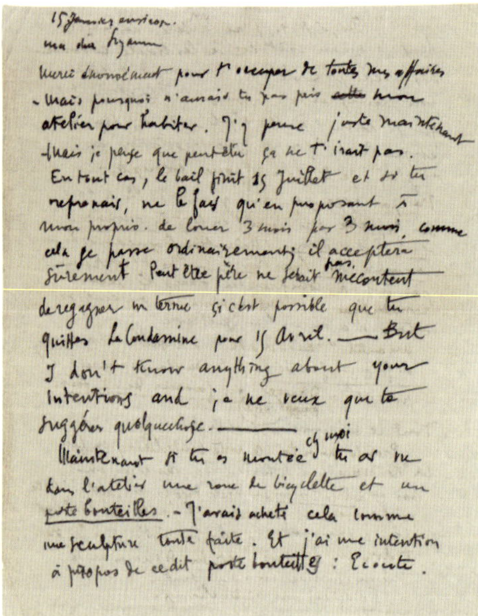

15 janvier environ.
ma chère Suzanne
Merci énormément pour t'occuper de toutes mes affaires
– Mais pourquoi n'aurais tu pas pris ~~cette~~ mon
atelier pour habiter. J'y pense juste maintenant
– Mais je pense que peut-être ça ne t'irait pas.
En tout cas, le bail finit 15 Juillet et si tu
reprenais, ne le fais qu'en proposant à
mon propriétaire de louer 3 mois par 3 mois, comme
cela se passe ordinairement; il acceptera
sûrement. Peut être père ne serait pas mécontent
de regagner un terme si c'est possible que tu
quittes La Condamine pour 15 Avril. — But
I don't know anything about your
intentions and je ne veux que te
suggérer quelquechose. ———
Maintenant si tu es montée chez moi tu as vu
dans l'atelier une roue de bicyclette et un
porte bouteilles. – J'avais acheté cela comme
une sculpture toute faite. Et j'ai une intention
à propos de ce dit porte bouteilles: Écoute.

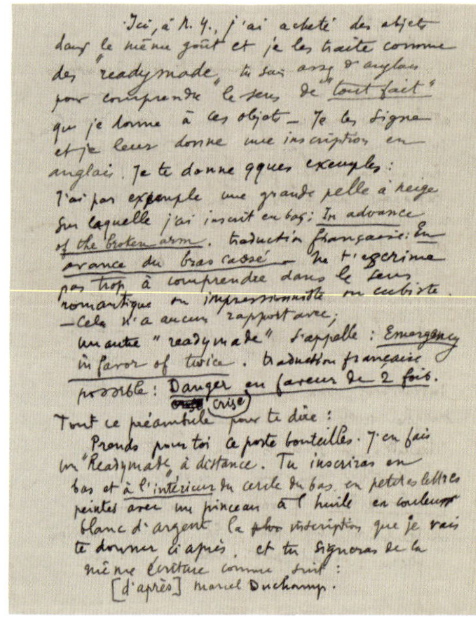

Ici, à N. Y., j'ai acheté des objets
dans le même goût et je les traite comme
des "readymade", tu sais assez d'anglais
pour comprendre le sens de "tout fait"
que je donne à ces objets – Je les signe
et je leur donne une inscription en
anglais. Je te donne qques exemples:
J'ai par exemple une grande pelle à neige
sur laquelle j'ai inscrit en bas: In advance
of the broken arm. traduction française: En
avance du bras cassé. Ne t'escrime
pas trop à comprendre dans le sens
romantique ou impressionniste ou cubiste.
– Cela n'a aucun rapport avec;
un autre "readymade" s'appelle: Emergency
in favor of twice. traduction française
possible: Danger (crise) en faveur de 2 fois.
Tout ce préambule pour te dire:
Prends pour toi ce porte bouteilles. J'en fais
un "Readymade" à distance. Tu inscriras en
bas et à l'intérieur du cercle du bas, en petites lettres
peintes avec un pinceau à l'huile en couleur
blanc d'argent la ~~plus~~ inscription que je vais
te donner ci après, et tu signeras de la
même écriture comme suit:
[d'après] Marcel Duchamp.

Marcel Duchamp (1887–1968) an Suzanne Duchamp
Mitte Januar 1916

Blickt man auf die sechs Duchamp-Kinder, von denen vier Künstler wurden, so hatte Marcel Duchamp die engste Beziehung zu seiner Schwester Suzanne, die oft seinen Rat zu ihren Gemälden einholte. Nach Ausbruch des Ersten Weltkriegs reiste der für den Kriegsdienst untauglich erklärte Duchamp nach New York, wo er mit seinen Arbeiten schon einen gewissen Erfolg feiern konnte. Suzanne blieb in Paris und war als Krankenschwester tätig. Duchamp schreibt ihr als einer Künstlerin, die zumindest versuchen wird, seine sonderbare konzeptionelle Wendung zu verstehen: Er hat beschlossen, gewöhnliche Gegenstände wie das Rad eines Fahrrads, einen Flaschentrockner und eine Schneeschaufel als Skulpturen einzustufen. Sie sind, wie er sagt, »tout fait«, was er mit »Readymade« übersetzt und damit erstmals einen Ausdruck gebraucht, der seinen Nachhall im Kunstschaffen des 20. Jahrhunderts bis hin zur Kritischen Theorie finden wird. Duchamp dankt Suzanne, dass sie sich um sein altes Pariser Atelier kümmert und schlägt ihr vor, an einem »aus der Ferne« gefertigten Readymade mitzuarbeiten, indem sie den Flaschentrockner nach seinen Angaben beschriftet und signiert. Jahre später erst wird er erfahren, dass Suzanne den Flaschentrockner zuvor bereits auf den Müll geworfen hatte.

Meine liebe Suzanne,
dank dir vielmals, dass Du dich um meine Sachen kümmerst. Aber warum hast Du dir nicht mein Atelier als Wohnung genommen? Es kam mir erst eben in den Sinn, aber ich vermute fast, es würde dir wahrscheinlich nicht genügen. Wie auch immer: Die Miete läuft zum 15. Juli aus. Falls Du doch noch ins Atelier einziehen willst, mach das! Nur biete meinem Vermieter an, es gleich drei Monate zu mieten, das ist so auch üblich. Vater hätte wahrscheinlich nichts dagegen, eine Monatsmiete rückerstattet zu bekommen, wenn es dir möglich wäre, zum 15. April aus [der Rue] la Condamine auszuziehen. Aber ich kenne ja überhaupt nicht Deine Pläne, ich wollte dir einfach etwas vorschlagen –

Nun, als Du bei mir warst, hast Du im Atelier ein Fahrrad-Rad und einen *Flaschentrockner* gesehen. Ich hatte sie als bereits fertige Skulpturen erstanden. Und ich habe eine Idee hinsichtlich des besagten Flaschentrockners: Hör zu!

Hier in N. Y. habe ich einige Objekte in demselben Sinne gekauft und ich behandele sie als »readymade«. Du verstehst Englisch gut genug, um die Bedeutung von »readymade« – wie ich diese Objekte nenne – zu verstehen. Ich signiere sie und gebe ihnen eine englischsprachige Beschriftung. Ich werde dir ein paar Beispiele geben:

Ich habe da zum Beispiel eine große Schneeschaufel, auf die ich am unteren Rand geschrieben habe: *In advance of the broken arm* [dt. »Vor dem Armbruch«], ins Französische übersetzt: *En avance du bras cassé*. Gib dir nicht zu viel Mühe, es in einem romantischen oder impressionistischen oder kubistischen Sinne zu verstehen – es hat damit nichts zu tun.

Ein anderes ‚readymade' nenne ich: *Emergency in favor of twice* [dt. »Notfall zugunsten von zweimal«], mögliche Übersetzung ins Französische: *Danger (Crise) en faveur de 2 fois*. All diese Vorbemerkungen, um eigentlich zu sagen:

Du nimmst dir diesen Flaschentrockner. Ich werde ihn aus der Ferne zu einem ‚Readymade' machen. Du wirst am unteren Rand an der Innenseite des Bodenrings – in kleinen Buchstaben, mit einem Pinsel für Ölfarbe, in silberner und weißer Farbe – die Inschrift aufmalen, die ich dir im Anschluss nennen werde. Und Du wirst ihn mit derselben Handschrift signieren wie folgt:

(Nach) Marcel Duchamp

Letter to D.
abmt 9c 1944
C.P. late aft.

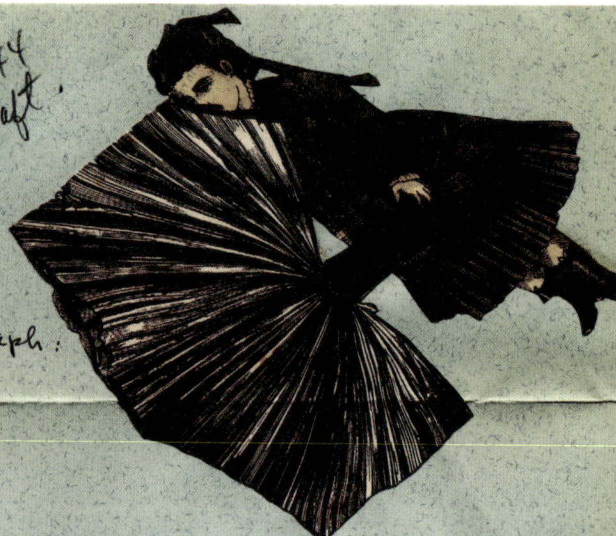

Dear
Joseph:

Sometimes

I think that the only true and satisfactory means of contact with those we love is by writing rather than talking. So it seems to me that our letters are far more the real barometer of our feelings than when we speak for a few over-charged moments in New York. Certainly you will agree that the atmosphere there, in most cases, is electric and artificial.

And yet, warring and struggling as I am nearly all of my waking moments, with the problems of authenticity and value, it is not always that I am fit to write a letter of any kind. I want the letters I write to you to have a real clarity which I feel I am ill-equipped to give them. My dreams,

Dorothea Tanning (1910–2012) an Joseph Cornell
3. März 1948

Dorothea Tanning lernte Joseph Cornell kennen, als sie in New York in der Julien Levy Gallery 1944 ihre erste Einzelausstellung hatte. Nach der entscheidenden Ausstellung *Surrealism* von 1932 hatte Cornell hier seine Collagen, später seine *Boxes* gezeigt, poesievoll-krude, wunderkammerartige Assemblagen in kleinen Holzkästen. »Hager, perlblass und erstaunt saß er gewöhnlich etwas abseits«, erinnerte sich Tanning. Cornell gefielen die Traumbilder in Tannings Arbeiten, über die er ihr »keusche, spinnwebenartige Sachen« erzählte. Nachdem sie 1946 Max Ernst heiratete und nach Arizona übersiedelte, schrieben sich Tanning und Cornell regelmäßig. Ihr Traum mit dem in Seide gekleideten Prinzen, dem Falken und dem Zimmer, »in dem alles möglich war«, erscheint wie ein Nachhall auf ihr Selbstporträt *Geburtstag* von 1942 (Museum of Art, Philadelphia).

Lieber Joseph:

Manchmal

denke ich, schreiben, nicht reden, ist das einzige wirklich befriedigende Mittel, mit denen in Verbindung zu bleiben, die man liebt. Ich finde, dass unsere Briefe weit mehr unser wahres Gefühlsbarometer wiedergeben, als wenn wir in New York einige überfrachtete Momente lang miteinander sprechen. Du findest sicher auch, dass die Atmosphäre dort meist angespannt und künstlich ist.

Und trotzdem, unentschlossen und wie in fast allen meinen wachen Momenten mit Fragen der Wahrhaftigkeit und Wertigkeit ringend, bin ich nicht immer in der Lage, einen Brief zu schreiben. Ich möchte, dass meine Briefe an Dich eine gewisse Klarheit besitzen, aber ich spüre, dass ich diese Klarheit nur unzureichend vermitteln kann. Meine Träume, meine oft illusionären Eindrücke und mein Wachleben sind derart miteinander vermengt und verwirrend, dass ich mich manchmal frage, ob es denn eine Wirklichkeit gibt. Man ist so leicht deprimiert und dann wieder so leicht in Hochstimmung gebracht. Was ist das richtige Maß? Es mag verrückt klingen, aber ich glaube, es gibt nur Poesie und Abscheulichkeit. Ich möchte die Poesie hereinlassen und alle Abscheulichkeit fernhalten. Das ist etwas, was nur Dir – von allen, die ich kenne, auf irgendeine Art gelungen ist [...].

Letzte Nacht träumte ich von dem kleinen Prinzen, den ich als Kind in einem Film sah. Er war etwa zwölf Jahre alt, trug ein Wams und lange Seidenstrümpfe und Satinschuhe [...]. Ich träumte, dass er einen Falken als Haustier hatte. Der Falke war in einem großen dunklen Raum, in dem alles möglich war. Und als der kleine Prinz mit ihm erschien, sprach der Falke. Er sagte bloß: »Sie fordern dich heraus« ... und dann irgendwie war ich der Prinz, der Falke saß auf *meiner* Schulter und flüsterte mir ins Ohr. Es war leider kaum zu verstehen, ich erinnere mich nicht, was er sagte. Träume enden fast immer so, gerade in jenem magischen Augenblick.

Vielen Dank für das Foto von der Puppe, die ich so liebe, wie Du weißt. Danke für all die hübschen Vögel im Schnee. Lass doch bitte bald wieder etwas von Dir hören, Joseph.

Max grüßt dich herzlichst.
Alles Liebe
Dorothea.

Capricorn Hill
Sedona, Arizona

Kapitel 2

»Wie ein Schlafwandler«

ür dessen Sicherheit nur 3 Wa
uar kam ich nicht zu Kräften. I
nschaft auf der fahrt zum gro
entwicklung im Auge behalten
st schrecklich für taube Mens
ner es ihm bedeutet hätte, mir
nge her ist, dass ich Euch da

nach

Künstler an Künstler

Pa

nders an Tagen, an denen der
d weißer Farbe – die Inschrift
Form in der Kunst mehr zu ring
e, denn ich war außerordentlic
erpflegung mit anderen Patien
twoch zu Ehren des Musikers
ass ihr mir die Ehre erweist un
Aber natürlich gibt es Künstl
se es soll sich bloß gut verka
ch gut um sich selbst zu küm

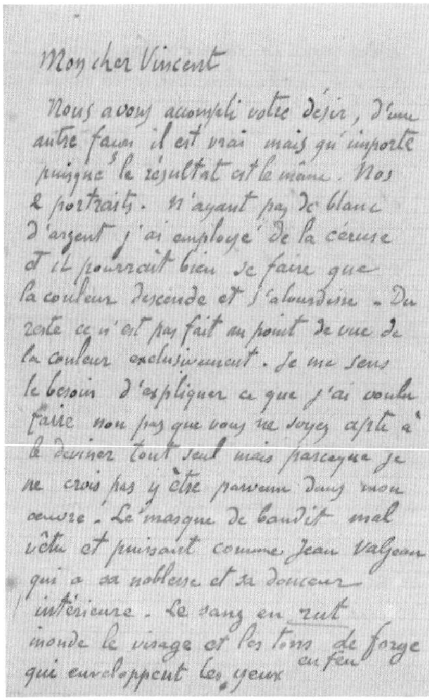

Mon cher Vincent

Nous avons accompli votre désir, d'une autre façon il est vrai mais qu'importe puisque le résultat est le même. Nos 2 portraits. N'ayant pas de blanc d'argent j'ai employé de la céruse et il pourrait bien se faire que la couleur descende et s'alourdisse. Du reste ce n'est pas fait au point de vue de la couleur exclusivement. Je me sens le besoin d'expliquer ce que j'ai voulu faire non pas que vous ne soyez apte à le deviner tout seul mais parceque je ne crois pas y être parvenu dans mon oeuvre. Le masque de bandit mal vêtu et puissant comme Jean Valjean qui a sa noblesse et sa douceur intérieure. Le sang en rut inonde le visage et les tons de forge en feu qui enveloppent les yeux

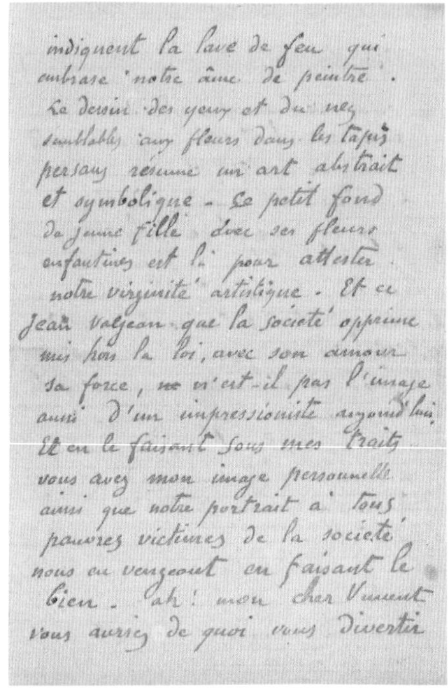

indiquent la lave de feu qui embrase notre âme de peintre. Le dessin des yeux et du nez semblables aux fleurs dans les tapis persans résume un art abstrait et symbolique. Ce petit fond de jeune fille avec ses fleurs enfantines est là pour attester notre virginité artistique. Et ce Jean Valjean que la société opprime mis hors la loi, avec son amour sa force, ne n'est-il pas l'image aussi d'un impressioniste aujourd'hui. Et en le faisant sous mes traits vous avez mon image personnelle ainsi que notre portrait à tous pauvres victimes de la société nous en vengeant en faisant le bien. Ah! mon cher Vincent vous auriez de quoi vous divertir

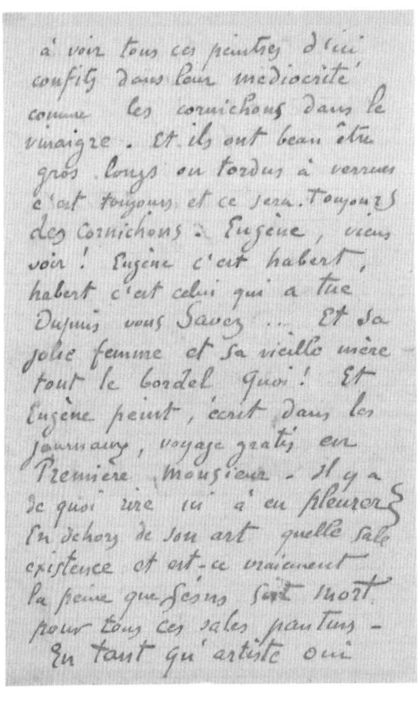

à voir tous ces peintres d'ici confits dans leur médiocrité comme les cornichons dans le vinaigre. Et ils ont beau être gros longs ou tordus à verrues c'est toujours et ce sera toujours des cornichons. Eugène, viens voir! Eugène c'est Habert, Habert c'est celui qui a tué Dupuis vous savez ... Et sa jolie femme et sa vieille mère tout le bordel quoi! Et Eugène peint, écrit dans les journaux, voyage gratis en Première Monsieur. Il y a de quoi rire ici à en pleurer. En dehors de son art quelle sale existence et est-ce vraiment la peine que Jésus soit mort pour tous ces sales pantins. En tant qu'artiste oui

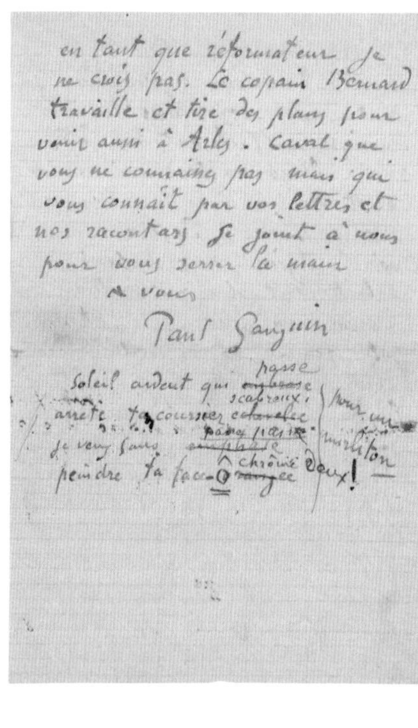

en tant que réformateur je ne crois pas. Le copain Bernard travaille et tire des plans pour venir aussi à Arles. Laval que vous ne connaissez pas mais qui vous connaît par vos lettres et nos racontars se joint à nous pour vous serrer la main

à vous

Paul Gauguin

Soleil ardent qui ~~embrase~~ passe
arrête ta course ~~effrénée~~ scabreux
je veux sans [illegible]
peindre ta face ~~orangée~~ chrôme deux! —
Pour un [illegible]

Paul Gauguin (1848–1903) an Vincent van Gogh

1. Oktober 1888

Genauso wie van Gogh wandte sich Paul Gauguin erst relativ spät der Malerei zu. Nach seinem Dienst in der französischen Kriegsmarine und einer Zeit als Börsenmakler beteiligte er sich ab Mitte der 1870er Jahre an Ausstellungen, ab 1879 an denen der Impressionisten. Seine Werke fielen dem Kunsthändler Theo van Gogh auf, der Gauguin im Juni 1888 finanzielle Unterstützung anbot. Die eine Bedingung war, dass er monatlich ein Bild lieferte. Zudem sollte er die Einladung von Theos Bruder Vincent annehmen, ins provenzalische Arles zu kommen, um dort den zunehmend labilen van Gogh zu betreuen. Gauguin war allerdings Mitglied der Künstlerkolonie Pont-Aven im entgegengesetzten Nordwesten Frankreichs. »Ich liebe die Bretagne«, schrieb er, »wenn der Klang meiner Holzschuhe auf dem Granitboden ertönt, höre ich den dumpfen und mächtigen Schlag, den ich auch mit der Malerei anstrebe.« Gauguin und der junge Maler Émile Bernard sandten Porträtzeichnungen von einander an van Gogh (heute im Van Gogh Museum, Amsterdam), wobei Gaugin seines mit »die Elenden« betitelt, ein Verweis auf Victor Hugos Roman über den wohltätigen Ex-Sträfling Jean Valjean. In der Vermutung, dass dies van Gogh gefallen würde, schreibt er, dass sie als impressionistische Maler wie Valjean Opfer seien »der Gesellschaft. Wir rächen uns an ihr, indem wir Gutes tun.« Van Gogh sollte bald darauf in Arles – nicht ohne Aufregung und Sorge – alles für Gauguins Unterbringung im »Gelben Haus« vorbereiten (siehe S. 53).

Mein lieber Vincent,

wir haben Ihren Wunsch erfüllt; auf andere Weise, aber was macht das schon, das Resultat ist dasselbe. Unsere 2 Porträts. Da ich kein Silberweiß hatte, nahm ich Bleiweiß und es könnte sehr gut sein, dass die Farbe dunkler und stärker wird. Übrigens ging es mir dabei nicht nur um die Farbe. Ich verspüre das Bedürfnis, zu erklären, was ich machen wollte, nicht weil Sie unfähig wären, es selbst zu erraten, sondern weil ich nicht glaube, dass es mir gelungen ist: Die Maskerade eines Diebs, schlecht gekleidet und mächtig wie Jean Valjean mit all seiner Vornehmheit und inneren Sanftheit. Sein feuriges Blut durchströmt sein Gesicht und die Farben des Schmiedefeuers, die seine Augen umgeben, deuten die glühende Lava an, die unsere Malerseele entflammt. Die Zeichnung der Augen und der Nase, ähnlich der Blumen auf Perserteppichen, verkörpert eine abstrakte und symbolische Kunst. Der mädchenhafte Hintergrund mit seinen kindischen Blumen dient dazu, unsere künstlerische Unschuld zu bezeugen. Und dieser von der Gesellschaft unterdrückte, geächtete Valjean, mit seiner Liebe, seiner Stärke, ist nicht auch er das Abbild eines Impressionisten unserer Zeit? Da ich ihm meine Züge verlieh, haben Sie mein Bild und zugleich ein Porträt von uns allen, uns armen Opfern der Gesellschaft. Wir rächen uns ihr, indem wir Gutes tun – ach! Mein lieber Vincent, wie würden Sie sich amüsieren, wenn Sie all diese Maler hier sehen könnten, sauer eingelegt in ihrer Mittelmäßigkeit wie Gurken in Essig. Sie mögen fett, lang oder krumm und warzig sein, sie sind dumme Gurken und werden es auch immer bleiben [...].

Grüße
Paul Gauguin

[...]

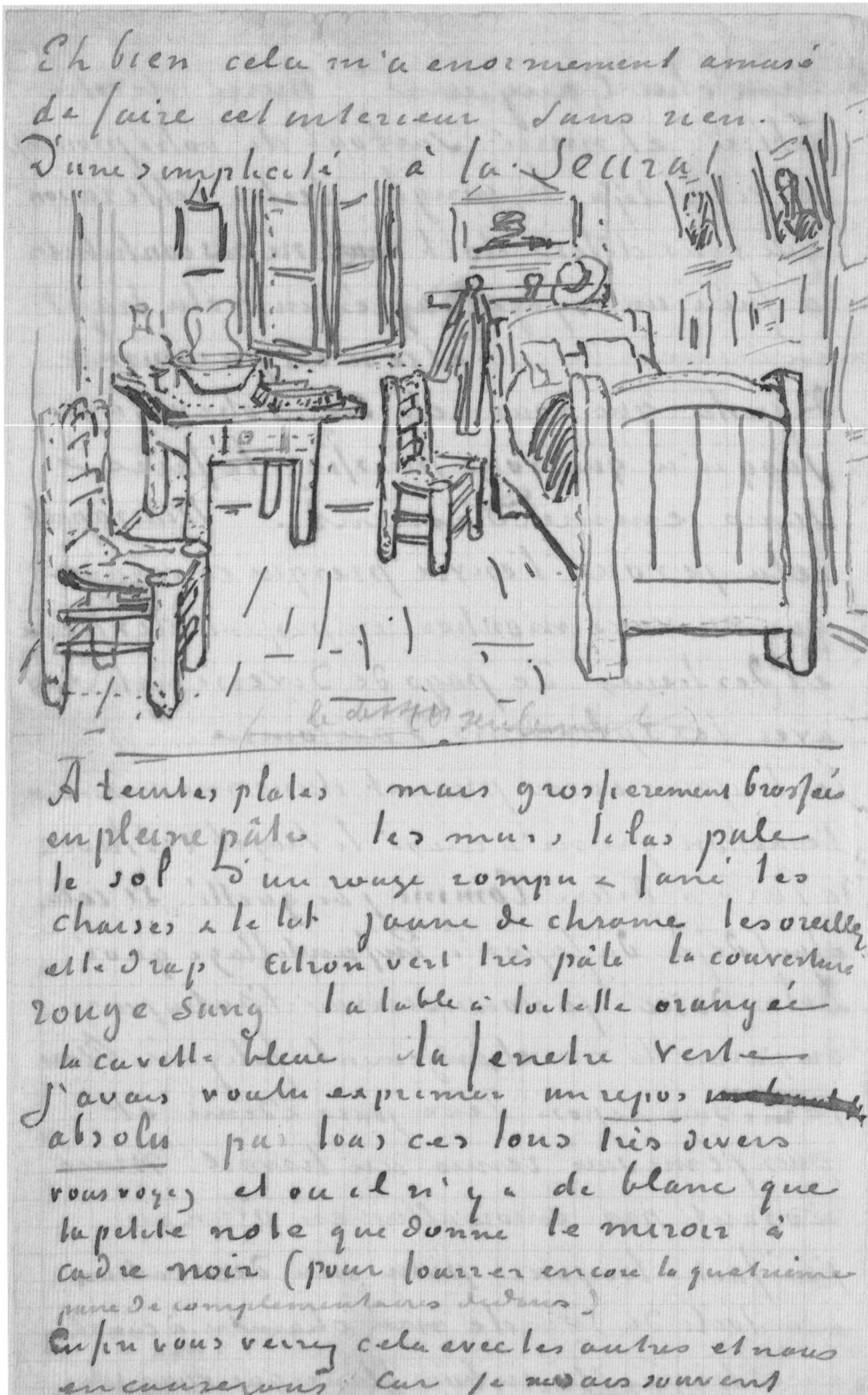

Eh bien cela m'a énormément amusé
de faire cet intérieur sans rien.
D'une simplicité à la Seurat

À teintes plates mais grossièrement brossées
en pleine pâte les murs lilas pâle
le sol d'un rouge rompu & fané les
chaises & le lit jaune de chrome les oreillers
et le drap citron vert très pâle la couverture
rouge sang la table à toilette orangée
la cuvette bleue la fenêtre verte
J'avais voulu exprimer un repos
absolu par tous ces tons très divers
vous voyez et où il n'y a de blanc que
la petite note que donne le miroir à
cadre noir (pour fourrer encore la quatrième
paire de complémentaires dedans.)
Enfin vous verrez cela avec les autres et nous
en causerons car je ne sais souvent

Vincent van Gogh (1853–1890) an Paul Gauguin
17. Oktober 1888

Überwältigt von den japanischen Holzschnitten, die er in Paris gesehen hatte, aber ohne das nötige Geld für eine Reise nach Japan, fuhr van Gogh im Februar 1888 nach Südfrankreich, ganz in der Hoffnung auf eine weniger ferne und doch japanisch anmutende Landschaft. Er mietete in Arles das »Gelbe Haus«, in das er Gauguin (siehe S. 51) einlud. Van Gogh glaubte, ein Maler könnte durch die Farbgebung bestimmte Empfindungen evozieren; im Fall von »Das Schlafzimmer« (Van Gogh Museum, Amsterdam) ein Gefühl »vollkommener Ruhe«. Nach Gauguins Ankunft hingegen ging es im Gelben Haus alles andere als friedlich zu. Auf einen vielversprechenden Anfang folgte das völlige Zerwürfnis. Ein besonders heftiger Streit zwischen Gaugin und dem Niederländer endete mit der Verstümmelung von Van Goghs linkem Ohr.

Mein lieber Gaugin,
danke für Ihren Brief und danke vor allem für Ihre Zusicherung, bereits am Zwanzigsten zu kommen. Gewiss, dieser von Ihnen angeführte Grund dürfte aus der Bahnreise keine Vergnügungsfahrt machen. Daher ist es nur richtig gewesen, dass Sie ihre Reise aufgeschoben haben, damit sie nicht ein einziges Ärgernis geworden wäre. Doch davon abgesehen beneide ich Sie fast um diese Tour, die Ihnen im Vorbeieilen Meile für Meile verschiedenste Landschaften in herbstlicher Pracht vorführen wird.

Meiner Erinnerung sind die Regungen noch gegenwärtig, die jene Fahrt von Pairs nach Arles im vergangenen Winter bei mir ausgelöst hat. Wie ich Ausschau danach hielt, ob es schon wie Japan wäre – kindisch, nicht wahr? Sehen Sie, neulich schrieb ich Ihnen, dass meine Augen merkwürdig müde wären. Also gut, ich habe mich zweieinhalb Tage ausgeruht und ging dann wieder an die Arbeit. Den Mut nach draußen zu gehen, hatte ich noch nicht. Zu Dekorationszwecken habe ich auf eine Leinwand im Format 30 mein Schlafzimmer gemalt, mitsamt der weißen Holzmöbel, die Sie kennen. Es hat mich sehr amüsiert, diesen kahlen Innenraum zu gestalten, ganz mit der Einfachheit eines Seurat [Zeichnung Schlafzimmer]: mit flachen Farbtönen, aber dicken Pinselstrichen, sehr pastos, die Wände hell violett, der Boden in einem gebrochenen und verblassten Rot, die Stühle und das Bett chromgelb, die Kopfkissen und das Bettlaken blass zitronengrün, die Bettdecke blutrot, der Waschtisch in blutorange, die Schüssel blau, das Fenster grün. Wie Sie sehen, wollte ich mit all diesen unterschiedlichen Tönen das Gefühl vollkommener Ruhe ausdrücken, bei denen es Weiß nur in Form einer kleinen Note auf dem schwarzgerahmten Spiegel gibt (um auch noch das vierte Paar Komplementärfarben darin unterzubringen).

Letztlich werden Sie es mit den anderen sehen und wir werden darüber reden. Denn oft weiß ich gar nicht, was ich da mache, ich arbeite fast wie ein Schlafwandler.

Es beginnt, kalt zu werden, besonders an Tagen, an denen der Mistral weht.

Ich habe eine Gasleitung ins Atelier legen lassen, damit wir im Winter gutes Licht haben.

Vielleicht werden Sie von Arles enttäuscht sein, wenn Sie bei schlechtem Mistral-Wetter hierher kommen, aber haben Sie Geduld: Erst mit der Zeit dringt die Poesie des hiesigen Landstrichs durch.

Sie werden das Haus noch nicht so komfortabel vorfinden, wie wir es uns nach und nach einrichten werden. Alles kostet Geld, und all das kann nicht in einem einzigen Aufwasch erledigt werden. Schließlich glaube ich, dass Sie, wenn Sie einmal hier sind, genauso wie ich von einer regelrechten Wut ergriffen werden, in den Pausen des Mistrals die Ausprägungen des Herbstes zu malen, so dass Sie begreifen werden, warum ich darauf bestanden habe, dass Sie jetzt kommen, wenn es noch viele schöne Tage gibt. Also los – auf Wiedersehen!
Für immer der Ihre
Vincent

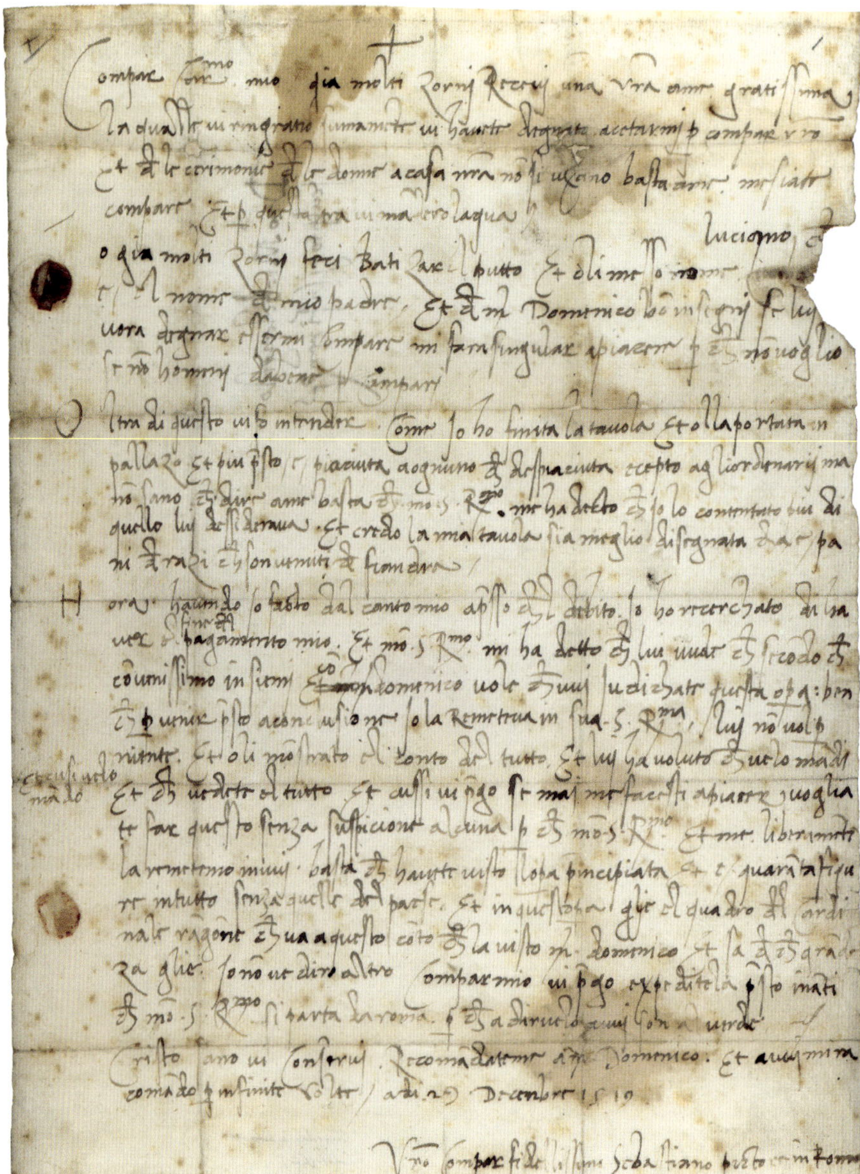

Sebastiano del Piombo (1485–1547) an Michelangelo
29. Dezember 1519

Anfang des 16. Jahrhunderts wurden viele führende italienische Maler und Architekten für Prestigeprojekte in Rom verpflichtet, so auch Michelangelo und der venezianische Maler Sebastiano Luciani (bekannt als »del Piombo« nach seinem späteren Amt als Verwahrer der aus Blei gefertigten päpstlichen Siegel). Die beiden Künstler wurden *compari* (Arbeitskollegen); für den notorisch schwierigen Michelangelo eine ungewöhnlich enge Verbindung. 1516 wurde Sebastiano von Kardinal Giulio de' Medici mit dem Gemälde *Die Auferweckung des Lazarus* (National Gallery, London) beauftragt, für das Michelangelo zuerst die Figuren zeichnen sollte. Es war dies ein regelrechter Talentwettbewerb, bei dem die beiden Künstler gegen Raffael antreten mussten, den Kardinal Giulio mit der *Verklärung Christi* (Musei Vaticani, Rom) beauftragt hatte.

Als das Gemälde fertig war, hielt sich Michelangelo wieder in Florenz auf. Im Bewusstsein, dass sein *compare* viel zu arbeiten hat, gibt Sebastiano ihm zu Bedenken, dass er dringend seinen Lohn benötigt, für dessen Auszahlung der Kardinal allerdings eine Rechnungsprüfung durch Michelangelo persönlich verlangt.

Mein treuester Kollege, bereits vor vielen Tagen hatte ich Euren höchst angenehmen Brief erhalten. Ich bin Euch überaus dankbar, dass ihr mir die Ehre erweist und eingewilligt habt, der Taufpate meines Sohnes zu sein [...].

Desweiteren möchte ich Euch wissen lassen, dass ich das Gemälde vollendet und zum Palast gebracht habe. Es hat den meisten mehr gefallen als missfallen, sieht man ab von den Offiziellen der Kurie, die nicht so recht wussten, was sie sagen sollten. Mir genügt es, dass der Hochwürdigste Monsignore [Kardinal Giulio de' Medici] mir sagte, dass ich ihn über seine Erwartungen zufrieden gestellt hätte. Und ich glaube auch, dass mein Bild besser gestaltet ist, als jene Tapisserien, die aus Flandern kamen.

Da ich nun von meiner Seite alle Schuldigkeit getan habe, so habe ich versucht, die mir zustehende Abschlusszahlung abzurufen. Der Hochwürdigste Monsignore sagte mir, er möchte zunächst Euch bitten, dass Ihr das Werk bewertet, solange Herr Domenico nichts dagegen hat. Um diese Frage schnell zu beantworten, habe ich versucht, die Angelegenheit dem ehrwürdigen Monsignore zu erklären. Doch er will damit nichts zu tun haben. Ich zeigte ihm meine Gesamtrechnung und er verlangte von mir, dass ich sie Euch senden sollte, damit ihr Einsicht nehmen könnt. Hier ist sie also! Und deshalb bitte ich Euch – so Ihr mir diesen Gefallen tun mögt – alle Zweifel außen vor zu lassen, seine Hochwürden und ich, wir setzen unser Vertrauen in Sie. Es genügt, dass Ihr das Werk zu Anfang gesehen habt, nun sind es vierzig Figuren im Ganzen, mit Ausnahme derjenigen in der Landschaft. Mein Auftrag – und meine Abschlussrechnung – enthielt auch ein Gemälde für Kardinal Rangone, das Herr Domenico bereits gesehen hat und daher genau weiß, wie groß es ist. Mehr will ich nicht dazu sagen. Mein Compare, ich bitte Euch, mir schnell zurückzuschreiben, ehe der Hochwürdigste Monsignore nach Rom abreist. Denn um Euch die Wahrheit zu sagen: Ich bin pleite. Christus erhalte Euch gesund! Empfehlt mich weiter an Herrn Domenico – ich empfehle mich Euch unendlichst.

Am 29. Tag des Dezembers 1519
Dein treuester Kollege Sebastiano, Maler in Rom
An Herrn Michelangelo, Bildhauer in Florenz

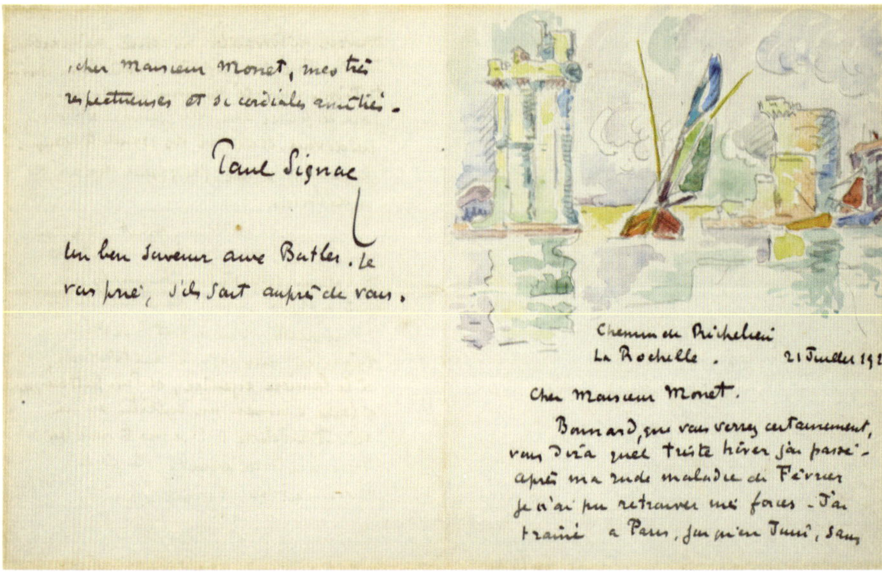

cher Monsieur Monet, mes très respectueuses et si cordiales amitiés.

Paul Signac

Un bon souvenir aux Butler. Je vous prie, s'ils sont auprès de vous.

Chemin de Richelieu
La Rochelle. 21 Juillet 1920

Cher Monsieur Monet.

Bonnard, que vous verrez certainement, vous dira quel triste hiver j'ai passé. Après ma rude maladie de Février je n'ai pu retrouver mes forces. J'ai traîné à Paris, jusqu'en Juin, sans

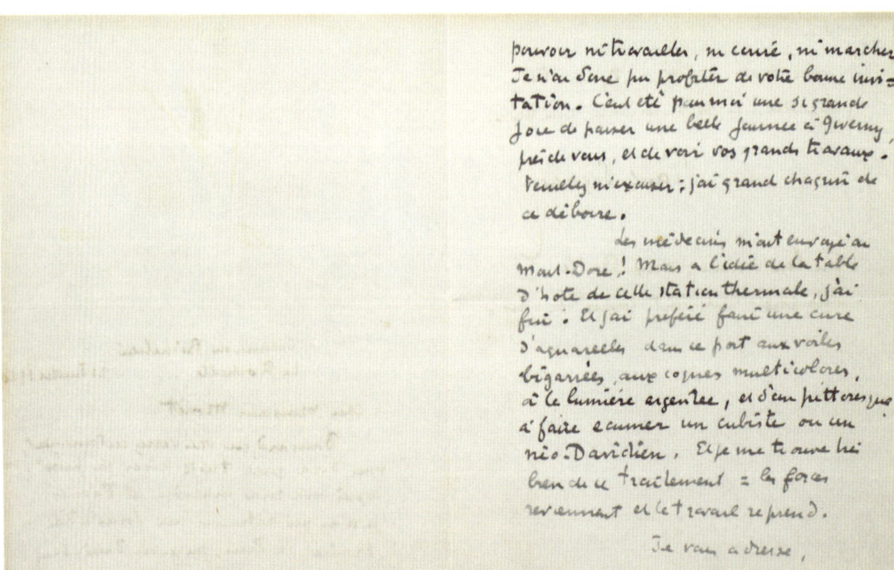

pouvoir ni travailler, ni écrire, ni marcher. Je n'ai donc pu profiter de votre bonne invitation. C'eut été pour moi une si grande joie de passer une belle journée à Giverny, près de vous, et de voir vos grands travaux. Veuillez m'excuser; j'ai grand chagrin de ce déboire.

Les médecins m'ont envoyé au Mont-Dore! Mais à l'idée de la table d'hôte de cette station thermale, j'ai fui! Et j'ai préféré faire une cure d'aquarelles dans ce port aux voiles bigarrées, aux coques multicolores, à la lumière argentée, et d'un pittoresque à faire écumer un cubiste ou un néo-Davidien. Et je me trouve bien de ce traitement: les forces reviennent et le travail reprend.

Je vous adresse,

Paul Signac (1863–1935) an Claude Monet
21. Juli 1920

Claude Monet war im Alter ein großzügiger Gastgeber, der regelmäßig Künstler, Schriftsteller, Sammler und Politiker zum Mittagessen in sein Atelierhaus in Giverny einlud. Wenn Signac sein Bedauern äußert, dass er seine Einladung nicht annehmen konnte, ist das keine leere Phrase: Als Signac 1880 im Alter von 17 Jahren in Paris erstmals Bilder von Monet sah, fasste er den Entschluss, Maler zu werden. Vierzig Jahre später arbeitet Monet an seiner monumentalen Seerosen-Reihe *Grande Décoration*, die Frankreichs berühmtester lebender Maler dem französischen Staat als bleibendes Vermächtnis hinterlassen will. Auch Signac hat eine erfolgreiche Laufbahn hinter sich. Mit Georges Seurat führte er die pointilistische Malweise ein, in der winzige Tupfer reiner Farben nebeneinandergesetzt werden und der Mischeffekt erst im Auge des Betrachters entsteht. Camille Pissarro und Vincent van Gogh (siehe Seite 43 und S. 53) bewunderten diese Methode und übernahmen sie zeitweise.

Signac ist sich sicher, dass Monet von deren gemeinsamen Freund Pierre Bonnard erfahren wird, wie krank er gewesen war. Man hatte ihm eine Kur im Thermalbad Mont-Dore in der Auvergne verordnet (heute ein Wintersportort), aber der Gedanke an die Sanatoriums-Atmosphäre war ihm unerträglich. Sein Aufenthalt in La Rochelle hingegen habe Wunder gewirkt – der pittoreske Hafen der Stadt würde sogar Kubisten oder »Neo-Davidianer« (eine Anspielung auf das Wiederaufleben des Klassizismus nach dem Ersten Weltkrieg) zum Malen reizen. Mit einem für Segler typischen Interesse für Bootstypen und Takelagen setzt Signac ein Aquarell des Hafens an den Kopf des Briefs, das ein Segelboot mit seinen langen, dem Fischfang dienenden Auslegern zeigt. Ein weiteres Ergebnis seiner »Aquarell-Therapie« ist *Fischerboote in La Rochelle* (Minneapolis Institute of Art, Minneapolis). Das Bild zeigt die gleiche Art von Booten auf dem offenen Meer, im Hintergrund ist einer der mittelalterlichen Türme von La Rochelle erkennbar.

Lieber Monsieur Monet,

Bonnard, den Sie sicherlich sehen werden, wird Ihnen sagen, welch traurigen Winter ich verbracht habe. Nach meiner schrecklichen Krankheit im Februar kam ich nicht zu Kräften. Ich blieb bis Juni in Paris und war unfähig zu arbeiten, zu schreiben oder aus dem Haus zu gehen. Ich konnte Ihrer freundlichen Einladung nicht nachkommen. Es hätte mir große Freude bereitet, mit Ihnen in Giverny einen schönen Tag zu verbringen und Ihr großes Projekt zu sehen. Bitte verzeihen Sie mir: Derartige Rückschläge tun mir aufrichtig leid.

Die Ärzte schickten mich nach Mont-Dore! Aber die Aussicht auf Gemeinschaftsverpflegung mit anderen Patienten in jenem Thermalbadeort ließ mich die Flucht ergreifen. Ich entschloss mich zu einer Aquarell-Therapie in diesem Hafen, der mit seinen bunten Segeln, den Booten und dem glitzernden Licht derart pittoresk ist, dass sogar Kubisten oder Neo-Davidianer hierüber in Verzückung geraten würden! Und diese Behandlung tut mir gut – meine Kraft kehrt zurück und ich fange wieder mit der Arbeit an.

Lieber Herr Monet, meine ehrerbietigen und herzlichen Grüße,

Paul Signac
Meine besten Wünsche an die Butlers, so sie denn noch bei Ihnen weilen.

December 1936.

Comrades: Pollack, Sandy, Lehman;

Since I realize that there exists a misunderstanding on the part of some of you as to the provisional closing of the workshop and my present activities for my next exhibition, I believe that it is necessary to write this letter by way of explanation.

I would like you to remember our last meeting at 5 West 14th St. when we unanimously agreed to close our workshop as a place for daily ~~[illegible]~~ production so as to give me time to prepare my personal exhibition, believing this exhibition could help our initial movement to further the understanding of the people about our technique. To further this plan we agreed that a small number of comrades who could devote most of their time would help me in the realization of my work.

I believe I explained everything very clearly at this meeting - that to realize my plan it would be necessary for me to seclude myself for some time. And now I want to say that I am working in accordance with this plan, and at this time I am at more unrest with the problems of form in art than ever. I have not yet crossed the bridge of experimentation that will put me on the road to production, and for this reason I have not yet asked you all to come to my place and carry on a collective discussion of our realizations. However, the time is near, and I sincerely ask you to be patient-with the assurance that before I leave the United States our workshop will open again under very different conditions from the lamentable misunderstandings which disrupted our work in the past.

Always your comrade,

Siqueiros

David Alfaro Siqueiros (1896–1974) an Jackson Pollock, Sande Pollock und Harold Lehman

Dezember 1936

In den 1920er Jahren war der Maler David Alfaro Siqueiros eng mit der postrevolutionären Bewegung verbunden und versuchte, mit öffentlichen Wandmalereien (Murales) die Geschichte Mexikos aus sozialistischer Sicht neu zu erzählen. 1925 hörte er zu malen auf, um sich ganz der Arbeit für die Partido Comunista Mexicano zu widmen, was zu seiner Inhaftierung und 1932 zu seiner Ausweisung führte. In der Folge gründete er in Los Angeles einen »Block von Malern«, die politische Wandbilder schufen. Dazu gehörten auch Harold Lehman, Philip Guston (siehe Seite 25) und Jackson Pollocks älterer Bruder Sanford (Sande) Pollock.

1936 übersiedelte Siqueiros nach New York. Im April richtete er sein Loft in der West 14th Street als »Labor für moderne Techniken der Kunst« ein, wo er junge Maler ermutigte, mit synthetischen Farben und innovativen Techniken zu experimentieren. Wie andere seiner Schüler waren Sande und Jackson Pollock (siehe Seite 121) am Federal Arts Project beteiligt gewesen, durch das Künstler in der Zeit der Wirtschaftskrise Aufträge für öffentliche Projekte erhielten. Zusammen mit Siqueiros arbeiteten sie an einem Festzugswagen für den Umzug am Maifeiertag in New York.

Siqueiros schreibt an Lehman und die Pollocks, um zu erklären, warum das Atelier zurzeit geschlossen ist. Er musste sich zurückziehen, um sich auf neue Aufgaben vorzubereiten und vielleicht um nicht näher spezifizierten »bedauerliche(n) Missverständnissen« zu entgehen. Im Jahr darauf reiste er nach Spanien ab, wo er im Bürgerkrieg auf Seiten der Republikaner kämpfte.

Genossen: Pollock, Sandy, Lehman;

Da bei einigen von Euch ein Missverständnis in Bezug auf die einstweilige Schließung unserer Werkstatt und meine gegenwärtige Tätigkeit für meine nächste Ausstellung besteht, halte ich es für nötig, einen klärenden Brief zu schreiben.

Ich möchte an unser letztes Treffen in der 5 West 14th Street erinnern, wo wir einstimmig beschlossen, unsere Werkstatt zu schließen, um mir Zeit zu geben, meine Einzelausstellung vorzubereiten. Dies in der Annahme, dass das unserer Bewegung helfen könnte, die Menschen besser über unsere Technik zu informieren. Um dieses Vorhaben voranzubringen, beschlossen wir gemeinsam, dass eine kleine Zahl von Genossen, die ihre Zeit darauf verwenden könnten, mir bei meiner Arbeit zur Hand gehen würde.

Ich glaube, dass ich bei diesem Treffen klar dargelegt habe, mich zur Durchführung meines Plans für einige Zeit zurückziehen zu müssen. Ich möchte jetzt sagen, dass ich diesem Plan gemäß arbeite und diesmal mit den Problemen der Form in der Kunst mehr zu ringen habe als jemals zuvor. Ich habe beim Experimentieren noch nicht jene Brücke überquert, die mich auf den Weg zur Produktion führen wird. Deswegen habe ich Euch noch nicht gebeten, zu mir zu kommen, um gemeinsam über unsere realisierten Werke zu diskutieren. Der Moment ist aber nah und ich bitte Euch aufrichtig um Geduld. Gleichzeitig versichere ich, dass unsere Werkstatt vor meiner Abreise aus den Vereinigten Staaten ihre Arbeit wieder aufnehmen wird. Und zwar unter ganz anderen Bedingungen und ohne bedauerliche Missverständnisse, die unsere Arbeit in der Vergangenheit störten.

Stets Euer Genosse,
D. A. Siqueiros

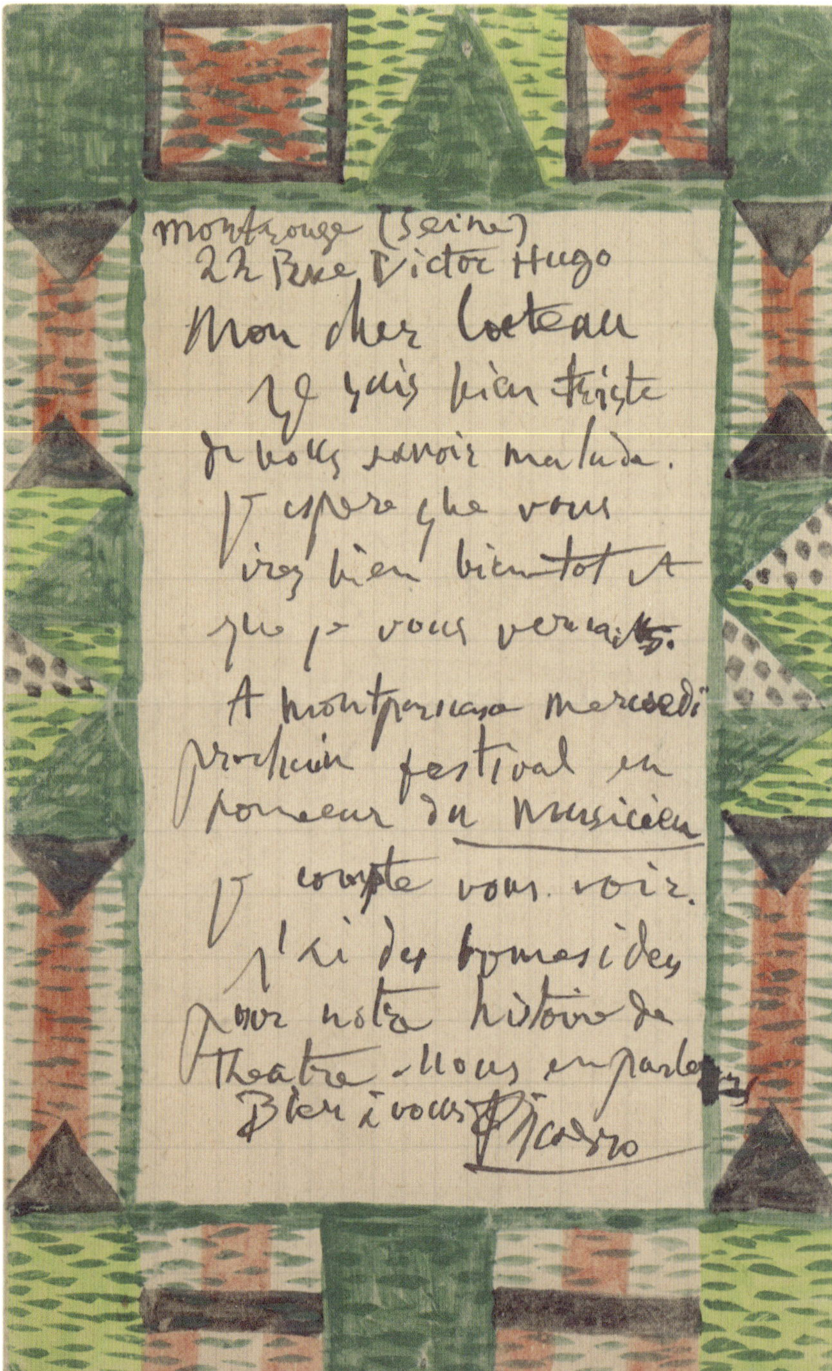

Montrouge (Seine)
22 Rue Victor Hugo

Mon cher Cocteau

Je suis bien triste
de vous savoir malade.
J'espère que vous
irez bien bientot et
que je vous verrais.
A Montparnasse mercredi
prochain festival en
honneur du musicien
Je compte vous voir.
J'ai des bonnes idées
pour notre histoire de
Theatre. Nous en parlerons
Bien à vous Picasso

Pablo Picasso (1881–1973) an Jean Cocteau

zwischen 16. und 19. November 1916

Zur ersten Begegnung von Pablo Picasso und Jean Cocteau kam es im Juni 1915. Der Pariser Kubistenkreis hatte sich mit Ausbruch des Ersten Weltkriegs aufgelöst, als Georges Braque und andere Maler zur Armee eingezogen wurden. Von Cocteau ermuntert schloss sich Picasso einer neuen Avantgarde-Gruppe um den Impresario Sergei Djagilew und dessen Ballets Russes an. Cocteau wiederum erlag der Faszination, die Picasso auf ihn ausübte.

Der knapp über 20 Jahre alte Cocteau hatte Djagilew und seine Tänzer und Mitarbeiter nach dem Erscheinen seines ersten Gedichtbands kennengelernt. Für das europäische Publikum dieser Zeit waren Djagilews Produktionen die Verkörperung des Modernen – spektakulär, schockierend und beispiellos in ihrer Verbindunng von Musik, Tanz und bildender Kunst. Cocteau entwarf für die Ballets Russes zunächst Werbeplakate, 1912 schrieb er das Libretto für *Le Dieu bleu* (Der blaue Gott) mit dem russischen Startänzer Nijinski.

Cocteau dachte bereits über das Szenario seines als »totales« Kunstwerk geplanten Balletts *Parade* nach, als Picasso ins Spiel kam. Konnte er Picasso dazu bringen, die Kostüme und das Bühnenbild zu entwerfen, so würde *Parade* alle Welt in Erstaunen versetzen, indem es den Kubismus – diese seltsamste und revolutionärste aller Stilrichtungen der modernen Kunst – auf die Bühne brachte. Im Mai 1916 besuchte er in Begleitung Djagilews Picasso in seinem Atelier. Im August erklärte sich Picasso zur Mitarbeit bereit, dem Team sollten auch der Komponist Erik Satie und der Choreograf Léonide Massine angehören. Als Picasso im November in seinem neuen Atelier in Montrouge seine Genesungswünsche an Cocteau richtete, musste ihre gemeinsame »Theatergeschichte« aber erst richtig ins Rollen kommen (was schließlich auch geschah, als sich die Beteiligten im Februar 1917 in Rom trafen). Picasso – immer interessiert daran, neue Kunstströmungen zu adaptieren und zu erforschen – dekorierte die Umrandung des Briefs mit Aquarellmustern, die mehr Stoffmustern der Ballets Russes gleichen als kubistischen Motiven.

Die Premiere von *Parade* in Paris fand am 18. Mai 1917 im Théâtre du Châtelet statt. Darin waren mehrere Figuren in weiten, kubistischen Konstruktionen zu sehen und ein von Picasso bemalter Bühnenvorhang (das größte von Picasso je angefertigte Gemälde), auf dem eine bunte Truppe von Komödianten sich eine Bühne mit einem geflügelten Pferd teilt, auf dessen Rücken eine anmutige Akrobatin tänzelt. Das teils aus Liebhabern der modernen Kunst und teils aus Soldaten auf Fronturlaub bestehende Publikum reagierte wie erwartet (oder erhofft): mit Entrüstung.

Montrouge (Seine)
22 Rue Victor Hugo

Mein lieber Cocteau,
es betrübt mich, dass Sie krank sind. Ich hoffe, dass es Ihnen bald besser geht und ich Sie besuchen kann.

Ich denke, wir werden uns beim Montparnasse-Fest nächsten Mittwoch zu Ehren *des Musikers* sehen. Ich habe gute Ideen für unsere Theatergeschichte – wir werden darüber sprechen.

Alles Gute,
Picasso

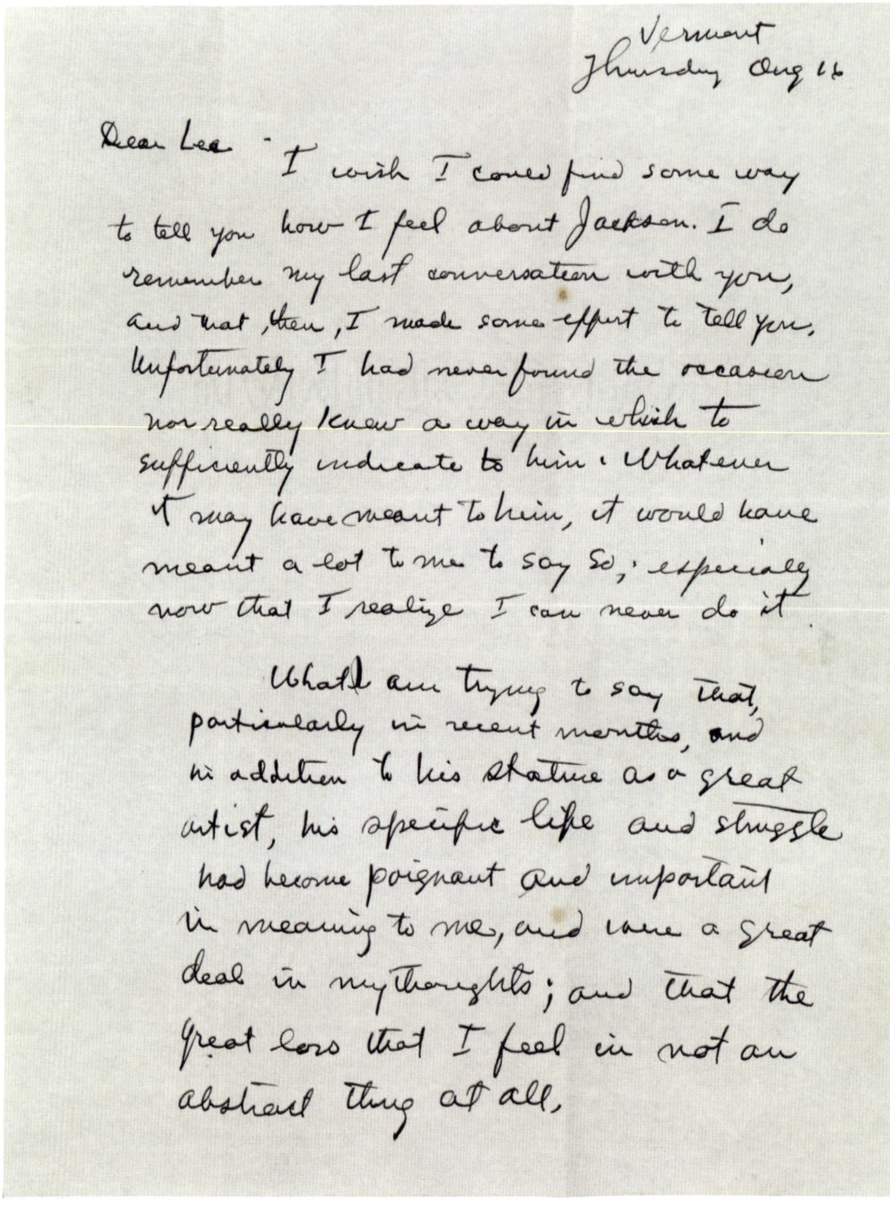
Vermont
Thursday Aug 16

Dear Lee -
I wish I could find some way to tell you how I feel about Jackson. I do remember my last conversation with you, and that, then, I made some effort to tell you. Unfortunately I had never found the occasion nor really knew a way in which to sufficiently indicate to him. Whatever it may have meant to him, it would have meant a lot to me to say so; especially now that I realize I can never do it.

What I am trying to say that, particularly in recent months, and in addition to his stature as a great artist, his specific life and struggle had become poignant and important in meaning to me, and were a great deal in my thoughts; and that the great loss that I feel is not an abstract thing at all,

Mark Rothko (1903–1970) an Lee Krasner
16. August 1956

Im Sommer 1956 verließ Lee Krasner Jackson Pollock in ihrem Haus in Springs, Long Island, um nach Europa zu reisen. Ihre Ehe war in einer Krise und die Reise sollte beiden eine Atempause verschaffen. In einem Schreiben aus Paris Ende Juli teilte ihm Krasner mit: »Du fehlst mir, ich wünschte, wir könnten das hier miteinander teilen.« (siehe S. 211). Am 11. August, kurz bevor sie zurückreisen sollte, kam Pollock unter Alkoholeinfluss bei einem Autounfall ums Leben. Krasner kehrte zurück und organisierte die Beerdigung.

In seinem auf den Tag nach der Beisetzung datierten Beileidsschreiben teilt Rothko ihr mit, wie sehr er es bedaure, Pollock niemals persönlich gesagt zu haben, dass er ihn als »großen Maler« betrachte. Ein solches Kompliment machen sich Künstler mitten in ihrer Laufbahn eher selten. Es zeigt, dass der amerikanische abstrakte Expressionismus – die Nachkriegsbewegung, in der Rothko und Pollock die führenden Figuren waren – 1956 bereits seinen Platz in der Kunstgeschichte eingenommen hatte. Ihre Arbeiten selbst waren sehr verschieden: Rothkos Bilder vom Anfang der 1950er Jahre bestanden aus großen, rechteckigen Feldern mit leuchtenden, dünn aufgetragenen Farben, Pollocks Bilder dagegen spielten mit kalligrafischen Strukturen und Konstellationen durch aufgetröpfelte Dosenfarbe. Beide wurden von derselben New Yorker Galerie repräsentiert und hatten viele gemeinsame Kunstfreunde und Bekannte.

Krasner war ebenfalls Malerin, hatte jedoch viel Energie darauf verwendet, Pollock zu unterstützen. Rothko will ihr offenbar versichern, dass diese Bemühungen nicht vergebens waren. Besonders in Anbetracht dessen, dass Pollock in den letzten eineinhalb Jahren nichts geschaffen hatte, da er sich ausgebrannt und orientierungslos fühlte. Analog zu Pollocks kreativem »Ringen« stößt Rothko immer wieder an die Grenzen dessen, was sich mit Worten ausdrücken lässt – und scheitert fast erneut daran, seine Bewunderung zu vermitteln. Krasner solle auch seinen Ausdruck »großer Verlust« niemals als Formel empfinden, vielmehr sei seine Trauer »keineswegs etwas Abstraktes«.

Vermont

Liebe Lee –

Ich wünschte, ich könnte Dir sagen, was mir Jackson bedeutet. Ich erinnere mich durchaus an unser beider letztes Gespräch. Und dass ich mich damals einigermaßen bemühte, dem Ausdruck zu verleihen. Leider bot sich mir nie eine passende Gelegenheit und ich wusste auch nie wirklich, wie ich es ihm selbst hinreichend zeigen hätte können. Was immer es ihm bedeutet hätte, mir hätte es sehr viel bedeutet, es zu sagen – vor allem jetzt, da ich weiß, ich werde es nie mehr tun können.

Ich versuche hier zu sagen, dass mich – vor allem in den letzten Monaten und von seinem Rang als großer Künstler ganz abgesehen – sein Leben und Ringen, so wie es war, zutiefst beeindruckten und ich deren Bedeutung für mich erkannte und darüber viel nachdachte; und dass der große Verlust, den ich empfinde, keineswegs etwas Abstraktes ist.

Ich hatte mit Tony gesprochen und wusste, dass er und Barney am Mittwoch bei Dir sein würden. Ich wünschte, ich hätte auch kommen können, allein um meiner selbst willen.

Besuch uns bitte bald, wir lieben Dich sehr.

Mark

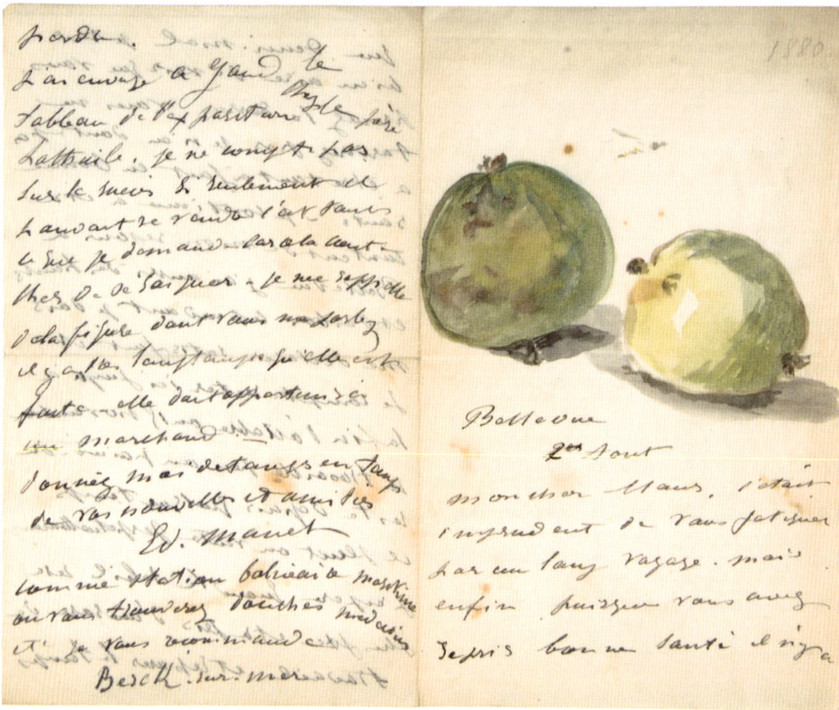
Bellevue
2e Août
mon cher Claus, c'était imprudent de vous fatiguer par un long voyage. mais enfin puisque vous avez repris bonne santé il y a

Ed. Manet

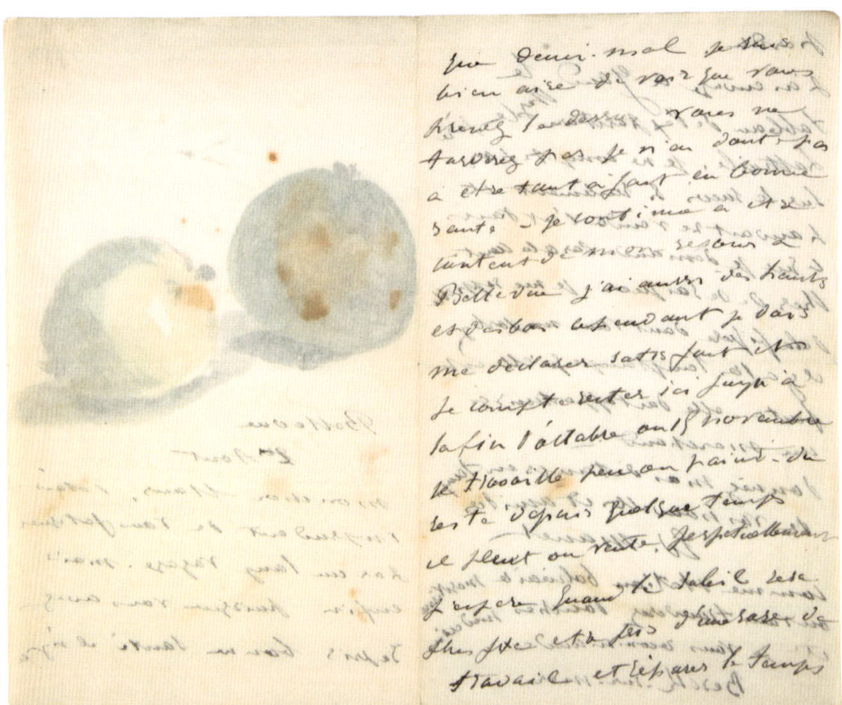

Édouard Manet (1832–1883) an Eugène Maus
2. August 1880

In seinen Vierzigern (er starb mit einundfünfzig Jahren) begann Manet an Gelenkschmerzen zu leiden, die Folge einer Syphiliserkrankung. Den Sommer 1880 verbrachte er mit seiner Frau Suzanne in einem kleinen, angemieteten Häuschen in Bellevue am Stadtrand von Paris. Das ganze war als Arbeitsurlaub gedacht und zugleich als Erholungskur. Manets Bilder hatten seit ihrer ersten Ausstellung im Pariser Salon von 1859 sehr gemischte Reaktionen hervorgerufen. In den 1860er Jahren hatten *Déjeuner sur l'herbe* und *Olympia* durch Bezüge zu den Alten Meistern und die für ihre Zeit freimütige Sexualität für Skandale gesorgt. Als seine Farben in den 1870er Jahren leuchtender und sein Pinselstrich leichter wurden, brachte man seinen Namen mit den jüngeren Impressionisten in Verbindung, obwohl er nie mit ihnen ausstellte.

In seinem Brief an den belgischen Maler Eugène Maus erwähnt Manet das im Jahr zuvor vollendete Bild *Chez Père Lathuile* (Musée des Beaux Arts, Tournai), das er 1880 dem Salon in Gent vorlegte: Es beschreibt eine alltägliche Rendezvous-Szene an einem Tisch vor einem Café. Er hofft, der Verkaufserlös werde ihm helfen, »sich gut um sich selbst zu kümmern«. Dem Kollegen Maus, der sich ebenso im Stadium einer Genesung befindet, empfiehlt er abschließend einen Besuch im nordfranzösischen Seebad Berck-sur-Mer. In einer Zeit, in der es noch keine Antibiotika gab, dienten Reisen oft dem Versuch, einer tödlichen Krankheit wie beispielsweise einer Lungentuberkulose entgegenzuwirken. Als das regnerische Wetter wie erhofft endete, konnte Manet offenbar »verlorene Zeit wieder wett machen«. Er malte Suzanne im Freien, an anderen Tagen arbeitete er im Haus an Stillleben oder illustrierte seine an Freunde gerichteten Briefe mit Aquarellen von Früchten und Blumen aus dem Garten.

Bellevue
2. August

Mein lieber Maus! Sich durch eine lange Reise zu ermüden, wäre unvorsichtig gewesen. Da es Ihnen aber wieder besser geht, wäre eine Reise gar nicht so übel. Ich freue mich sehr, dass Sie sich erholen, und bin sicher, dass Sie bald völlig wiederhergestellt sein werden – Ich bin immer noch in Bellevue, manchmal geht es mir besser, manchmal schlechter, aber ich bin zufrieden und habe vor, hier bis Ende Oktober oder gar Mitte November zu bleiben. Ich arbeite wenig bis nichts, wir hatten auch eine Zeitlang ständig Regen oder Wind. Wenn wir für längere Zeit Sonnenwetter bekommen, packt mich hoffentlich die Arbeitswut, damit ich die verlorene Zeit wieder wett machen kann.

Das für die Ausstellung bestimmte Gemälde, Chez Père Lathuile, habe ich nach Gent geschickt. Ich erwarte nicht, dass es ein Erfolg wird, es soll sich bloß gut verkaufen – es ist schließlich kostspielig, sich gut um sich selbst zu kümmern – Ich erinnere mich an die Figur, die Sie erwähnt haben. Ich malte sie vor sehr langer Zeit – Jetzt muss sie im Besitz eines Händlers sein. –

Lassen Sie mir von Zeit zu Zeit eine Nachricht und gute Wünsche zukommen.

Ed[ouard] Manet

Als Seebad mit Hydrotherapie [Wasseranwendungen], Fachärzten usw. kann ich Berck-sur-Mer empfehlen.

SEP 14 '88 17:35 DH AT THE BEACH P.1/1

21036 Pacific Coast Hwy
Malibu 90265

14th Sept 1988

213 456 9780

My dear Ken,

I am now living in a lovely cosy little house on the very edge of Western Civilisation, – it ends about 12 inches from my window. I have a little studio here, and I'm painting portraits. I still have Montcalm of course + the laser printer is up there, – but my fax machine is here so I can communicate in a new way with my friends. I love the way really advanced technology is bringing back the hand again, – another aspect of intimacy from new technology.

Write me, this new use of the phone is terrific for deaf people. I <u>see</u> the messages now.

much love

David

Fax 456 6251

David Hockney (geb. 1937) an Kenneth E. Tyler

14. September 1988

Dieses Fax mit dem Titel »DH AM STRAND« wurde aus dem »gemütlichen kleinen Haus« mit angrenzendem Atelier gesandt, das David Hockney Mitte der 1980er Jahre in Malibu kaufte. Es diente als alternativer Arbeitsraum zu seinem Atelierhaus in der Montcalm Avenue in den Hollywood Hills. »Hier«, sagte Hockney, »bin ich am Rand des größten Swimmingpools der Welt.« Ein paar Meter entfernt war der Pazifik wie »Feuer und Rauch, sich endlos wandelnd, endlos faszinierend«. Hockney, der sich stets für neue Technologien der Bildherstellung interessierte, hatte mit Fotokopierern, Polaroid-Kameras und Laserdruckern experimentiert. Die damals in Büros weit verbreiteten Faxgeräte waren »ein weiteres Beispiel für eine Maschine, mit der niemandem eingefallen wäre, Kunst zu machen« und die einige seiner mit fortschreitenden Hörverlust verbundenen Probleme mildern half. Hockney begann Bilder in Form mehrblättriger Faxe zu machen, die in Galerien nach seinen Anordnungen angebracht werden konnten, ohne dass er als Künstler persönlich anwesend sein musste. Auf diese Weise verschickte er das gesamte Material für seine Ausstellung auf der *Biennale* von *São Paulo* 1989.

Hockney ist in der Anfangsphase seiner Fax-Fixiertheit, als er dem Drucker Kenneth E. Tyler schreibt, einem unermüdlichen Erneuerer auf dem Gebiet der Drucktechnik. Zu den Künstlern, mit denen Tyler zusammenarbeitete, zählten Helen Frankenthaler, Jasper Johns, Roy Lichtenstein und Robert Rauschenberg. Eine besonders lange und enge Verbindung hatte er jedoch mit David Hockney. Sie begann kurz nach dessen Übersiedlung von Großbritannien nach Los Angeles im Jahr 1965 mit der lithografischen Serie *A Hollywood Collection*. 1978 arbeiteten Tyler und Hockney an Drucken aus gefärbtem und gepresstem Papierbrei. In jüngerer Zeit druckte er Hockneys *Caribbean Tea Time* (1985–1987), ein Set mit zwei Meter hohen Bildtafeln.

»Ich hatte zwar immer viel Hightech-Zeug«, erklärte Hockney 1988, »aber zurzeit glaube ich an Lowtech. Ich habe immer an die Hand geglaubt, an das Herz und an die Augen.« Doch auch 30 Jahre später wird Hockney immer noch die neuesten Technologien für seine Kunst nutzen: Er zeichnet auf iPads und iPhones und bestätigt aufs Neue deren kontraintuitives Vermögen für »Intimität« und für Gestaltungsmöglichkeiten durch »die Hand«.

21036 Pacific Coast Hwy
Malibu 90265

Mein lieber Ken,

ich wohne jetzt in einem gemütlichen kleinen Haus ganz am Rand der westlichen Zivilisation, – sie endet etwa 12 inches vor meinem Fenster. Ich habe ein kleines Atelier und male Porträts. Ich habe natürlich noch Montcalm und dort steht der Laserdrucker, – aber mein Faxgerät ist hier und damit kann ich mit meinen Freunden auf eine neue Art und Weise kommunizieren. Es ist wunderbar, auf welche Art die moderne Technik es ermöglicht, wieder auf die Hand zurückzugreifen, – ein weiterer Aspekt von Intimität durch moderne Technik.

Schreib mir, dieses Telefonieren ist schrecklich für taube Menschen. Ich *sehe* die Nachrichten nun.

Viele liebe Grüße

David

MOUVEMENT DADA

BERLIN, GENÈVE, MADRID, NEW-YORK, ZURICH.

14, rue Emile Augier Paris XVI

PARIS, le 8 Novembre 1920

CONSULTATIONS : 10 frs

S'adresser au Secrétaire
G. RIBEMONT-DESSAIGNES
18, Rue Fourcroy, Paris (17e)

DADA
Directeur : Tristan Tzara

Dd O^{4}H^2
Directeur : G. Ribemont-Dessaignes

LITTÉRATURE
Directeurs : Louis Aragon, André Breton, Philippe Soupault

M'AMENEZ'Y
Directeur : Céline Arnaud

PROVERBE
Directeur : Paul Eluard

391
Directeur : Francis Picabia

'Z'
Directeur : Paul Dermée

Dépositaire de toutes les Revues Dada à Paris : Au SANS PAREIL
37, Av. Kléber Tél. : PASSY 25-22

Mon cher Stieglitz,

Laffite, directeur de "La Sirène" va publier un livre important; je viens vous demander si vous voulez y collaborer en m'envoyant proses, poèmes, avec votre portrait — Je serai très heureux que vous figuriez dans ce livre qui sera certainement le plus considérable qui ait été fait depuis longtemps — Nous y serons les uns à côtés des autres et pourrons en le parcourant nous rappeler toutes nos idées et notre idéal des années passées — très affectueusement —

Francis Picabia

PS. En ce qui concerne votre portrait vous pourriez nous envoyer tout dessins ou reproductions relatifs —

Francis Picabia (1879–1953) an Alfred Stieglitz
8. November 1920

Dada entstand während des Ersten Weltkriegs als subversive Bewegung von Künstlern gegen die althergebrachten kulturellen Normen, die den Niedergang Europas in sinnlose Massaker und blindwütige Zerstörung nicht verhindern konnten. Nach dem Krieg übersiedelte der rumänische Künstler Tristan Tzara – geistiger Führer und Sprecher der Dada-Bewegung – auf Einladung des dadaistischen Malers Francis Picabia nach Paris. Während Europa mit dem Vertrag von Versailles eine nachhaltige Umgestaltung erfuhr, wollte Tzara die Entstehung eines »Dadaglobe« initiieren, eine anarchische Neuerfindung der Weltordnung nach dem Krieg. Um die Sache voranzutreiben, machte Picabia Tzara mit Jean Cocteau (siehe S. 149) bekannt. Cocteau stellte ihn vermutlich dem Financier Paul Laffitte vor, der schon 1907 in die französische Filmindustrie investiert und 1917 auch den Verlag Édition de la Sirène gegründet hatte.

Im November 1920 begannen Tzara und Picabia damit, zu Beiträgen für ihre geplante Anthologie *Dadaglobe* aufzurufen. Der offizielle DADA-Paris Briefkopf imitierte den Stil einer internationalen Aktiengesellschaft mit Vertretungen in Berlin, Genf, Madrid, New York und Zürich und suggerierte, die anarchisch-antiautoritäre Bewegung wäre im Begriff, sich weltweit durchzusetzen.

Picabia fiel die Aufgabe zu, Mitstreiter in den USA anzuwerben. Nachdem er 1915 auf einem französischen Schiff vorzeitig von Bord gegangen war, hatte er ein Jahr in New York verbracht, wo er mit dem Fotografen Alfred Stieglitz (siehe S. 151) zusammenarbeitete. Dementsprechend nahm er in seine Liste auch Stieglitz auf. In New York taten Marcel Duchamp (siehe S. 45) und Picabias Noch-Ehefrau Gabrielle ihr Möglichstes, um die Zeitschriftsrubrik »American Dada« mit Beiträgen zu füllen. Duchamps Freund Man Ray schrieb zurück und legte drei Porträtfotos bei. Stieglitz hingegen antwortete nicht. Da Picabia seine Briefe mit einer allgemein gehaltenen Bitte um Prosatexte und/oder Gedichte begann, dachte Stieglitz vielleicht, er könnte nichts Passendes liefern.

Mouvement DADA
Berlin, Genf, Madrid, New York, Zürich,
Paris,

14, rue Emile Augier
Paris XVI

Mein lieber Stieglitz,
Laffitte, der Direktor von »La Sirène«, wird ein umfangreiches Buch herausbringen. Ich möchte Sie fragen, ob Sie mir als Beitrag dazu Prosatexte, Gedichte und ein Porträt von Ihnen schicken wollen – Es würde mich sehr freuen, wenn Sie in diesem Buch vertreten wären, es wird mit Sicherheit das bedeutendste sein, das seit langem gemacht wurde – Wir werden darin Seit an Seit erscheinen und es genießen, Ideen und Ideale der vergangenen Jahre wieder wachzurufen – Mit allen guten Wünschen –

Francis Picabia

PS: Was Ihr Porträt betrifft, so können Sie uns hierfür Zeichnungen oder Fotografien schicken –

Dear Enno,

I just returned from Utah. I'm happy to hear you enjoyed my work in Emmen. But hope they will not destroy it. It seems that John Weber did not find time to visit my work – that is unfortunate, because I have so few photos of the work. Both Beeren + Zijlstra have yet to let me know what's going on. So, I really appreciate your serious concern and interest in the project. For one thing, the project is outside the limits of the "museum show"; there are a few curators who understand this. As Jennifer Licht says, "art is less and less about objects you can place in a museum." Yet, the ruling classes are still intent on turning their Picassos into capital. Museums of Modern Art are more and more banks for the super-rich.

Robert Smithson (1938–1973) an Enno Develing
6. September 1971

Als junger Künstler wandte sich Robert Smithson in New York zunächst dem abstrakten Expressionismus zu. Mitte der 1960er Jahre begann er, sich mit Minimalismus zu beschäftigen und fertigte Skulpturen aus Glas und Metall an, die er mit mineralischem Material wie Stein und Industrieschutt kombinierte.

In der Folge interessierte er sich für Land-Art, seine Arbeiten sah er als Form der Wiedergutmachung für vom Menschen verursachte Natur- und Landschaftszerstörungen. 1970 entstand nach seinem Entwurf, unweit einer stillgelegten Ölbohrstelle am Großen Salzsee in Utah, *Spiral Jetty*, eine riesige, aus Steinen, Salz und Erde aufgehäufte spiralförmige Mole. Im Jahr darauf schuf er im niederländischen Emmen ein zweiteiliges »earthwork«, *Broken Circle/Spiral Hill*. Besorgt darüber, ob sich der zuständige Museumsdirektor Sjouke Zijlstra um den Erhalt der Objekte kümmern wird, wendet er sich an Enno Develing, damals Wissenschaftler und Kurator am Gemeentemuseum in Den Haag. Smithson unterstreicht die Bedeutung der Objekte im Kontext damaliger Kunstdiskurse und hofft, dass Develing die Bewahrung der Arbeiten weiterhin im Auge behält. Zwei Jahre später kam Smithson in Texas bei einem Flugzeugabsturz ums Leben: Er inspizierte gerade das Gelände für ein weiteres »earthwork« [*Amarillo Ramp*].

Lieber Enno,

ich bin gerade aus Utah zurückgekommen. Ich freue mich sehr, dass Dir mein Objekt in Emmen gefallen hat. Ich hoffe aber, man wird es nicht zerstören [...]. Ich schätze es sehr, dass es Dir so am Herzen liegt und Dich interessiert. Natürlich übersteigt das Projekt die Maßstäbe einer gewöhnlichen »Museumsschau«. Nur wenige Kuratoren begreifen das. Wie Jennifer Licht sagt: »In der Kunst geht es immer weniger um Objekte, die man in ein Museum stellen kann.« Aber die herrschende Klasse ist immer noch darauf bedacht, ihre Picassos zu Geld zu machen. Museen der Modernen Kunst gleichen immer mehr Banken für Superreiche [...]. Kunst sollte sich ständig weiterentwickeln und sämtliche Klassen erreichen. Momentan werden Künstler wie Menschen in den Kolonien behandelt: Sie werden systematisch übers Ohr gehauen. Aber natürlich gibt es Künstler, die diese reaktionären Verhältnisse unterstützen, indem sie abstrakte Bilder und Skulpturen anfertigen, die von Herrschenden in Tauschware umgewandelt werden kann.

Indem der bürgerliche Künstler portable Abstraktionen anfertigt, spielt er damit der Dominanz des Merkantilismus direkt in die Hände [...]. Konzeptkunst ist wie eine Kreditkarte ohne gedecktes Konto. Abstrakte Malerei ist wie Geld, das nichts wert ist. Deshalb gehen so viele Galerien pleite. Der Überkonsum von modernen Museen hat sie zahlungsunfähig gemacht.

Jetzt aber zurück zu meinem Projekt in Emmen: Ich muss *Broken Circle* und *Spiral Hill* erhalten, ich muss ihre physikalische Fortentwicklung im Auge behalten. Die Show ist noch nicht vorbei, was mich betrifft. Ich habe zwar Filmmaterial vom Bau der Objekte, muss aber noch Luftaufnahmen davon bekommen. Weitere Fotos aus sorgfältig gewählten Blickwinkeln sind erst noch zu machen. Ich würde sehr gern nach Holland zurückkommen, um an dem Projekt zu arbeiten. Ich hoffe, dass sich Sjouke Zylstra der Bedeutung dieses Projekts bewusst ist und aktiv verhindert, dass es zerstört wird. Ich weiß noch nicht, ob ich in der Lage sein werde, zum Ausstellungsort zurückzukehren.
Gruß an Trudie

Bob

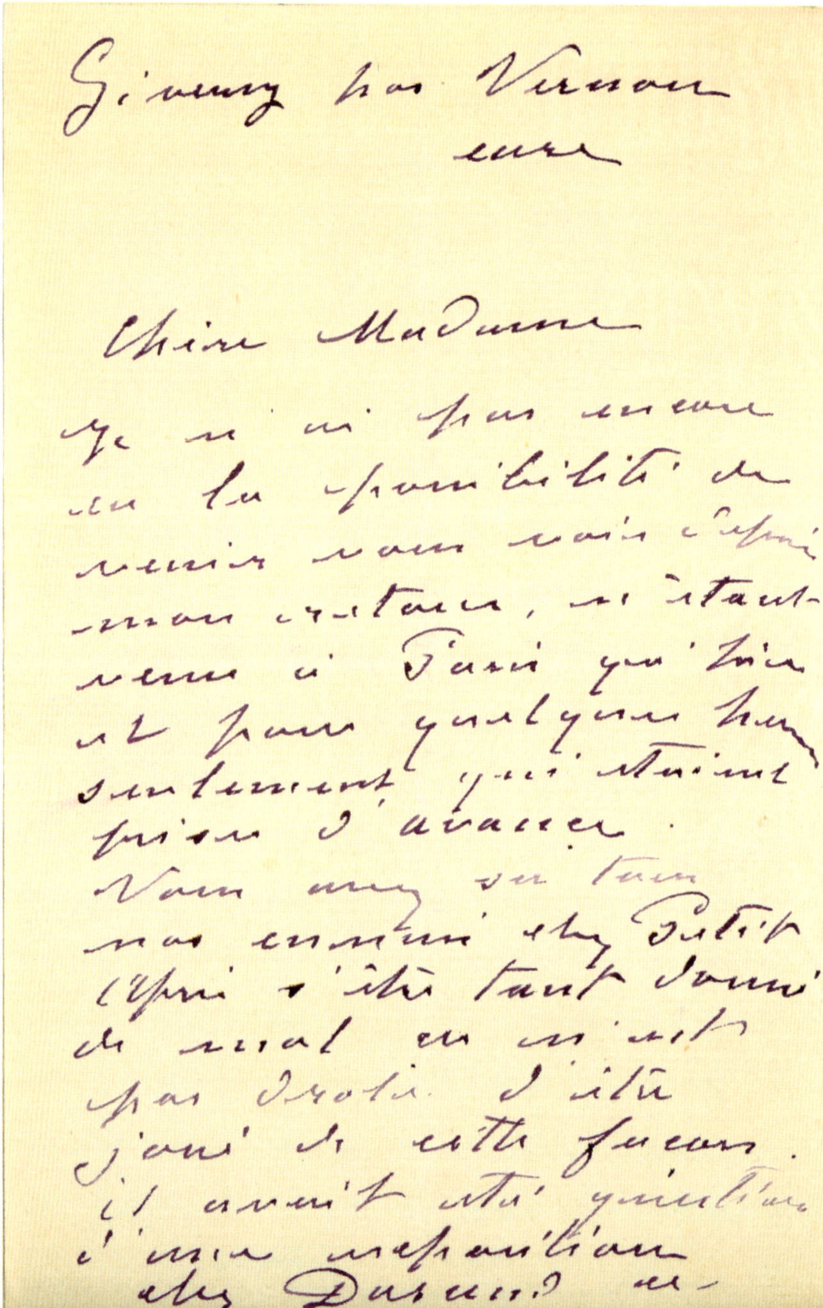

Giverny par Vernon
Eure

Chère Madame
Je n'ai pas encore eu la possibilité de venir vous voir depuis mon retour, n'étant venu à Paris qu'hier et pour quelques heures seulement qui étaient prises d'avance.
Vous avez su tous nos ennuis chez Petit après s'être tant donné de mal ce n'est pas drole d'être joué de cette façon. il avait été question d'une exposition chez Durand Ru-

Claude Monet (1840–1926) an Berthe Morisot
Mai 1888

Claude Monet und Berthe Morisot waren seit der Ersten Impressionisten-Ausstellung in Paris 1874 immer wieder zusammen auf Ausstellungen vertreten. In den folgenden Jahren, in denen die Bilder der Impressionisten von Spottobjekten zu begehrten und kostbaren Sammlerstücken wurden, genossen die beiden berufliche Erfolge. Eine Schlüsselrolle spielte hier der Kunsthändler Paul Durand-Ruel, der hohe Summen in die Förderung impressionistischer Malerei investierte (wobei er auch herbe Verluste in Kauf nehmen musste). 1888 hatte er in New York eine Galerie eröffnet, in der er eine zweite Ausstellung plante. Monet hatte sich jedoch mit ihm zerstritten und stand in Verhandlungen mit Theo van Gogh, dem Kunsthändler und Bruder Vincent van Goghs, dem er für eine hohe Summe seine jüngsten Landschaftsgemälde verkaufen wollte. Zudem stellte er bei Durand-Ruels ehrgeizigem Konkurrenten Georges Petit aus. Durand-Ruel hatte inzwischen die Leitung seiner Pariser Galerie an seine Söhne übergeben. Die Ausstellung, die Monet boykottieren wollte, eröffnete trotz allem am 25. Mai 1888 mit Gemälden von Morisot, Renoir, Pissarro und Sisley. Mit »Monsieur Manet« ist Morisots Ehemann Eugène Manet gemeint, der Bruder des Malers Édouard Manet.

Giverny bei Vernon
Eure

Verehrte Madame,

seit meiner Rückkehr habe ich noch keine Möglichkeit gefunden, Sie zu besuchen. Ich kam gestern nach Paris, allerdings nur für einige Stunden, die bereits vorab verplant waren.

Sie haben von unserem Ärger erfahren, den wir mit Petit hatten. Nach all der harten Arbeit, ist es nicht gerade drollig, auf diese Art behandelt zu werden. Es war von einer Ausstellung bei Durand die Rede gewesen. Dieses Projekt war überhaupt nicht nach meinem Geschmack. Und ich habe bei meinem Eintreffen in Paris sofort davon Abstand genommen; und zwar aus vielerlei Gründen, die zu nennen zu lang dauern würde.

Heute Morgen nun erzählt mir Renoir, dass diese Ausstellung Samstag beginnt und der junge Durand – ohne mich gefragt zu haben – die Absicht hat, einige meiner Bilder zu zeigen, die in seinem und im Besitz von unterschiedlichen Sammlern sind. Da ich mich dagegen mit allen Mitteln zur Wehr setzen werde, was ja mein Recht ist, insofern bei der Ausstellung Eintrittsgelder verlangt werden, glaube ich, Sie davon in Kenntnis setzen zu müssen. Dies nicht, um Sie in irgendeiner Weise zu beeinflussen, sondern damit Sie nicht überrascht sind und glauben, ich wolle mich drücken, wie man behaupten wird. Ich habe meinen guten Willen gezeigt und auch Ihnen bewiesen, dass es mein größtes Anliegen war, mit Ihnen zusammen auszustellen.

Ich werde Sie besuchen, sobald ich für ein oder zwei Tage nach Paris komme und hoffe, dass auch Sie freundlicherweise eines Tages nach Giverny kommen können.

Sie und Monsieur Manet, seien Sie meiner Freundschaft versichert,
Claude Monet

MEXICO, JUNE '78

DEAR PARR'S,... LIEBE FAMILIE PARR,

AFTER WE HAVE BEEN 3 WEEKS IN NEW YORK WE WENT DOWN SOUTH TO MEXICO... THE BEST WE DID...! YOU CAN'T BELEAVE HOW GOOD WE FEEL OVER HERE, THE CLIMAT, FOOD, NATURE THE PEOPLE'S BEHAVIOURS, SHORT, IT'S JUST WHAT WE LIKE AND MAKE US FUNCTION SO GOOD. THERE IS SOMETHING THERE.. LIKE AIR EVERYWHERE WHICH MAKES US FEELING CONFEREBAL RITCH. SLOWLY WE ADOPT NATURE AND DISCOVER GREAT THINGS. LIKE JUMPING BEENS WHICH YOU CUT AND BY OWN ENERGY THERE MOVING. JUMPING FOR MONTH.... PICKS KILLING AND EATING RATTLE SNAKS... NOT TO FORGET... TEQUILA OR BETTER, MESCAL A UNBELIEVEBEL DRINK FROM THE GOD'S ... I BELEAVE. ALL TOGETHER, IT'S A FRUTEBAL TRIP.

TO YOU. DID YOU HAD A GOOD TRIP BACK HOME?! WHAT WE IMAGE ABOUT IT MUST BE LIKE LEAVING IN A SATELITE THE EARTH... ONES WE HOPE HAVING THIS EXPERIENCE AND IT SEEMS TO BE POSSIBLE NEXT YAER. WE WILL HAVE A GREAT TIME ALL OF US! AS WE WROT ALLREADY ON THE CARD WE DID SEND A FEW DAY AGO, AS SOON AS WE ARE BACK IN HOLLAND, WE WORK OUT

I OFFERT HERE A SECOND PAGE. BUT SHE IS WRONG. A CASE

I didn't have a space to night
but I love you old kiss

Ulay (geb. 1943) und Marina Abramović (geb. 1946) to Mike Parr

Juni 1978

Die Performance-Künstler Marina Abramović und Ulay (Frank Uwe Laysiepen) bildeten ab 1976 eine Arbeits- und Lebensgemeinschaft. Sie formulierten ihre Ziele mit »kein fester Wohnort, ständige Bewegung, direkter Kontakt, lokaler Bezug, Selbstbeschränkung, Grenzüberschreitung, Risikobereitschaft, mobile Energie«. Eine frühe Performance, *Breathing In, Breathing Out*, bei der sie nur das einatmeten, was der Partner ausatmete, war typisch für die extremen Beanspruchungen, denen sie ihren Körper aussetzten (in diesem Fall einem fast 20-minütigen Anstieg der CO_2-Konzentration in der Atemluft).

Im April 1978 lernten sie beim Internationalen Performance-Festival in Wien den australischen Künstler Mike Parr kennen. Ihr aus Mexiko an Parr gerichteter, fast zur Gänze von Ulay geschriebener Brief, ist eine Mischung aus Wärst-Du-doch-Hier-Schwärmerei, Bewerbungstipps für Künstlerresidenzen in Europa und einer Bitte um den Erwerb von zehn Bumerangs, die für eine Performance (siehe S. 77) an Ulays Amsterdamer Galerie De Appel geschickt werden sollen.

LIEBE PARRS ... LIEBE FAMILIE PARR,
NACHDEM WIR 3 WOCHEN IN NEW YORK WAREN, REISTEN WIR IN DEN SÜDEN NACH MEXIKO ... DAS BESTE VON ALLEM ...! IHR GLAUBT NICHT, WIE WOHL WIR UNS HIER FÜHLEN, DAS KLIMA, ESSEN, NATUR, DAS VERHALTEN DER LEUTE, KURZ, ES IST GENAU DAS, WAS UNS GEFÄLLT UND UNS SO GUT FUNKTIONIEREN LÄSST.

HIER IST IRGENDETWAS IN DER LUFT ... DIE ATMOSPHÄRE ÜBERALL, DADURCH FÜHLEN WIR UNS WOHL, REICH, LANGSAM ENTDECKEN WIR DIE NATUR UND TOLLE SACHEN WIE SPRINGBOHNEN, DIE MAN ZERSCHNEIDET UND DIE SICH VON SELBST BEWEGEN UND IN DEN MUND SPRINGEN ... LEUTE, DIE KLAPPERSCHLANGEN TÖTEN UND ESSEN ... NICHT ZU VERGESSEN TEQUILA ODER BESSER MESCAL, EIN UNGLAUBLICHER TRANK DER GÖTTER ... GLAUBE ICH [...].

WIE WAR DEINE HEIMREISE?! WIR STELLEN UNS DAS SO VOR WIE MIT EINEM SATELLITEN DIE ERDE ZU VERLASSEN ...

EINMAL HOFFEN WIR DAS ZU ERLEBEN UND ES SCHEINT NÄCHSTES JAHR MÖGLICH ZU SEIN. WIR WERDEN ZUSAMMEN EINE SCHÖNE ZEIT HABEN! WIE WIR VOR EIN PAAR TAGEN AUF DER KARTE GESCHRIEBEN HABEN, WERDEN WIR SOBALD WIR WIEDER IN HOLLAND SIND ALLE MÖGLICHKEITEN ERFORSCHEN, ALS KÜNSTLER IN DEN NIEDERLANDEN ZU ARBEITEN, WENN MÖGLICH AUCH FÜR DICH MIKE UND FÜR DEINE FAMILIE?! [...].

ICH HÄTTE ES FAST VERGESSEN, WIR HABEN AN DICH EINE GROSSE BITTE NAMENS ... BUMERANG. WIR HÄTTEN GERN 10 GLEICHE BUMERANGS AUS HOLZ, DIE ZURÜCKKOMMEN UND WENN MÖGLICH LITERATUR ODER EINE DOKUMENATION DARÜBER. WENN ES MÖGLICH IST, SCHICKE SIE AN UNSERE ADRESSE: P.O. DE APPEL, BROUWERSGRACHT 196, AMSTERDAM, THE NETHERLANDS. IN ETWA EINEM MONAT SCHICKE ICH DIR GELD DAFÜR, ES WERDEN VERMUTLICH 100 DOLLAR SEIN. WENN DU MEHR BRAUCHST, BITTE LASS ES MICH WISSEN. WENN ES WENIGER IST, MACH EINE FAMILIENPARTY UND TRINK AUF UNS. LASS UNS IN VERBINDUNG BLEIBEN ...

LIEBESGRÜSSE AUS MEXIKO (KLINGT NACH JAMES BOND)

Ulay Marina
Ich habe keinen Platz zum Schreiben, aber ich liebe Euch alle Kuss M.

Mike Parr,
P.O. Box M56,
Newtown South, nsw 2042.
Australia. 24.7.1978

Dear Marina/Ulay,

Parr's very very pleased to hear from you. we got the card ok and i've had the girl's kicking right under my nose for about a month but i'm still very slow off the mark. today(about 4½minutes ago) i got your letter with the news about mexico and the tequila etc which sounds very good indeed. i am really so pleased you've kept in touch. since being back we've had a very hectic time but now it is coming under control. got the same house back in this suburb of sydney we previously rented and now everything is going ok. our 3rd winter in a row. got back and we all headed up to queensland which is the northern part of australia to get car and dog. very strange after the heavy civilization matrix europe(but not so strange after the country south of yugoslavia). 1000km's in a typically crazy australian train-very slow and we had the cheapest arrangement and all night there was a country football team off to the big match in some northern ant town of 11½people drinking and swopping stories anf gum trees anf goannas and ~~drink~~ vomiting-technicolor yawn we call it here till the sun came wandering over hill that look like the end of the world and spaces that crawl to the edge of the horizon line that make you feel in a dream. at breakfast just as we were knawing eggs a woman became epileptic besides us and started swallowing her tongue and tearing up the vacuums round the cowboys heads. she ate my spoon as we were saving here. her little son crawled under a table and ate a piece of bread. in a little town with maybe 30people she got out and wandered away in the dust. maybe the countryside is a little bit like mexico. these anglo saxons from 150yrs ago are very strange when they're inbred. mexico sounds amazing. i have a friend in the country felipe ehrenberg who you may know because he was mahy yrs in europe-very nice but when you receive this perhaps you'll be in amsterdam and mexico will be another life you remember when you're old sitting in the sun. we very much hope that all can be organized for you to come here. i keep talking to nick waterloh about it but you must write to him as quickly as you can and start a dialogue about all arrangements. i'll include his address here though i'm sure you'll have it maybe i'll put it at the bottom of the letter because if i stop now i'll have to have another cup of coffee. we hope we hope you'll be here next year. this is a big place and you can stay here without any problem at all we have a little car which you can use and while you're by whatever means it does not matter how we much take you for a long trip out into the interior of australi that is such amazing country you could not imagine it and stretches endless and barren like stones had been falling endlessly from the sky for thousands of years in the deserts and many times you can go all day or 2 days 3days without seeing a human being or a shelter in all that great distance. i think it would be very strange with you and i would love to be with you on such a trip to sit round a fire at night and watch your faces. about a boomerang i understand exactly and i(m sure there is no problem in getting you one this weekend i will go with tess and try to get you an authentic one and will send it to the de appel address i'm sure it costs no where near $100 so i think you should wait before sending money because maybe it is very little. i do not know how to throw them so as to make them return but it is a 'knack' where you get a flick into your wrist maybe like the kind of rhythmn you must have to crack a whip along the ground. i'm sure that there must be a lot of information on them. its a very ancient weapon and i think widespread once in paleolithic times even in europe but now the aboriginals here must be the last people on earth to have it. all this is nova express stream of c. from my head and hope that you can frame it into sense. it has been a very lucky day for me because simultaneous with your letter was one from the australian foreign affairs in canberra informing all my stuff had returned from hungary including the prints of my films so that makes life easier and the people who bought them will maybe think mike parr is not such a rat. i am fighting the battle to get money to finish the 3rd part which is a big film of a couple of hours but here the government is crazily going backwards and soon we'll be eating the money and operating on one another because onl meat is cheap you got to try hard i suppose to be a surrealist but here th try so hard they're soft in the head. love from insatiable parrs

Mike Parr (geb. 1945) an Marina Abramović and Ulay
24. Juli 1978

Der australische Performance-Künstler Mike Parr antwortet auf einen Brief seiner Kollegen Marina Abramović und Ulay (siehe S. 75), die er kurze Zeit zuvor in Europa kennengelernt hatte. Alle drei sind bestrebt, mit Performance-Kunst die Grenzen ihrer eigenen physischen Belastbarkeit auszuloten. Das »Technicolor-Gähnen«, das Parr auf der Zugfahrt erlebte, klingt wie eine Entsprechung von *The Emetics; I Am Sick of Art* von 1977, bei dem er Akrylfarben in Mondrians Kombination Rot, Gelb und Blau verschluckte und wieder hochwürgte. Abramović und Ulay kamen 1979 zur dritten Sydney Biennale nach Australien und dann nochmals 1980, um fünf Monate im Outback zu verbringen. Bei ihrer 1981 vorgeführten Performance *Gold found by the artists* kamen ein vergoldeter Bumerang (möglicherweise einer der von Parr versprochenen) und ein lebendiger Python zum Einsatz.

Liebe Marina/Ulay,

Parr ist sehr, sehr erfreut, von euch zu hören [...]. heute (vor etwa 4 ½ Minuten) erhielt ich euren brief mit den neuigkeiten aus mexiko und über Tequila etc., was sich wirklich gut anhört. ich freue mich wirklich, dass ihr euch gemeldet habt. seit wir zurück sind, ist es sehr hektisch zugegangen [...]. wir sind alle nach queensland hinauf in den nördlichen teil australiens, um auto und hund zu holen. sehr merkwürdig nach der engmaschigen zivilisations-matrix in europa (aber nicht so seltsam nach dem land südlich jugoslawiens). 1000 km in einem typisch irren australischen zug – sehr langsam und wir hatten die billigste klasse und die ganze nacht war da eine fußballmannschaft auf der fahrt zum großen match in eine nördliche ameisenstadt, 11½ typen, die tranken und geschichten von eukalyptusbäumen und waranen erzählten und sich erbrachen – technicolor-gähnen nennen wir das hier, bis die sonne über die berge kam, was wie das ende der welt aussah, mit flächen, die bis zum horizont krochen, sodass man sich in einem traum glaubte. als wir gerade beim frühstück eier knackten, hatte eine frau neben uns einen epileptischen anfall und begann ihre zunge zu schlucken und zerriss die leere um die cowboys herum. sie verschluckte meinen löffel als wir sie bändigten [...]. in einem kleinen ort mit vielleicht 30 einwohnern stieg sie aus und latschte durch den staub weg. vielleicht ist es auf dem land hier ein wenig wie in mexiko [...]. wir hoffen sehr, dass alles klappt, dass ihr kommen könnt [...]. wir müssen euch auf eine lange fahrt ins innere australiens mitnehmen [...]. ich würde sehr gern mit euch so eine fahrt machen und nachts am feuer sitzen und in eure gesichter kucken. das mit dem bumerang geht klar und ich bin sicher, ich kann am wochenende einen für euch besorgen [...]. es ist eine uralte waffe und ich glaube sie war sehr verbreitet schon in der altsteinzeit, sogar in europa, aber jetzt sind wohl die aborigines hier weltweit die letzten, die sie haben. all das ist ein ganz neuer bewusstseinsstrom aus meinem kopf und hoffentlich ergibt er für euch sinn [...].
grüße von den unersättlichen parrs

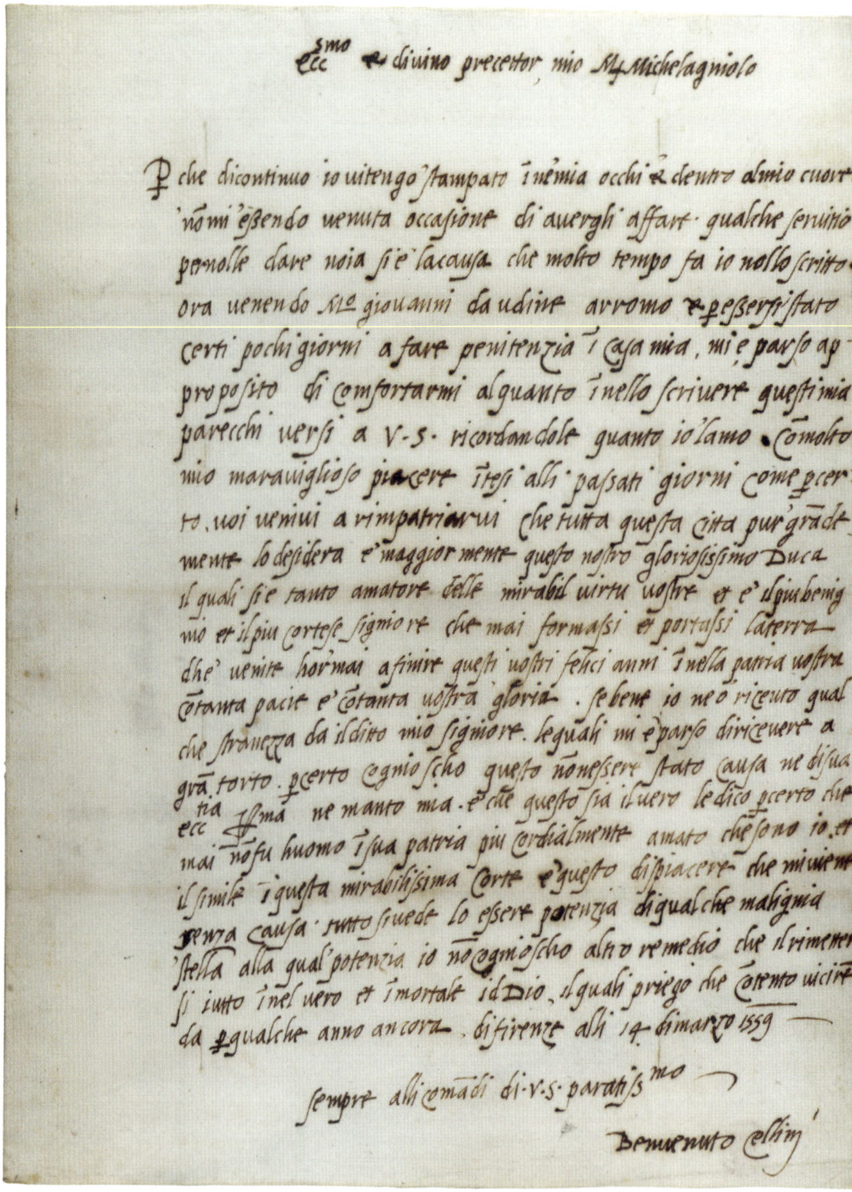

Ecc.smo & divino precettor mio M. Michelagniolo

Perche di continuo io vi tengo stampato innemia occhi & dentro al mio cuore.
non mi essendo venuta occasione di avergli a fare qualche servitio
per non lle dare noia si è la causa che molto tempo fa io non l'o scritto.
ora venendo M.ro giovanni da udine a roma & per essersi stato
certi pochi giorni a fare penitenzia in casa mia, mi è parso ap
proposito di confortarmi alquanto in nello scrivere questi mia
parecchi versi a V.S. ricordandole quanto io l'amo. & con molto
mio maraviglioso piacere intesi alli passati giorni come per cer-
to, voi venivi a rimpatriarvi che tutta questa citta pur grande-
mente lo desidera e maggior mente questo nostro gloriosissimo Duca
il quali si è tanto amatore delle mirabil virtu vostre et è il piu benig
no et il piu cortese signiore che mai formassi et portassi la terra
che venite hormai a finire questi vostri felici anni in nella patria vostra
con tanta pace e con tanta vostra gloria. se bene io ne ò riceuto qual
che stranezza da il dito mio signiore. le quali mi è parso di ricevere a
gran torto. per certo cognioscho questo non essere stato causa ne di sua
ecc.tia Ill.ma ne manco mia. e che questo sia il vero le dico per certo che
mai non fu huomo in sua patria piu cordialmente amato che sono io. et
il simile in questa mirabilissima Corte e questo dispiacere che mi viene
senza causa tutto si vede lo essere potenzia di qualche malignia
stella alla qual potenzia io non cognioscho altro remedio che il rimetter
si tutto in nel vero et inmortale iddio. il quali priego che contento vi ciri
da qualche anno ancora. di firenze alli 14 di marzo 1559

sempre alli comandi di V.S. paratiss.mo

Benvenuto Cellini

Benvenuto Cellini (1500–1571) an Michelangelo Buonarroti
14. März 1559

Als Benvenuto Cellini in Florenz unter Hausarrest stand, um eine vierjährige Haftstrafe wegen mutmaßlich homosexueller Praktiken zu verbüßen, versuchte er, den gealterten Künstler Michelangelo dazu zu bewegen, aus Rom in seine Heimatstadt zurückzukehren. Warum Cellini von dieser Idee so begeistert war, ist schwer zu sagen. Es scheint, er selbst (und nicht Michelangelo) habe etwas zu gewinnen – vielleicht eine Erleichterung seiner Haftbedingungen, wenn es ihm gelingen sollte, Italiens gefeiertsten Künstler zurückzuholen. Michelangelo muss sich gefragt haben, warum Cellini Herzog Cosimo de' Medici fast im gleichen Atemzug als »gütigsten Herrscher, den die Welt je gesehen hat«, bezeichnet und ihn gleichzeitig für die ihm widerfahrene »ungerechte Behandlung« verantwortlich macht.

Wie Cellini darlegt, habe ihn der Wunsch, Michelangelo seine Verehrung auszudrücken, zur Feder greifen lassen. Er scheint dies aber bald zu vergessen, als die durch seine Verfehlungen bedingte Sorge um seinen Ruf in den Vordergrund rückt. Cellini war sehr mit sich selbst beschäftigt, da er seine Haft zum Ausarbeiten seiner Autobiografie nutzte. Hierbei blickte er auf mehr als vierzig Jahre künstlerischer Erfolge als Goldschmied und Bildhauer zurück, in denen immer wieder Ruhm, Macht und Risiko, sexuelle Abenteuer und auch Mord eine Rolle spielten. Cellinis *Vita* sollte ein Klassiker der italienischen Literatur werden.

Mein vortrefflichster und göttlicher Meister Messer Michelangelo, ich habe Euch für immer vor Augen und im Herzen. Und wenn es schon lange her ist, dass ich Euch das letzte Mal schrieb, dann nur, weil sich keine Gelegenheit bot, Euch zu dienen und ich Euch nicht unnötig behelligen wollte.

Jetzt aber, da Maestro Giovanni da Udine auf dem Weg nach Rom in meinem Hause seit einigen Tagen Buße verrichtet, schien es mir angebracht, das Versäumnis gutzumachen und Euch mit diesen Zeilen in Erinnerung zu rufen, wie sehr ich Euch zugetan bin. Mit unsagbarer Freude erfuhr ich dieser Tage, dass Ihr in Eure Heimat zurückkehren wollt, was sich die gesamte Stadt sehnlichst wünscht und vor allem der Herzog selbst, ein großer Bewunderer Eurer unvergleichlichen Fähigkeiten und der gütigste Herrscher, den die Welt je gesehen hat. Kommt jetzt und verbringt Eure letzten Jahre glücklich in Eurer Heimat, umgeben von großem Frieden und Ruhm! Auch wenn mir durch diesen Herrscher, unverdientermaßen, wie ich denke, ungerechte Behandlung widerfuhr, so weiß ich doch, dass dies weder seine Durchlaucht zu verantworten hat, noch ich selbst. Ich sage Euch mit allem Nachdruck, dass kein Mensch in seinem Vaterland mehr geliebt wurde, als ich, ebenso an diesem so bewundernswerten Hof. Dieser grundlos entstandene Verdruss lässt sich nur durch einen Unglücksstern erklären, gegen den ich kein anderes Mittel weiß, als mich an den wahren und ewigen Gott zu wenden, den ich bitte, Euch noch einige Jahre des Glücks zu bescheren.

Florenz, an diesem Tage des 14. März 1559 [1560 nach der Kalenderreform]
Immer bereit, Euch zu dienen

Benvenuto Cellini
An den vortrefflichsten, mir weit überlegenen
und höchster Achtung werten Messer Michelangelo Buonarroti
in Rom.

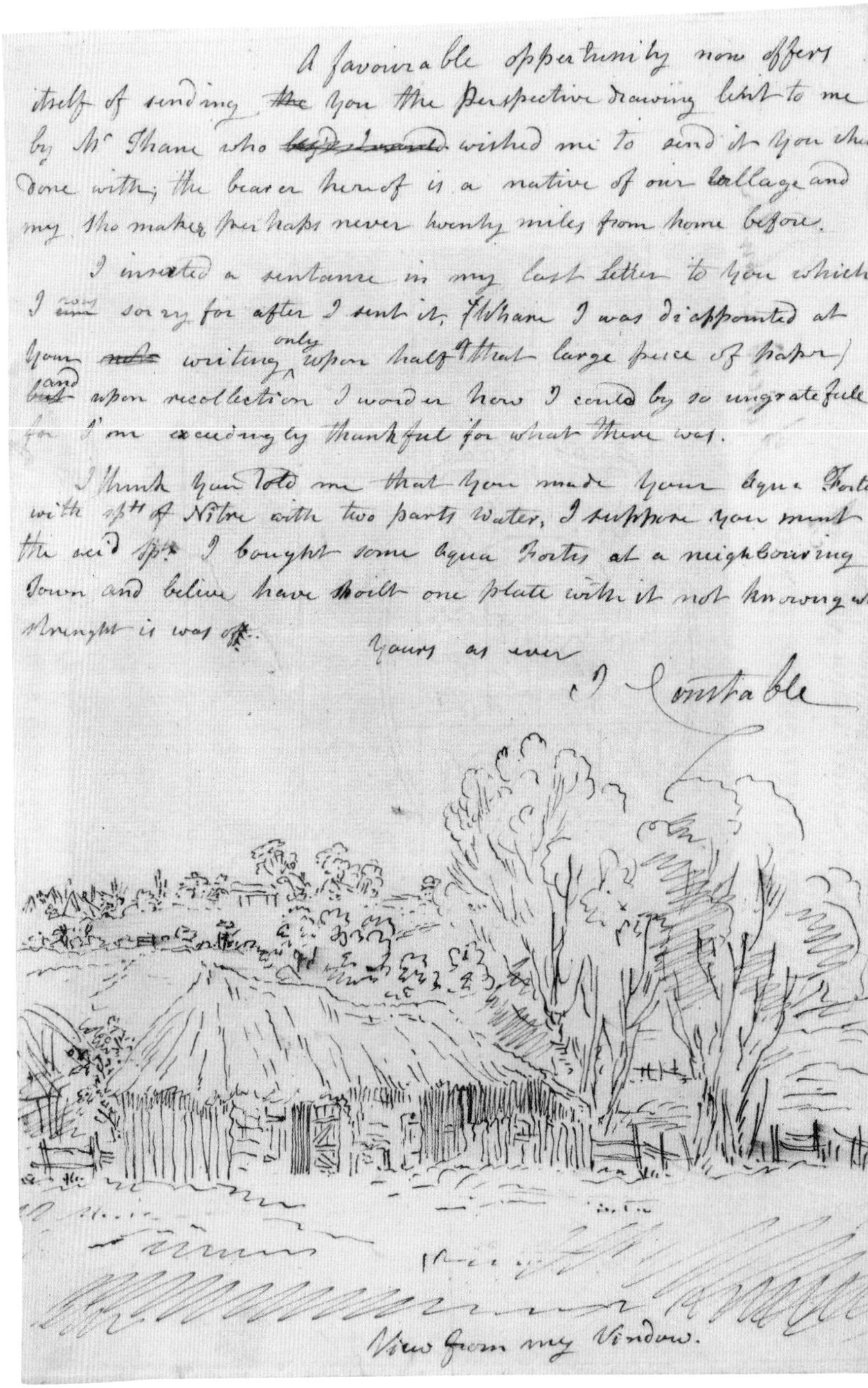

A favourable opportunity now offers itself of sending ~~the~~ you the Perspective drawing lent to me by Mr Shane who ~~[illegible]~~ wished me to send it you when done with; the bearer hereof is a native of our village and my the maker perhaps never twenty miles from home before.

I inserted a sentance in my last letter to you which I ~~am~~ now sorry for after I sent it, (Whare I was disappointed at your ~~[illegible]~~ writing only upon half of that large piece of paper) ~~but~~ and upon recollection I wonder how I could be so ungratefull for I'm exceedingly thankful for what there was.

I think you told me that you made your Aqua Fortis with spt of Nitre with two parts water, I suppose you meant the acid spt. I bought some Aqua Fortis at a neighbouring Town and believe have spoilt one plate with it not knowing what strength it was of.

Yours as ever

J Constable

View from my Window.

John Constable (1776–1837) an John Thomas Smith
Januar/März 1797

John Constable sollte eines Tages das Unternehmen seines Vaters übernehmen, der mit Getreide und Kohle handelte. Daher verbrachte er die späten Jahre seiner Adoleszenz als Gehilfe in einer Windmühle und im Transporthandel auf dem River Stour in seiner Heimat East Anglia. Constable wollte Maler werden, befürchtete aber, wie er John Thomas Smith 1797 schrieb, dass er dazu bestimmt wäre, »das Leben auf einem Pfad zu durchwandeln, der das Gegenteil dessen ist, was ich aufgrund meiner Neigung wählen würde.« Der 23-jährige Constable hatte Smith im Jahr zuvor auf einer Geschäftsreise nach Edmonton bei London kennengelernt. Smith war ein erfahrener Graveur, der auf historische Bauten und topografische Ansichten spezialisiert war. 1796 arbeitete er an einer Serie von Darstellungen malerischer Cottages und Landschaften, die als *Remarks on Rural Scenery* veröffentlicht wurden. Smith bestärkte Constable zum Ärger dessen Mutter in seinen künstlerischen Ambitionen und erteilte ihm als erfolgreicher Künstler erstmals professionellen Unterricht.

Constable schreibt aus dem Haus seiner Eltern in East Bergholt und legt eine Zeichnung mit der Aussicht aus seinem Fenster bei, die Smith seiner Meinung nach gefallen wird. Diese Skizze eines landwirtschaftlichen Nebengebäudes erscheint als eine Vorankündigung für jene ausgewogenen Landschaftskompositionen seiner späteren Meisterschaft wie in den Bildern *Flatford Mill* und *Dedham Lock* mit ihrer symmetrischen Anordnung von Himmel, Bäumen und Figuren, stets Motive aus der Umgebung seines Elternhauses darstellend. Wie der Brief an Smith zeigt, scheint er dessen Anweisungen über die bestmögliche Konzentration von Salpetersäure (Aqua fortis) zum Ätzen von Kupferplatten nicht richtig verstanden zu haben. Zwei Jahre später übernahm Johns jüngerer Bruder Abram die Aufgabe, das Familienunternehmen zu führen. Auf diese Weise war es Constable möglich, nach London zu gehen und dort Kunst zu studieren. 1802 kehrte er nach East Bergholt zurück, um sich »aufwändigen naturkundlichen Untersuchungen« zu widmen und seine spezielle Art der »Naturmalerei« zu entwickeln.

[...] Jetzt bietet sich eine günstige Gelegenheit, Ihnen die Zeichnung der Aussicht zu übersenden, die mir Mr. Thane auftrug. Er wünschte, ich möge sie Ihnen nach der Fertigstellung zusenden. Der Überbringer ist ein Bewohner unseres Dorfes und mein Schuster, der sich wohl nie weiter als 20 Meilen von seinem Haus entfernt hat.

In meinem letzten Brief schrieb ich einen Satz, den ich bereits bedauerte, als ich den Brief aufgegeben hatte (ich war enttäuscht darüber, dass Sie nur die Hälfte des großen Blattes Papier beschrieben haben). Und wenn ich daran zurückdenke, frage ich mich, wie ich so undankbar sein konnte, denn ich war außerordentlich dankbar für den Inhalt.

Ich glaube, Sie sagten mir, dass Sie Ihr Aqua Fortis aus Salpeter mit zwei Teilen Wasser mischten. Ich nehme an, Sie meinten diese Säure. Ich kaufte im Nachbarort etwas Aqua Fortis und ich glaube, ich habe damit eine Platte verdorben, weil ich nicht ahnte, wie stark sie war.

Wie immer Ihr
J Constable
Aussicht aus meinem Fenster

Kapitel 3

Geschenke & Grüße

enen, Sie wissen, wie sehr ich
rze als Geschenk meine Skulp
n mir Deine Klarsicht und Inte
ällt **»Dein wunderbares** er in e
schenk **Buch über Magie«** fünf
eundschaft bleibt anonym, se
chachteln – wirklich für einen
ir sehr viel und es tut mir leid
fizieren, wie es offenbar allge
Buch über Sie, das mir von M
lunde, 2 Katzen und einen Pa
richt zu meiner Ausstellung. Ic
eine Familie dann wiederzus
est verschlossen, kann ich nic
und dem Ausdruck meiner Ho
hen. Liebe Grüße an Dich und
agsfeier eingeladen, Donnerst
– falls erwünscht – ein Thaum

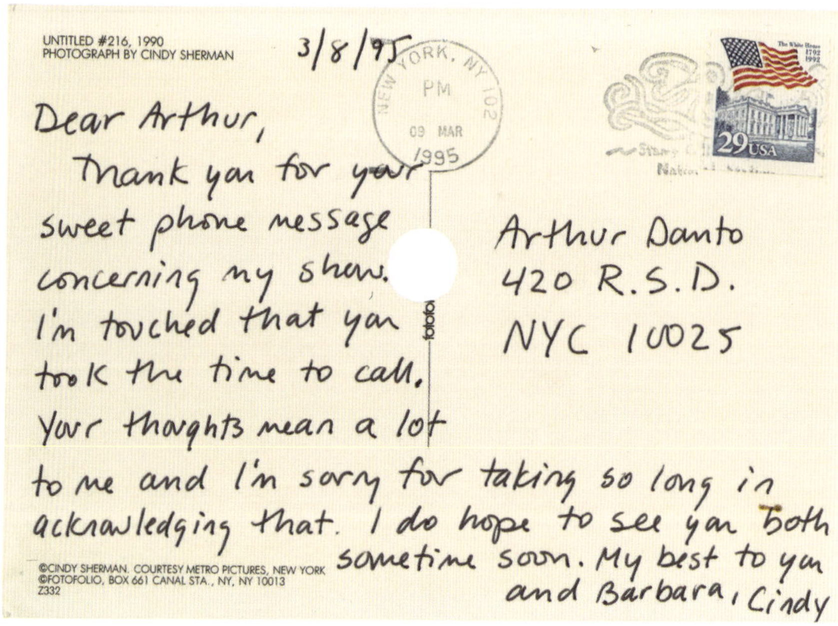

UNTITLED #216, 1990
PHOTOGRAPH BY CINDY SHERMAN

3/8/95

NEW YORK, NY 102
PM
09 MAR
1995

29 USA

Dear Arthur,
Thank you for your sweet phone message concerning my show. I'm touched that you took the time to call. Your thoughts mean a lot to me and I'm sorry for taking so long in acknowledging that. I do hope to see you both sometime soon. My best to you and Barbara, Cindy

Arthur Danto
420 R.S.D.
NYC 10025

fotofolio

©CINDY SHERMAN. COURTESY METRO PICTURES, NEW YORK
©FOTOFOLIO, BOX 661 CANAL STA., NY, NY 10013
Z332

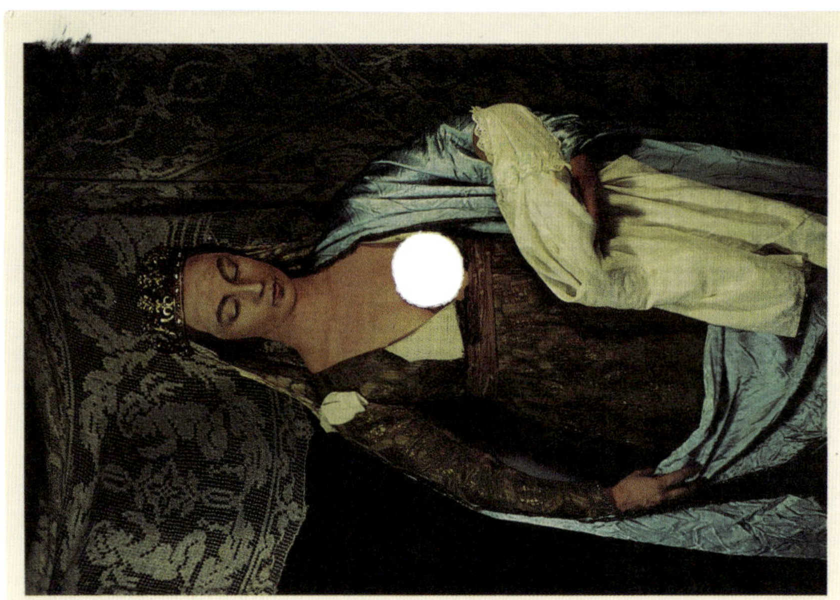

Cindy Sherman (geb. 1954) an Arthur C. Danto
8. März 1995

Am 14. Januar 1995 eröffnete in der Galerie Metro Pictures in Manhattan eine Schau mit fünfzehn Fotos der amerikanischen Fotografin Cindy Sherman. Sie hatte ein ereignisreiches Jahr mit Ausstellungen in Washington, São Paulo und auf der Biennale in Venedig vor sich. Die hier gezeigte Postkarte an den Kritiker und Philosophen Arthur C. Danto bezieht sich aber vermutlich auf die relativ kleine Ausstellung in New York.

Danto, seit langem ein Bewunderer ihrer Arbeiten, ist für Sherman als Kunstkritiker von *The Nation* und Philosophieprofessor an der Columbia University auch ein einflussreicher Netzwerker in ihrem Sinne. 1990 hatte er den Text für ihren Katalog *Cindy Sherman: Untitled Film Stills* verfasst, der in Buchform die Fotoserie aus den 1970er und frühen 1980er Jahren präsentierte, die ihr erstmals zu Ruhm verhalf: Mit Fotos, die sie selbst in verschiedenen Frauenrollen zeigen – gekleidet, geschminkt und posierend wie eher zweitklassige Schauspielerinnen –, schuf Sherman Bilder, die von postmodernen Kritikern positiv aufgenommen wurden. Die Fotos ihrer Rollenspiele (fast immer mit dem Titel *Ohne Titel*) waren nicht Selbstporträts im konventionellen Sinn, sondern schienen zu zeigen, dass die Art und Weise, wie wir uns selbst darstellen, bestimmt, wer wir sind. Oder, wie es Danto formulierte: »Personen sind im Wesentlichen Repräsentationssysteme.« »Sie hat diese unglaubliche Wandlungsfähigkeit«, schwärmte er, »man würde sie auf der Straße nicht wiedererkennen ... Ich glaube nicht, dass sie ein Porträt von irgendjemandem gemacht hat, es sind dies lauter imaginäre Wesen. Sie ist das Girl mit großem ‚G' in dieser Situation und in jener Situation, sie ist in Gefahr, sie ist verliebt, sie öffnet einen Brief – wie das Starlet, das keine andere Identität hat, als die, die der Regisseur ihr verleiht.«

Später schrieb Danto den Text zu *Cindy Sherman: History Portraits* (1993). Wie schon bei *Untitled Film Stills* parodierte Sherman auch hier (zumeist) weibliche Stereotype, diesmal basierend auf berühmten Gemälden zahlreicher Renaissance-Künstler. Ihre Reihe riesiger Farbfotos aus der 1990 in der Galerie Metro Pictures vorgestellten *History Series* umfasste u.a. Porträts nach Raffaels *La Fornarina*, Leonardo da Vincis *Mona Lisa* und Caravaggios *Bacchus*. In *Untitled #216* (1989) war sie als prächtig gekleidete Madonna nach Jean Fouquets Diptychon von Melun aus dem 15. Jahrhundert zu sehen, die ihre Brust entblößt, um das Christuskind zu stillen (Fouquets Figur ist angeblich ein Porträt der Mätresse des Königs).

»Mich begann die Einstellung zu Kunst als etwas Religiöses oder Heiliges anzuwidern«, erinnerte sich Sherman. »Ich wollte etwas aus dieser Kultur nachahmen und mich zugleich darüber lustig machen.« In *Untitled #216* ergreift sie sittsam eine kugelrunde Plastikbrust. Als wolle sie betonen, dass die Karte an Danto von ihr selbst stammt und nicht von der parodierten Madonna, hat sie die Prothese feinsäuberlich ausgeschnitten.

Lieber Arthur,

danke für Deine süße telefonische Nachricht zu meiner Ausstellung. Ich bin gerührt, dass Du dir die Zeit nahmst, mich eigens anzurufen. Deine Überlegungen bedeuten mir sehr viel und es tut mir leid, dass ich so lang gebraucht habe, mir dies einzugestehen. Ich hoffe sehr, Euch beide bald zu sehen. Liebe Grüße an Dich und Barbara.

Cindy

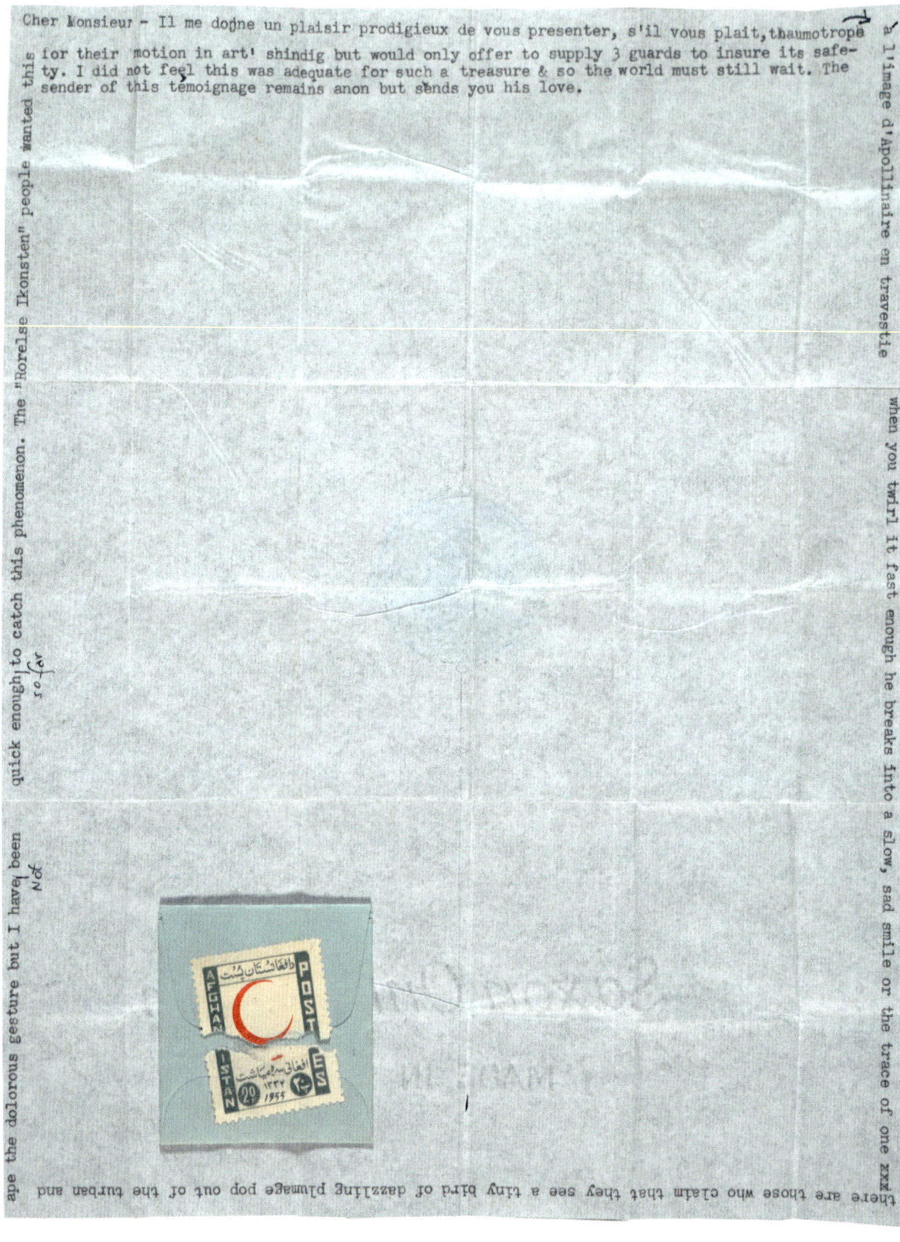

Cher Monsieur - Il me donne un plaisir prodigieux de vous presenter, s'il vous plait, thaumotrope à l'image d'Apollinaire en travestie when you twirl it fast enough he breaks into a slow, sad smile or the trace of one xxx there are those who claim that they see a tiny bird of dazzling plumage pop out of the turban and ape the dolorous gesture but I have not been quick enough so far to catch this phenomenon. The "Rorelse Ikonsten" people wanted this for their 'motion in art' shindig but would only offer to supply 3 guards to insure its safety. I did not feel this was adequate for such a treasure & so the world must still wait. The sender of this témoignage remains anon but sends you his love.

Joseph Cornell (1903–1972) an Marcel Duchamp
im Zeitraum 1959–1968

Joseph Cornell bezeichnete sich selbst nicht als Künstler, er bevorzugte den Ausdruck »Designer«. In den 1930er Jahren arbeitete er in New York in der Tat als Textildesigner, doch die von ihm erfundene und praktizierte Kunstform – jene Holzkisten mit Miniaturinstallationen aus scheinbar zufälligen, aber auf poetische Weise verwandten Objekten und Bildern – verschaffte ihm ein Alleinstellungsmerkmal in der amerikanischen Kunst der Moderne.

Als Cornell 1931 am Schaufenster von Julien Levys Galerie vorbeiging, fiel ihm ein darin ausgestelltes surrealistisches Kunstwerk auf. Er begann, in Trödelläden nach alten Holzkisten und diversen Gegenständen zu suchen – Spielzeug, Werkzeug, Dokumente, Briefe, alles, was seine Aufmerksamkeit erregte – und setzte bald daraus seine ersten Kunstwerke zusammen. Im November 1932 hatte er bei Levy eine Einzelausstellung. Cornell befasste sich mit Holzverarbeitung, um selbst Kisten zu bauen und begann, surrealistische Filme zu drehen. Neben im Exil lebenden Künstlern wie Salvador Dalí (siehe S. 15) und Max Ernst sowie jüngeren amerikanischen Künstlern wie Dorothea Tanning galt er als führende Persönlichkeit des in der Zwischenkriegszeit erblühenden amerikanischen Surrealismus. Doch Cornell verwahrte sich dagegen, er wollte nicht zu den Surrealisten gezählt werden und betonte, dass ihn deren Beschäftigung mit dem Erotischen und dem Freudschen Unbewussten überhaupt nicht interessierte.

Sein auf Englisch und Französisch auf die vier Ränder eines Notizblatts getippter Brief an Marcel Duchamp (siehe S. 45) ist kein Ausdruck surrealistischer Fantasterei (vgl. Tannings Brief an Cornell S. 47), sondern eine ausgefallene, rationale Präsentation von Ideen, die dem Adressaten durchaus gefallen könnte. Das von Cornell als *témoignage* oder »Zeichen der Freundschaft« beigelegte Thaumatrop ahmt ein viktorianisches Spielzeug nach: An einer Kartonscheibe, deren Vorder- und Rückseite ein jeweils anderes Bild zeigen, sind zwei Fäden befestigt, die man gegeneinander verdreht und dann spannt. Die Scheibe rotiert und die Bilder – oft ein Vogel und ein Käfig, hier ein Münzabdruck, der dem französischen Dichter Guillaume Apollinaire ähnelt – erzeugen eine optische Täuschung.

1959 zog Duchamp in die West 10th Street um, in die Nähe des Marshall Chess Club, wo er seine Leidenschaft Schach ausleben konnte, die ihn ebenso (manchmal sogar mehr als die Kunst) in Anspruch nahm. Da Cornells Briefumschlag ungestempelt ist, könnte sein Geschenk Duchamp nie erreicht haben. Doch war Cornell nicht dafür bekannt, dass er wieder und wieder betonte, das in der Kunst allein die Idee zählte?

Dear Sir – Es bereitet mir große Freude, Ihnen – falls erwünscht – ein Thaumatrop mit einer Karikatur von Apollinaire zu schenken – Wenn Sie es schnell genug drehen, verfällt er in ein langsames, trauriges Lächeln oder eine Spur davon xxx Es gibt Leute, die sagen, dass sie aus dem Turban einen winzigen Vogel mit tollem Gefieder hervorkommen sehen, der den verquälten Ausdruck nachäfft, aber ich war bislang nicht schnell genug, um dieses Phänomen zu sehen. Die Leute von »Horelse Ikonsten« [schwed. »Rörelse i konsten«, dt. »Bewegung in der Kunst«] wollten dies für ihre Motion-in-Art-Party haben, aber für dessen Sicherheit nur 3 Wächter einsetzen. Ich fand, dass das für so einen Schatz nicht ausreichte, also muss die Welt noch warten. Der Absender dieses Zeichens der Freundschaft bleibt anonym, sendet Ihnen aber herzliche Grüße.

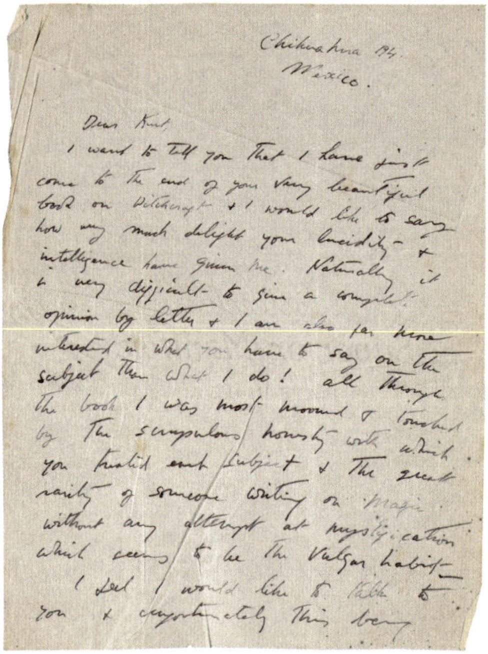

Chihuahua 194.
Mexico.

Dear Kurt,

I want to tell you that I have just come to the end of your very beautiful book on Witchcraft & I would like to say how very much delight your lucidity & intelligence have given me. Naturally it is very difficult to give a complete opinion by letter & I am also far more interested in what you have to say on the subject than what I do! All through the book I was most moved & touched by the scrupulous honesty with which you treated such subject & the great rarity of someone writing on Magic without any attempt at mystification which seems to be the vulgar habit —

I feel I would like to talk to you & unfortunately this being

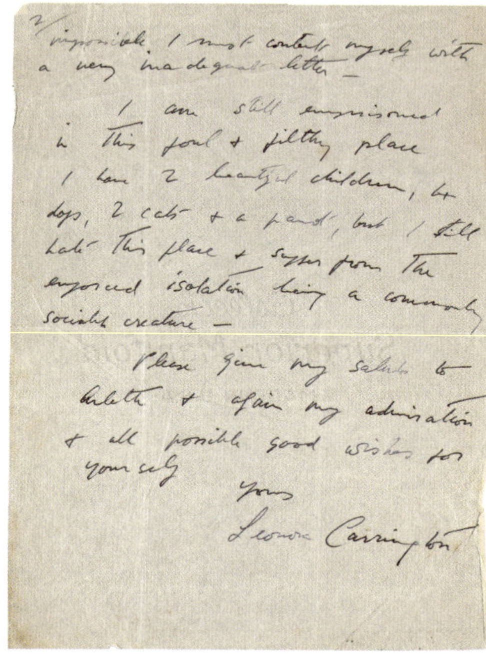

2/ impossible I must content myself with a very inadequate letter —

I am still imprisoned in this foul & filthy place. I have 2 beautiful children, [illegible] dogs, 2 cats & a parrot, but I still hate this place & suffer from the enforced isolation being a commonly sociable creature —

Please give my salutes to Arlette & again my admiration & all possible good wishes for yourself

Yours

Leonora Carrington

Leonora Carrington (1917–2011) an Kurt Seligmann
1948

Leonora Carrington begann 1937 in London eine Beziehung mit dem deutschen Maler Max Ernst, der sie mit dem Surrealismus bekannt machte. Das Paar zog nach Paris und lebte später in Südfrankreich. Nach einer Verhaftung durch die Gestapo gelang Max Ernst die Flucht in die USA, Carrington flüchtete nach Spanien und erlitt dort einen Nervenzusammenbruch. Anfang der 1940er Jahre gehörte sie – nunmehr mit dem mexikanischen Dichter Renato Leduc verheiratet – einer Gruppe surrealistischer Künstler in Mexiko an. Durch Salvador Dalís Wirken in New York und dem stetigen Strom von aus Europa geflüchteten Künstlern (wie dem Grafiker Kurt Seligmann, siehe S. 29) begann für den Surrealismus eine neue, nunmehr amerikanische Phase.

Neben dem Freudschen Unbewussten war das Okkulte die wichtigste Quelle der surrealistischen Bildwelt. Bevor Seligmann 1939 aus Paris nach New York kam, war er mit Grafiken von Fantastischem und Paranormalem bekannt geworden, wie *Schwarze Magie* und *Die Hexe*. Es gelang ihm, eine umfangreiche Sammlung antiquarischer Bücher über Hexerei, Alchemie und Handliniendeutung anzulegen, sodass er als Autodidakt zu einem Experten für Übersinnlich-Okkultes wurde.

Carringtons eigenes Interesse am Okkulten zeigt sich in ihrem 1945 entstandenen Bild *Das Haus gegenüber* (West Dean College, Sussex). In dieser Zeit, als sie mit ihrem zweiten Ehemann, dem Fotografen Emérico Weisz und den kleinen Söhnen Gabriel und Pablo im »fauligen und schmutzigen« Chihuahua lebte, suchte sie in Fragen zu Okkultem oft Rat bei Seligmann. Sie schreibt ihm, wie sehr ihr sein 1948 erschienenes Buch *The Mirror of Magic* [*Das Weltreich der Magie, Stuttgart 1958*] gefallen hat, von dem er ihr ein Exemplar übersandt hatte.

Chihuahua 194.
Mexico

Lieber Kurt,

ich möchte Dir mitteilen, dass ich gerade Dein wunderbares Buch über Magie zu Ende gelesen habe und würde Dir gerne sagen, welch großes Vergnügen mir Deine Klarsicht und Intelligenz bereitet haben. Natürlich ist es sehr schwer, brieflich eine vollständige Beurteilung abzugeben und mich interessiert auch weit mehr, was Du zu dem Thema zu sagen hast! Was mich das ganze Buch hindurch bewegte und berührte, ist die kompromisslose Ehrlichkeit, mit der Du die Themen abhandelst und wie selten es ist, dass jemand über Magie schreibt und dabei in keiner Weise versucht zu mystifizieren, wie es offenbar allgemein üblich ist –

Ich würde mich so gern mit Dir unterhalten, und da das leider unmöglich ist, muss ich mich mit einem sehr unzulänglichen Brief begnügen –

Ich bin immer noch in diesem widerlichen und schmutzigen Ort gefangen   Ich habe 2 wunderschöne Kinder, 4 Hunde, 2 Katzen und einen Papagei, aber ich hasse diese Stadt noch immer und leide unter der aufgezwungenen Isolation, da ich gemeinhin ein geselliger Mensch bin –

Bitte grüße Arlette von mir & nochmals meine Bewunderung & alle erdenklichen guten Wünsche für Dich selbst

Deine
Leonora Carrington

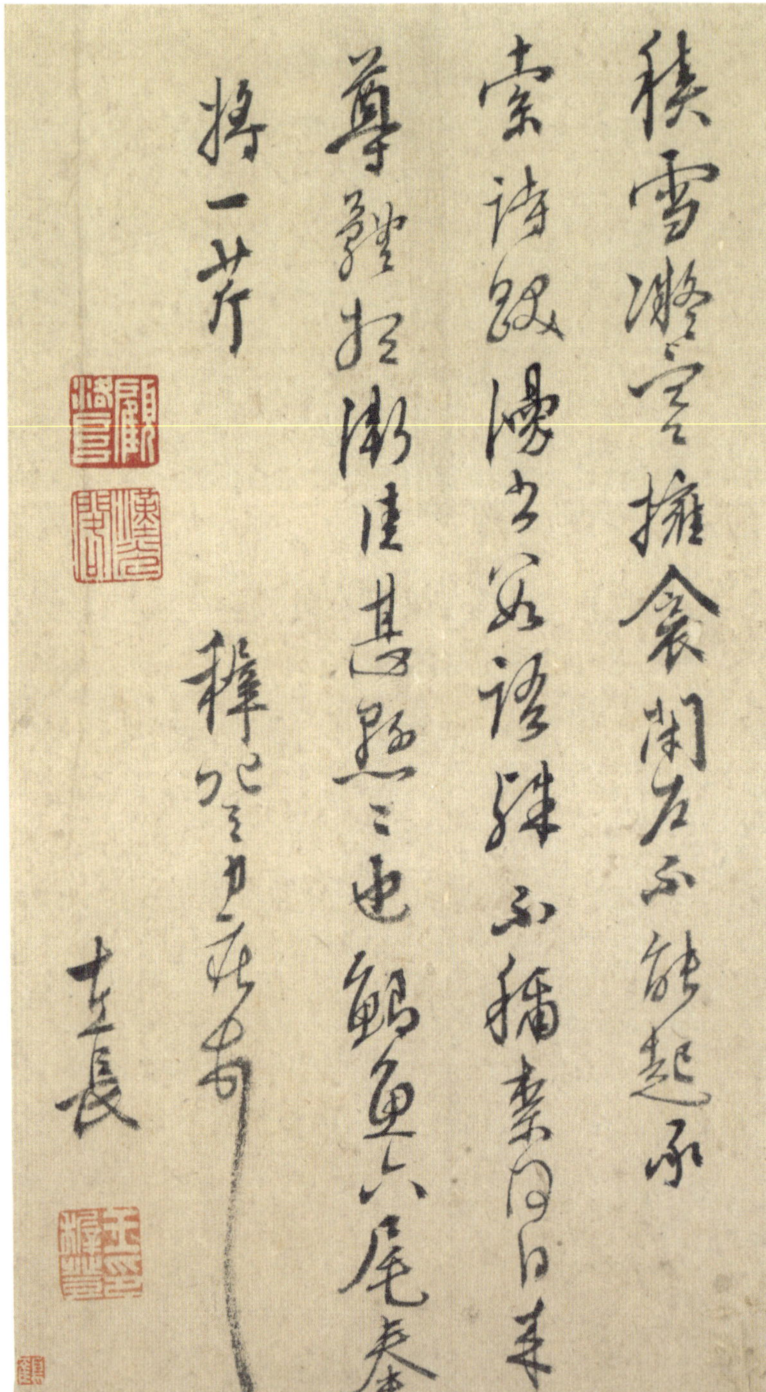

Wang Zhideng (1535–1612) an einen Freund

Anfang des 17. Jahrhunderts

In der chinesischen Kultur ist die Kalligrafie oder *shufa* (»Art des Schreibens«) eine der »Drei Vollkommenheiten«. Als Kunstform ist sie Malerei und Dichtung nicht nur gleichgestellt, sondern selbst Teil der Mal- und gleichzeitig der Dichtkunst. Die Zeichen werden mit einem Tuschepinsel in senkrechter Reihung (in von rechts nach links verlaufenden Spalten) zu Papier gebracht. Wang Zhideng war angeblich eine Art Wunderkind, das bereits mit zehn Jahren das Kalligrafieren und Dichten beherrschte. Er lebte in Suzhou (Provinz Jiangsu), der alten »Seidenhauptstadt«, deren Textilwerkstätten sie zur wohlhabendsten Stadt Chinas machten. In diesem Zentrum der Hochkultur hatte er Zugang zu Werk-Sammlungen der großen Dichter- und Malerkalligrafen früherer Jahrhunderte. In der mittleren Phase der Ming-Dynastie (1386–1644) waren die in Suzhou wirkenden Gelehrten die meistbewunderten Kalligrafen Chinas gewesen. Wang Zhideng orientierte sich an der Schreibkunst Wen Zhengmings, der als einer der »Vier Meister« dieser Zeit galt. Nach Wen Zhengmings Tod 1559 wurde Wang der führende Dichter und Kalligraf von Suzhou.

Einige der bekanntesten Werke Wang Zhidengs sind Titelbilder von Schriftrollen wie einer Sammlung von Spendenaufrufen, die 1610 zugunsten der Gründung des Buddhistenklosters Fuyuan verfasst wurden. Die Gebäude auf einer Insel in einem See bei Suzhou waren verfallen, »von Dornen und Gebüsch überwuchert«. »Könnte das alte Fuyuan-Kloster wiederauferstehen«, beginnt das Gedicht, mit dem Wang Zhideng seinen Text beschließt, »so würde das Kloster erfüllt sein vom Klang des Frühlings im Schatten der Kiefern.« Wangs hohe und leicht geneigte Zeichen seiner an einen Freund gerichteten Genesungswünsche (denen er als Geschenk fünf Karpfen beilegt) wurden zwar als anmutig, aber ohne die Kraft und rhythmische Stärke der Zeichen Wen Zhengmings bezeichnet. Es könnte jedoch auch sein, dass es Wang an jenem Tag einfach miserabel ging und er nicht in kalligrafischer Bestform war – schließlich verfasste er die Nachricht an einem schneereichen Tag in einem unbeheizten Haus.

Umgeben von einer dicken Schneeschicht in einem eiskalten Haus.
In eine Decke gehüllt, das Fenster fest verschlossen, kann ich nicht einmal aufstehen.
Mich in Gedichten oder Prosa zu versuchen oder nur einige Worte zu schreiben,
das schaffe ich überhaupt nicht.
Ich hoffe aufrichtig, dass es Euch von Tag zu Tag besser geht.
Ich übersende Euch als Geschenk fünf Karpfen.

Aufrichtige Genesungswünsche

Wang Zhideng

June 26, 1974

Dear Don;

How are you and your family? This is to let you know that you'll be receiving my sculpture work as a gift in a short while. This work was exhibited in Philadelphia Civic Center Museum for "American Woman Artists Show" sponsored by the group called "FOCUS". there during April 27 ~ May 26.

I'll be in New York before long, and I'm looking forward to seeing you and your family then.

Best regards;

Yayoi

Yayoi Kusama (geb. 1929) an Donald Judd
26. Juni 1974

Nachdem Yayoi Kusama in Japan mehrmals ausgestellt hatte, übersiedelte sie 1958 nach New York und begann an einer Reihe abstrakter Gemälde zu arbeiten, die sie *Infinity Nets* nannte. Als Kind schon hatte sie Halluzinationen gehabt, in denen ihr gesamtes Gesichtsfeld mit Punkten oder Mustern ausgefüllt erschien. Die »Netze« ihrer neuen, zum Teil zwölf Meter langen Gemälde bestanden aus unzähligen kleinen Farbpunkten. Dies war eine von mehreren Strategien, die Kusama entwickelte, um ihre durch Halluzinationen ausgelösten Panikattacken zu bewältigen. Dabei arbeitete sie wie unter Zwang oft die ganze Nacht hindurch. Ihre erste Einzelausstellung in der New Yorker Brata Gallery im Oktober 1959 wurde von Donald Judd rezensiert, der sich nach seinem Kunststudium zum »käuflichen Kritiker« entwickelt hatte. Er hielt Yayois Arbeiten für »die besten, der in jeder Hinsicht neuen Bilder – abgesehen von Newman und Rothko und den älteren Malern« und kaufte eines davon für 200 Dollar. Für Kusama wurde Judd »mein erster enger Freund in der New Yorker Kunstwelt«. Er half ihr beim Beantragen einer Aufenthaltserlaubnis und wohnte in den frühen 1960er Jahren im selben Gebäude wie sie im Zentrum Manhattans.

Judd begann auch selbst Bilder auszustellen, gab aber 1962 seine »halbgaren Abstraktionen« zugunsten von Skulpturen auf. Aus Blech und Holz konstruierte er sogenannte »spezifische Objekte«, deren einziger Zweck darin bestand, zu existieren, ohne etwas darzustellen, anzudeuten oder zu symbolisieren. »Judd hatte nicht genug Geld, um sich etwas in Shops für Künstlerbedarf zu kaufen«, erinnerte sich Kusama, »deshalb ging er zu einer nahen Baustelle, sammelte Holzteile auf und trug sie nach Hause.« Kusama stand Wache am Fenster und meldete ihm, wenn Polizisten auftauchten. Dann wurde Judd plötzlich und »direkt vor unseren Augen als Pionier und Anführer des Minimalismus berühmt«. Gleichzeitig beeinflussten Kusamas Collagen und Skulpturen aus einfachen Massenprodukten wie Eierkartons die amerikanischen Popkünstler. Sie organisierte Happenings und (in der politisch aufgeheizten Atmosphäre der späten 1960er Jahre) eine Reihe von Nacktauftritten gegen den Vietnamkrieg. Nachdem ihre Gesundheit zu jener Zeit schon sehr angegriffen war, kehrte sie 1973 eigentlich nur für einen kurzen Erholungsaufenthalt nach Japan zurück. »Da es nicht besser wurde«, beschloss sie, in Japan zu bleiben.

Als Kusama Judd im Juni 1974 aus Tokio nach New York schreibt, weiß sie offenbar nicht, dass er nach Marfa in Texas übersiedelt ist, wo er Baugrund und größere Ateliers kaufte. Sie erwähnt, dass sie letztens auf einem Festival feministischer Kunst in Philadelphia ausgestellt habe und die betreffende Skulptur – eine mit Kusamas charakteristischen Punkten besetzte Keramiktafel – als Geschenk übersende.

Lieber Don,
wie geht es Dir und Deiner Familie? Ich schreibe, um Dir mitzuteilen, dass Du in Kürze als Geschenk meine Skulptur erhalten wirst. Sie war vom 29. April bis 26. Mai im Philadelphia Civic Center Museum auf der »American Woman Artists Show« ausgestellt, die von der Gruppe »FOCUS« gesponsert wurde.

Ich werde bald wieder in New York sein und freue mich darauf, Dich und Deine Familie dann wiederzusehen.

Schöne Grüße
Yayoi

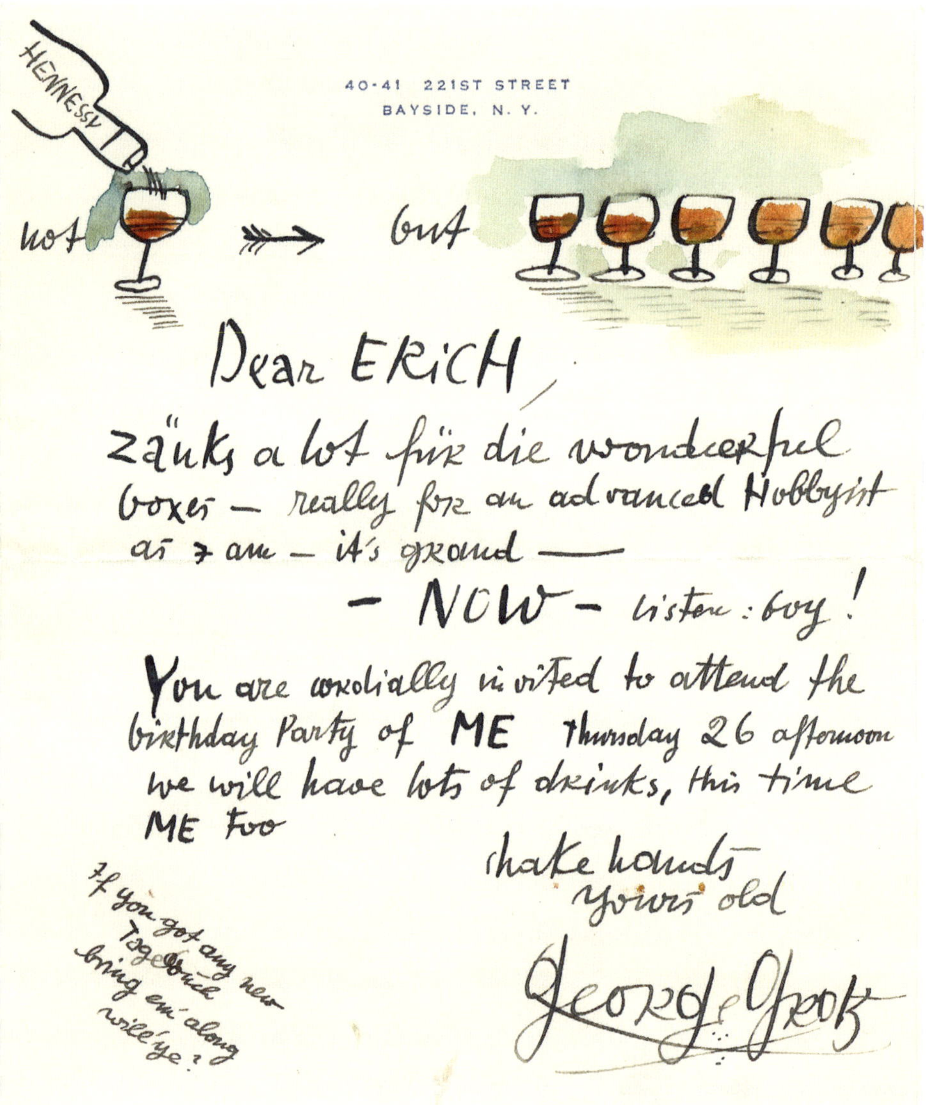

40-41 221ST STREET
BAYSIDE, N. Y.

Dear ERICH,

zänks a lot für die wonderful
boxes — really for an advanced Hobbyist
as I am — it's grand —

— NOW — listen: boy!

You are cordially invited to attend the
birthday Party of ME thursday 26 afternoon
we will have lots of drinks, this time
ME too

shake hands
yours old

George Grosz

If you got any new
Tagebuch
bring em' along
will ye?

George Grosz (1893–1959) an Erich S. Herrmann
Juli 1945

George Grosz lädt im Juli 1945 seinen Freund Erich S. Herrmann zur Feier seines 52. Geburtstags ein. Es wird »jede Menge Drinks« geben, auch für ihn selbst, da er auch das Ende seiner Abstinenz feiern will. Die Schachteln, für die er ihm dankt, könnten Zigaretten oder Zigarren enthalten haben – in einem anderen Brief hofft er, dass ihm sein Freund aus London eine Packung seines Lieblingspfeifentabaks mitbringt. Grosz anglophile Neigungen lassen sich bis in die Zeit des Ersten Weltkriegs zurückverfolgen, als er als junger Künstler in Deutschland (aus Protest gegen die antibritische Propaganda) seinen Vornamen Georg in George abänderte. Mit seinen satirischen Tuschezeichnungen und Bildern attackierte er das deutsche Militärwesen, die Bourgeoisie und all jene, deren Handeln von Vorurteilen, blindem Gehorsam und Überheblichkeit geprägt war. Er wollte mit seiner Kunst die gleiche moralische Wirkung erzielen wie William Hogarth im England des 18. Jahrhunderts. Sein Ziel war »Härte, Brutalität, Klarheit, die weh tut!«. 1918 schloss er sich der Berliner DADA-Gruppe an (siehe S. 69), deren Mitglieder auf unterschiedliche Art mit klar erkennbaren »Splitter-Techniken« wie Collage und Fotomontage experimentierten, um die »tausendfachen Probleme des Tages« anzusprechen.

1932 war Grosz zunächst in New York als Gastprofessor an der Art Students' League tätig. Als radikaler Künstler und Kommunist war er nach seiner Rückkehr nach Deutschland entsetzt über den Aufstieg des Nationalsozialismus und auch als Person in Gefahr. Noch vor Hitlers Machtergreifung emigrierte Grosz im Januar 1933 in die Vereinigten Staaten. In der liberalen Gesellschaft, von der er lange Zeit geträumt hatte, verlor er seinen satirischen Drang nach »Klarheit, die weh tut«. Trotzdem wurden seine Arbeiten von Sammlern weiterhin geschätzt. Im Mai 1959 zog Grosz wieder in seine Heimatstadt Berlin, wo er wenige Wochen später den Verletzungen erlag, die er bei einem Treppensturz erlitten hatte – offenbar nach »jede[r] Menge Drinks«.

40–41 221st Street
Bayside N.Y.

Lieber ERiCH,
zänks a lot für die wunderbaren Schachteln – wirklich für einen fortgeschrittenen Hobbyisten
wie mich – großartig –
– JETZT – hör zu: Junge!
Du bist herzlich zu MEINER Geburtstagsfeier eingeladen, Donnerstag, den 26. nachmittags
wir werden uns jede Menge Drinks gönnen, diesmal auch ICH
shake hands –
Dein alter

George Grosz

Wenn Du ein neues Tagebuch hast
bring es nur mit
magst du?

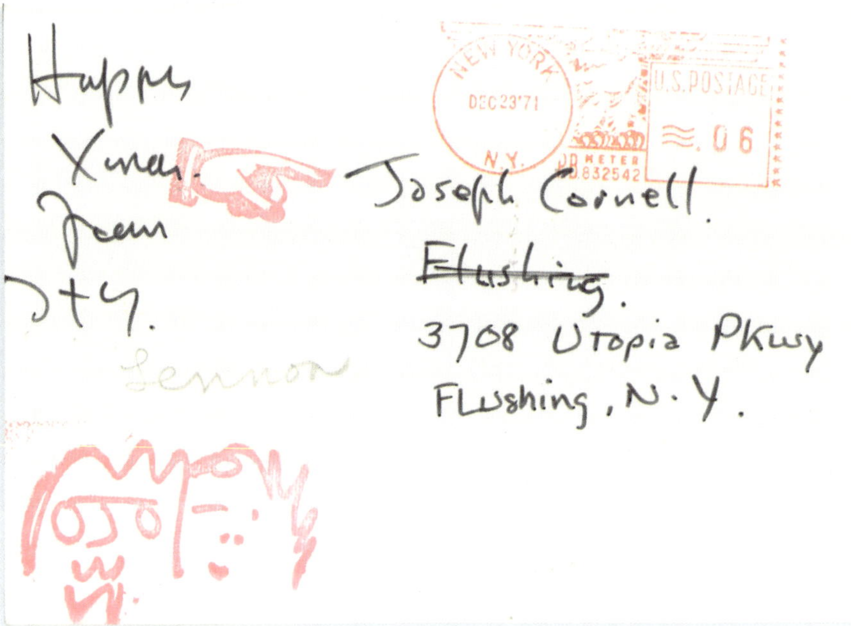
Happy Xmas from J+Y.
Lennon
Joseph Cornell
Flushing.
3708 Utopia Pkwy
Flushing, N.Y.
NEW YORK
DEC 23'71
N.Y.
U.S. POSTAGE
.06

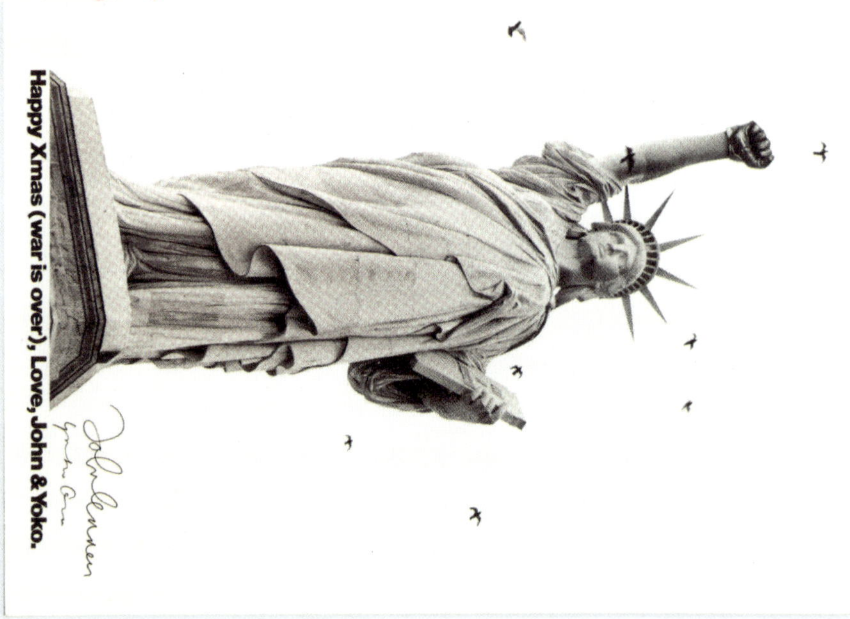
Happy Xmas (war is over), Love, John & Yoko.

Yoko Ono (geb. 1933) und John Lennon (1940–1980) an Joseph Cornell

23. Dezember 1971

Im September 1966 kam die japanisch-amerikanische Künstlerin Yoko Ono nach London, um am »Destruction in Art Symposium« teilzunehmen, einem Treffen radikaler Vertreter experimenteller Kunst aller Geistesrichtungen. Und Yoko Ono beschloss, in London zu bleiben. Einige Wochen danach begegnete sie in ihrer Ausstellung *Unfinished Paintings and Objects* in der Indica Gallery dem britischen Musikstar John Lennon. In ihrer Welt der Performances, der Happenings und der avantgardistischen Musik war Ono selbst ein Star. Ihr *Cut Piece*, bei dem sie gelassen und scheinbar teilnahmslos auf der Bühne saß, während ihr Zuschauer stückweise die Kleidung zerschnitten (die Erstaufführung hatte 1964 in Kyoto stattgefunden), sollte in der experimentellen Kunst der 1960er Jahre nahezu ein Klassiker werden. 1968 begannen Ono und Lennon ihre Beziehung und ihre langjährige künstlerische Zusammenarbeit. Durch ihren Ruhm und ihr Talent, die Fantasie der Menschen anzuregen, erreichten sie mit ihrer Musik, ihren Performances und Protesten gegen den Vietnamkrieg ein weltweites Publikum. Sie heirateten im März 1969. Das erste ihrer Bed-ins für den Frieden (eine Promi-Version jener studentischen Sit-ins, die 1968 in ganz Europa und Amerika veranstaltet wurden) fand in ihrer Flitterwochen-Suite im Amsterdamer Hilton Hotel statt.

Nachdem Lennon im September 1969 die Beatles verließ, lebte er mit Ono zwei Jahre in Tittenhurst Park, einem Landsitz in Berkshire, wo sie die *Plastic Ono Band* bildeten, mehrere Alben aufnahmen und ihre Antikriegs-Aktionen fortsetzten. Im Dezember 1969 organisierten sie eine internationale Plakatkampagne in zwölf Großstädten. Die Plakate trugen die in riesigen Lettern gedruckte Aufschrift »Der Krieg ist zu Ende! Wenn ihr es wollt – Frohe Weihnachten von John und Yoko«. Das Cover von *Imagine*, dem letzten Album, das Lennon aufnahm, bevor er und Ono im Herbst 1971 nach New York übersiedelten, zeigt ein berühmtes Foto Yoko Onos: mittels einer Art Doppelbelichtung lässt sie Wolken über das Gesicht eines verträumt-optimistisch blickenden Lennon schweben.

Überzeugt davon, dass die Presse ihre Proteste nicht ernst nehmen würde, erkannte Lennon, dass es viel effektiver wäre, ihre politische Botschaft dem Publikum mit »etwas Honig« zu vermitteln. Die mit Ono geschriebene und im Dezember 1971 herausgebrachte Single »Happy Xmas (War Is Over)« wurde ein Weihnachts-Hit. Diese Weihnachtskarte mit »Der Krieg ist vorbei«, die John und Yoko an Joseph Cornell sendeten, fügt dem Protest noch eine Bürgerrechtsdimension hinzu: Die Freiheitsstatue ballt die Faust zum Black-Power-Gruß.

Der menschenscheue, aber auf unerklärliche Weise in der Avantgarde-Szene gut vernetzte Cornell, hatte Ono bereits vor ihrem Leben mit Lennon in New York kennengelernt. Er erinnerte sich ebenso daran, dass Ono und Lennon ihn in seiner Wohnung am Utopia Parkway in Queens besuchten, dass Ono ein durchsichtiges Kleid trug und er bereit war, ihnen zehn Collagen zu verkaufen, wenn sie ihm einen Kuss auf die Wange gäbe.

Frohe Weihnachten von J & Y

Joseph Cornell
3708 Utopia Pkwy
Flushing, N.Y.

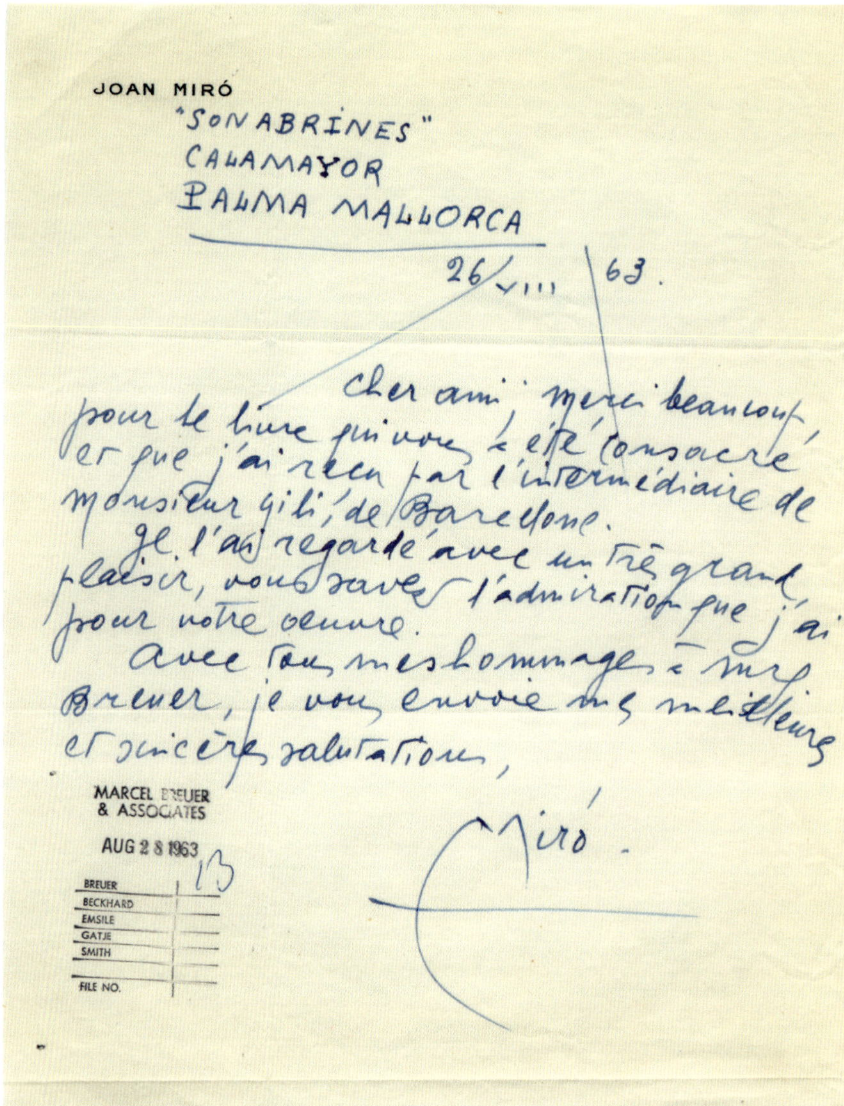

JOAN MIRÓ

"SON ABRINES"
CALAMAYOR
PALMA MALLORCA

26/VIII/63.

Cher ami, merci beaucoup pour le livre qui vous a été consacré et que j'ai reçu par l'intermédiaire de monsieur Gili, de Barcelone.

Je l'ai regardé avec un très grand plaisir, vous savez l'admiration que j'ai pour votre oeuvre.

Avec tous mes hommages à Mrs Breuer, je vous envoie mes meilleures et sincères salutations,

Miró.

MARCEL BREUER
& ASSOCIATES
AUG 28 1963
13
BREUER
BECKHARD
EMSILE
GATJE
SMITH
FILE NO.

Joan Miró (1893–1983) an Marcel Breuer

26. August 1963

Eine kurze Danksagung eines Malers an einen Architekten. Marcel Breuer hatte Joan Miró ein Buch über seine Bauten übersandt, wahrscheinlich *Marcel Breuer: Buildings and Projects, 1921–1961*, das 1962 in New York erschien. Offenbar hatte er einen gemeinsamen Bekannten, den in Barcelona ansässigen Architekten Joaquim Gili, gebeten, sein Geschenk zu überbringen. Der Katalane Miró schreibt dem in Ungarn geborenen, deutschsprachigen Breuer auf Französisch zurück. Miró behauptet nicht, das Buch gelesen zu haben (sein Englisch war alles andere als gut), aber er hat »es mit großem Vergnügen durchgesehen«, wobei er möglicherweise die Tatsache nicht mochte (oder sie jedenfalls nicht kommentierte), dass im Buch auch das UNESCO-Gebäude in Paris behandelt wird, an dem er selbst fünf oder sechs Jahre zuvor gearbeitet hatte.

1957 war Miró mit zehn anderen Künstlern beauftragt worden, die Fassade des UNESCO-Gebäudes zu dekorieren. Er entwarf zwei große Keramikwände, die *Wand der Sonne* und die *Wand des Monds*, die dann sein langjähriger Mitarbeiter, der Keramiker Josep Llorens i Artigas, anfertigte. Miró schreibt zwar an Breuer: »Sie wissen, wie sehr ich Ihre Arbeit bewundere.« Seine farbenfrohen Keramikwände mit ihren geheimnisvoll beseelten Zeichen und traumartiger Formensprache, die Miró freihändig, samt den charakteristischen Kurven und Überschneidungen zeichnete (wie auch in seinem Schreiben sichtbar), waren allerdings als Gegenmittel gedacht zu den kompromisslos geometrischen Formen von Breuers modernistischer Ausdrucksweise in grauem Beton.

Joan Miró
»Son Abrines«
Cala Mayor
Palma Mallorca

Lieber Freund, vielen Dank für das Buch über Sie, das mir von Monsieur Gili aus Barcelona übergeben wurde.

Ich habe es mit großem Vergnügen durchgesehen, Sie wissen, wie sehr ich Ihre Arbeit bewundere.

Mit meinen besten Wünschen für Sie und dem Ausdruck meiner Hochachtung für Mrs Breuer,

Miró

Kapitel 4

»Das beste meiner Werke«

Mäzene & Förderer

tte, die beigefügten sind hilfre
meinem Atelier in der Broad S
ich auf diese Bilder rechts ke
en Sie für mich 150 Francs für
iten aus Michigan und Kalifor
ten sie keine Chance gehabt.
an meine Arbeit machen kar
Marmor, Bronze oder Ton ersc
n hätten wir den Markt wirklic
t manchmal etwas deprimiere
n betrifft: Dieses Ja
Vas noch? Wolltest D
Commodo. Das hat mich gan
esem Gegenstand sagen kann
Künstlerinnen dies erreichen,
onio und Kardinal Spada als A
ewirkt. Ich könnte es mit mein
eg hindurch malen – und ich

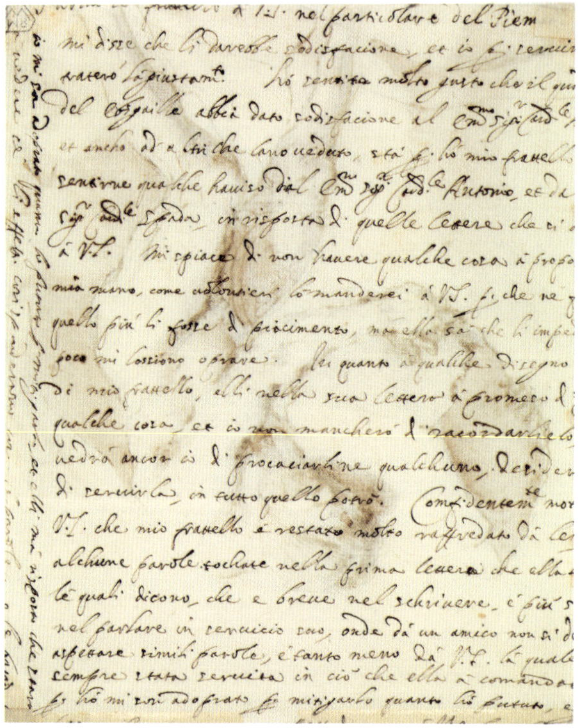

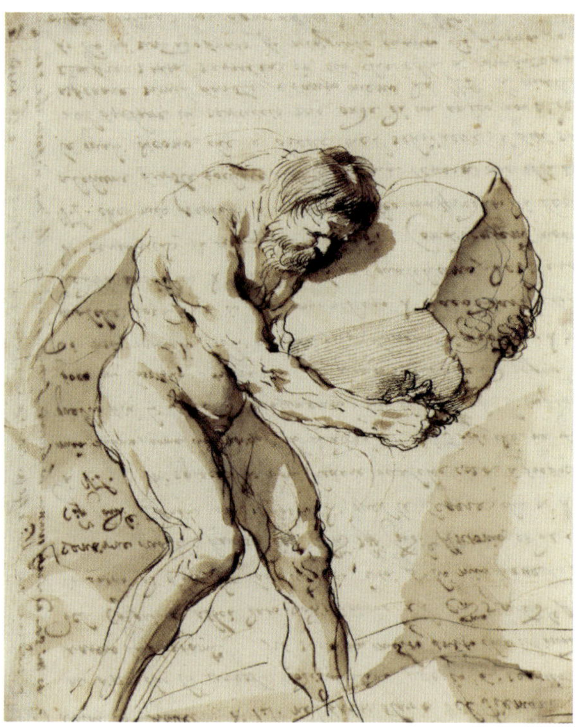

Guercino (1591–1666) und Paolo Antonio Barbieri (1603–1649) an einen unbekannten Empfänger
1636

Der griechischen Mythologie zufolge wird Sisyphos, der schlaue König von Korinth, in der Unterwelt dazu verurteilt, einen Felsblock auf einen Berg zu wälzen. Sobald er oben ankommt, rollt der Block wieder ins Tal, sodass Sisyphos seine Anstrengungen endlos wiederholen muss. Um 1636 fertigte der Bologneser Maler Giovanni Francesco Barbieri (genannt Guercino, »der Schielende«) zahlreiche Zeichnungen von Sisyphos an, wobei er auf verschiedene Weise einen Mann mittleren Alters darstellt, dessen Körper mit einer unmöglichen Last kämpft. Manchmal trägt er den Felsblock auf dem Rücken, auf anderen wälzt er ihn hoch. In einer Skizze, gezeichnet auf die Rückseite eines Briefes, presst er ihn gar gegen seine Brust. Möglicherweise bereitet Guercino ein (heute verschollenes) Sisyphosgemälde vor, das Graf Girolamo Ranuzzi beauftragt hatte. Später kehrte er zu diesem Thema in *Atlas mit der Himmelskugel* zurück (Museo Bardini, Florenz).

In dem Briefentwurf, den Guercino nochmals benutzte (mit Papier ging er sparsam um), wendet sich sein jüngerer Bruder Paolo Antonio an einen Mäzen. Paolo, der selbst malte, widmete sich bescheidenen Themen wie Stillleben, denen Guercino Figuren hinzufügte. Er erwähnt Guercinos Bild *Abigail besänftigt Davids Zorn* (verschollen) und scheint sich für ihn zu verwenden, um ein Missverständnis aufzuklären. Aufgrund seines fragmentarischen Charakters vermittelt der Entwurf jedoch den Eindruck, dass hier ein Künstler vor dem bekannten Problem steht, den richtigen Ton zwischen selbstbewusstem Geschäftsgebaren und Unterwürfigkeit zu finden.

[...] sprach ich mit Eurem Bruder, [...] er sagte mir, es stelle ihn zufrieden und ich, um Euch zu dienen, werde die Korrektur vornehmen. Ich war sehr froh, dass das Bild [...] mit Abigail seine Eminenz Kardinal Antonio [Barberini] und auch andere, die es sahen, zufriedenstellte, aber mein Bruder [...] erhielt Hinweise von Kardinal Antonio und Kardinal Spada als Antwort auf die Briefe, die er Euch übergab. Leider hatte ich nichts Eigenes vorzulegen, ich würde es Euch gern übersenden, damit er etwas ganz nach Euren Vorstellungen macht, Ihr wisst ja, dass mich wenig [...] von der Arbeit abhält [...]. Was die Zeichnung meines Bruders angeht, so versprach er in seinem Brief, etwas zu machen, und ich werde nicht vergessen, ihn daran zu erinnern [...]. Ich werde dafür sorgen, dass Ihr eine Zeichnung bekommt, da ich Euch in jeder Weise zu dienen wünsche. Im Vertrauen [...], mein Herr: Mein Bruder ist seit gestern sehr krank. Einige Worte in dem Brief, die Euch zufolge schnell hingeschrieben sind und noch dazu [...] den Dienst an euch betreffen, sind Worte, die man von einem Freund nicht [...] erwarten würde, schon gar nicht von Euch, wo er Euch doch bei allem diente, was Ihr angeordnet habt. Aber ich stellte mich zur Verfügung, um die Wogen zu glätten, so gut ich konnte und [...] ende mit aller Zuneigung des Herzens für Euch, mein Herr [...].

Ich half dabei, ihn zu besänftigen und er antwortete, er werde [...] sehen, ob die Bekundungen den Worten entsprechen. Und ich küsse Euch [...].

I have come to the conclusion that the "art world" has to join us, women artists, not we join it. When women take leadership and gain just rewards and recognition, then perhaps, "we" (women and men) can all work together in art world actions. Until the radical rights of women to determine such actions is won, all we can expect is tokenism.

When men follow feminist leadership to the extent that women have followed male leadership, then sexism is on its way out. Also, until we see women getting from 40 to 60% of the financial rewards, museum and gallery exhibitions, college jobs, etc., etc., etc., it is still tokenism. When women artists attain this, then we'll know the sexist system is over.

Hopefully women artists will not be satisfied with parity, but will continue to search for alternatives. Women's goals must be more than parity. The established patterns in the art world have proven frustrating and mostly non-rewarding to women a artists since the ideal feminist stance of alternate structures is contradicted by the status quo. But such an ideal of non-elitist milieus will only prove itself over a long period. While we claim the right to search for alternatives, we don't intend to let the rewards of the system remain largely in male hands.

Women artists have only recently emerged from the underground (the real underground, not the slick storied underground of the 60's) waging concerted political actions. Our future is to maintain this political action and energy.

Nancy Spero
New York, Feb. 1976

Nancy Spero (1926–2009) an Lucy R. Lippard
Februar 1976

In den 1970er Jahren waren die amerikanische Künstlerin Nancy Spero und die Kritikerin Lucy Lippard in der Frauenbewegung aktiv. Sie hinterfragten und bekämpften die männliche Vorherrschaft in der Kunst – die meisten Ausstellungen zeigten damals ausschließlich oder mehrheitlich Werke männlicher Künstler. Spero hatte ihre Laufbahn als Malerin begonnen und stellte in New Yorker Galerien aus. Mitte der 1960er Jahre wandte sie sich ephemeren Medien und mehr politischen, unkommerziellen Kunstformen zu. Ab 1974 richtete sie in ihrem Schaffen den Fokus hauptsächlich auf die Erfahrungen von Frauen. Ein vielschichtiges Spektrum an Stoffen aus historischen Erzählungen, Literatur, visueller Kultur und Mythologie kombinierte sie mit Zeichnungen, Drucken und Collagen von Ephemera zu wandteppichartigen Panoramen. Als sie Anfang 1976 an Lippard schrieb, arbeitete sie an *Torture of Women*, einer Reihe von Berichten gefolterter Frauen, für die sie die brutalen Texte mit geheimnisvollen, quasimythologischen Frauengestalten ergänzte.

Lippard hatte in den vergangenen sechs Jahren eine beispiellose Reihe von Ausstellungen ausschließlich weiblicher Künstler kuratiert. Kurz zuvor hatte sie auch ein Buch über die Bildhauerin Eva Hesse (siehe S.117) geschrieben, die nach ihrem frühen Tod 1970 große Bedeutung für die feministische Kunst erlangte. In seinem entschlossenem Tonfall liest sich Speros Brief wie eine öffentliche Erklärung oder ein Manifest (Judy Chicagos Brief an Lippard über feministische Themen ist viel persönlicher, siehe S. 133). Speros Eintreten für »die fundamentalen Rechte der Frauen« erinnert an die politische Rhetorik der Suffragetten vom Anfang des 20. Jahrhunderts. Ihre Ablehnung von »Alibiaktionen« und der Hinweis, die »Suche nach Alternativen« sei wichtiger als »Parität«, haben an Aktualität bis heute nichts eingebüßt.

Ich bin zu dem Schluss gekommen, dass die »Kunstwelt« sich uns Künstlerinnen anschließen muss, nicht wir ihr. Wenn Frauen die Führung übernehmen und gerechte Belohnung und Anerkennung bekommen, können »wir« (Frauen und Männer) vielleicht Kunstaktionen gemeinsam durchführen. Solange die fundamentalen Rechte der Frauen solche Aktionen zu bestimmen nicht gegeben sind, können wir bloß Alibiaktionen erwarten.

Wenn Männer sich der feministischen Führung so unterordnen, wie Frauen sich der männlichen Führung unterordneten, geht es mit dem Sexismus zu Ende. Solange Frauen nicht 40 bis 50% der finanziellen Mittel, des Raums in Museen und Galerien, der Hochschul-Jobs etc., etc., etc. bekommen, ist alles nur Symbolpolitik. Erst wenn die Künstlerinnen dies erreichen, werden wir wissen, dass das sexistische System überwunden ist.

Hoffentlich werden sich die Künstlerinnen nicht mit Parität begnügen, sondern weiter nach Alternativen suchen. Frauen müssen mehr wollen als Parität. Die etablierten Muster der Kunstwelt haben sich als frustrierend erwiesen und bringen den Frauen meistens nichts, da der Status quo dem feministischen Ideal alternativer Strukturen entgegensteht. Aber ein solches Ideal nicht-elitärer Milieus wird viel Zeit brauchen, um sich zu bewähren. Während wir das Recht beanspruchen, nach Alternativen zu suchen, beabsichtigen wir nicht, die Vorteile des Systems weitgehend den Männern zu überlassen. Erst in jüngster Zeit sind viele Künstlerinnen aus dem Untergrund (dem wahren Untergrund, nicht dem der 1960er Jahre) mit konzertierten politischen Aktionen hervorgetreten. Unsere Zukunft ist es, diese politische Tatkraft und Energie aufrechtzuerhalten.

Nancy Spero
New York, Feb. 1976

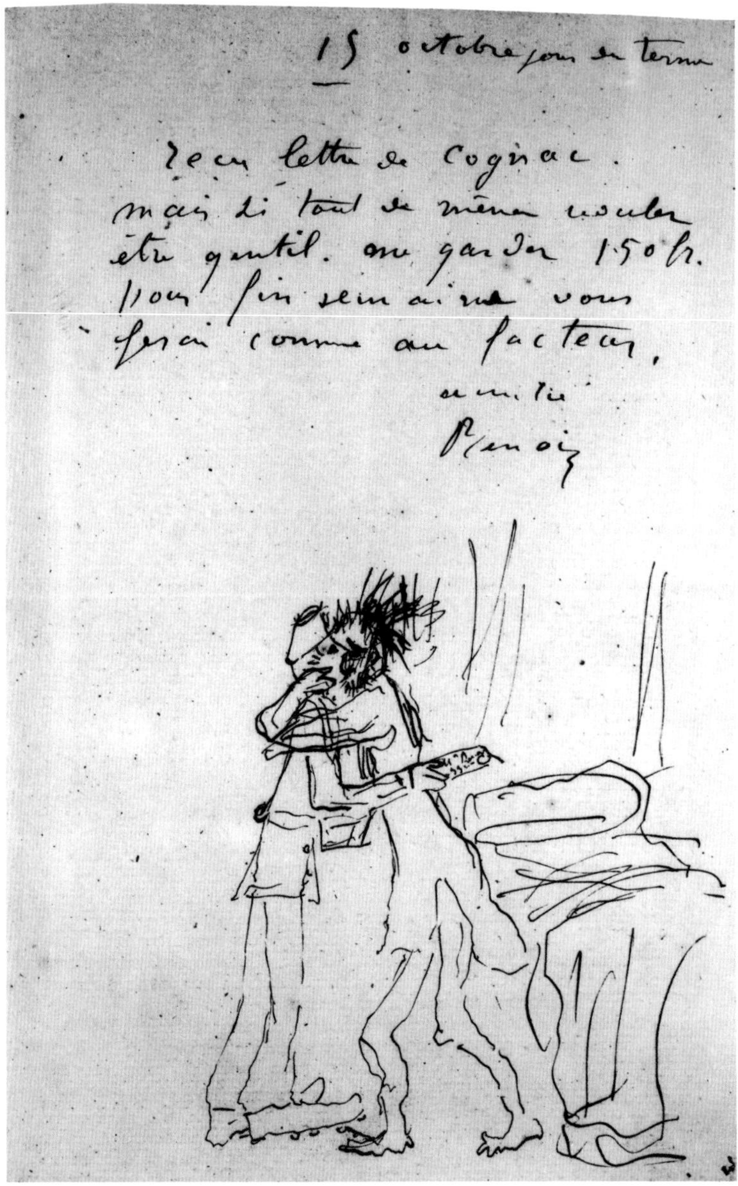

15 octobre jour du terme

Reçu lettre de Cognac.
mais si tout de même voulez
être gentil. me garder 150 fr.
pour fin semaine vous
ferai comme au facteur.

amitié
Renoir

Pierre-Auguste Renoir (1841–1919) an Georges Charpentier
15. Oktober (zwischen 1875 und 1877)

Im März 1875 veranstaltete eine Gruppe von Malern, darunter Pierre-Auguste Renoir und Claude Monet, eine Auktion ihrer Bilder im Hôtel Drouot in Paris. Im Jahr zuvor hatten sie ihre Bilder in der später so genannten Ersten Impressionisten-Ausstellung gezeigt. Sie erregten Aufmerksamkeit, die Preise ihrer Bilder waren aber noch sehr niedrig. Renoir verkaufte zwanzig Gemälde, im Schnitt für jeweils 112 Francs – weniger als fünf Prozent von dem, was ein etablierter Maler erwarten durfte. Drei davon erwarb der Verleger Georges Charpentier. Er wurde im Verlauf der folgenden fünf Jahre Renoirs größter Förderer.

Charpentier beauftragte Renoir mit Porträts seiner Familie und lud ihn zu seinem regelmäßigen Freitagssalon ein. Zu dessen Besuchern zählten Schriftsteller wie Gustave Flaubert und Émile Zola (Charpentier schlug Renoir vor, Zolas Roman *Der Totschläger* zu illustrieren), aber auch einflussreiche liberale Politiker und potenzielle Vermittler öffentlicher Aufträge. Er schuf damals Bilder, von denen einige zu seinen meistgeschätzten Werken wurden, wie *Ball im Moulin de la Galette* (Musée d'Orsay, Paris) oder *Mädchen mit Gießkanne* (National Gallery of Art, Washington). Renoir hatte jedoch weiterhin finanzielle Probleme. In zahllosen Schreiben wandte er sich an Charpentier und seine Frau mit Bitte um Unterstützung für seine Miete (400 Francs monatlich) und den Lebensunterhalt. In diesem Brief umarmt Renoir den Postboten, der ihm das Geld überbringt.

Das Mäzenatentum der Charpentiers bewirkte eine Entfremdung zwischen Renoir und den anderen Impressionisten, mit denen er nicht mehr ausstellte. Im Oktober 1878 vollendete er das große Familienporträt *Madame Charpentier und ihre Kinder* (Metropolitan Museum of Art, New York), das Marguerite Charpentier unbedingt im offiziellen Salon ausgestellt haben wollte. »Die Charpentiers bedrängen Renoir«, bemerkte Camille Pissarro. Das Familienbild wurde ordnungsgemäß angenommen. »Madame Charpentier wollte es an einem sehr guten Platz ausgestellt sehen«, erinnerte sich Renoir später, »und Madame Charpentier kannte die Mitglieder der Jury und versuchte, auf sie Einfluss zu nehmen.« Renoir, der an dem Gemälde einen Monat gearbeitet hatte, erhielt dafür 1500 Francs. Er brauchte nun nicht mehr auf den Postboten zu warten.

Brief aus Cognac bekommen.

Aber wenn Sie nett sein wollen, so halten Sie für mich 150 Francs fürs Wochenende bereit. Es wird Ihnen ähnlich ergehen wie dem Postboten [Zeichnung].

Herzliche Grüße
Renoir

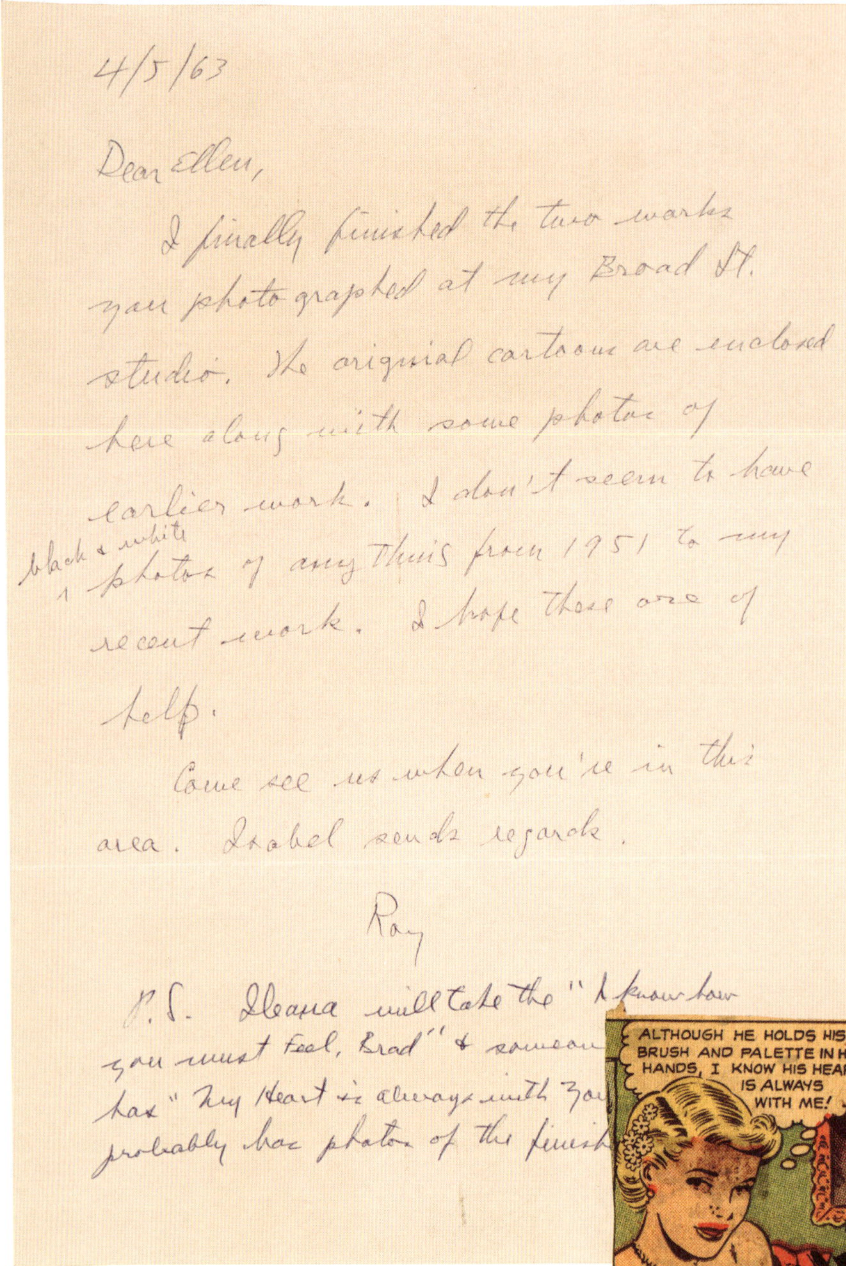

4/5/63

Dear Ellen,

I finally finished the two works you photographed at my Broad St. studio. The original cartoons are enclosed here along with some photos of earlier work. I don't seem to have black & white photos of anything from 1951 to my recent work. I hope these are of help.

Come see us when you're in the area. Isabel sends regards.

Ray

P.S. Ileana will take the "I know how you must feel, Brad" & someone … has "My Heart is always with You" … probably has photos of the finish…

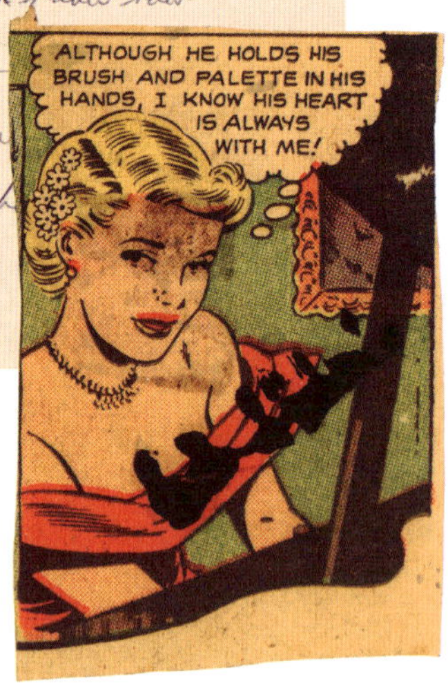

Roy Lichtenstein (1923–1997) an Ellen H. Johnson
5. April 1963

Bei einem Besuch in Roy Lichtensteins Atelier Anfang 1963 interessierte sich die Kunsthistorikerin Ellen Hulda Johnson für zwei noch in Arbeit befindliche Werke, aus denen schließlich das große Gemälde *I Know How You Must Feel, Brad* (Ludwig Forum für Internationale Kunst, Aachen) und der Siebdruck *Girl at the Piano* entstanden. Beide basierten auf Zeichnungen amerikanischer Mädchenfiguren in romantischen Comic-Geschichten, die Lichtenstein ausschnitt und diesem Brief beilegte. Erst wenige Jahre zuvor hatte er begonnen, Comics als Vorlage für seine Bilder heranzuziehen, wobei er mit Öl- und Acrylfarben sogar die Benday-Dots-Technik der Farbdrucke imitierte. Gleichzeitig wurde er bereits als Star des neuen Phänomens der American Pop-Art gefeiert. Die Bilder seiner ersten Einzelausstellung in Leo Castellis New Yorker Galerie im Februar 1962 waren verkauft, bevor sie eröffnet wurde.

Lichtensteins Brief ist kurz, enthält jedoch Spuren eines komplexen Netzes von Kontakten in die Kunstwelt. Johnson, eine Spezialistin für Cézanne und Picasso, war Dozentin am Oberlin College in Ohio, das sie bei Ankäufen und Ausstellungen zeitgenössischer amerikanischer Kunst beriet. Lichtenstein musste geahnt haben, dass die in seinem Atelier gemachten Fotos eine Rolle bei ihren Bemühungen spielen würden, der Pop-Art zu kunsthistorischem Rang zu verhelfen. Comics waren genau das Beweismaterial, das Kunsthistoriker (mehr als etwa Händler) ansprechen würde. 1966 veröffentlichte Johnson einen Artikel über Lichtenstein, in dem sie *I Know How You Must Feel, Brad* als »mächtiges, beeindruckendes Gemälde« bezeichnete, das sich mit Ingres' imposantem Porträt von Madame Moitessier von 1851 (National Gallery, London) vergleichen ließ. Mit seinen Verbindungen zur Populärkultur und seinem technischen Interesse am Farbwerk sah sie Lichtenstein als amerikanischen Erben der französischen Pointilisten. Sein Werk war »vom Comic-Original ebenso weit entfernt wie die Bilder Seurats von Chérets Plakaten«.

Im Herbst 1962 eröffnete Leo Castellis Ex-Frau, die rumänisch-amerikanische Kunsthändlerin Ileana Sonnabend, in Paris eine Galerie, die zum Tor für den europäischen Markt von Castellis Künstlern werden sollte. Auf eine einführende Gruppenausstellung im Mai 1963 (*Pop art américain*) folgte im Juni eine Einzelausstellung von Lichtenstein, in der auch *I Know How You Must Feel, Brad* gezeigt wurde. Dieses Bild wurde – was Johnson ahnte und auch zuwege bringen half – zu einem der bekanntesten und meistreproduzierten Werke der American Pop-Art der 1960er Jahre.

Liebe Ellen,

endlich sind die beiden Arbeiten fertig, die Du in meinem Atelier in der Broad St. fotografiert hast. Die Original-Cartoons übersende ich hier anbei mit einigen Fotos früherer Arbeiten. Ich habe offenbar von nichts Schwarzweißfotos, von 1951 an bis zu meinen jüngsten Arbeiten. Ich hoffe, die beigefügten sind hilfreich.

Komm uns besuchen, wenn Du in der Gegend bist. Grüße von Isabel.

Roy

P. S. Ileana wird »I know how you must Feel, Brad« nehmen und jemand in Kansas City hat »My Heart is always with you«. Leo hat wahrscheinlich Fotos von den fertigen Arbeiten

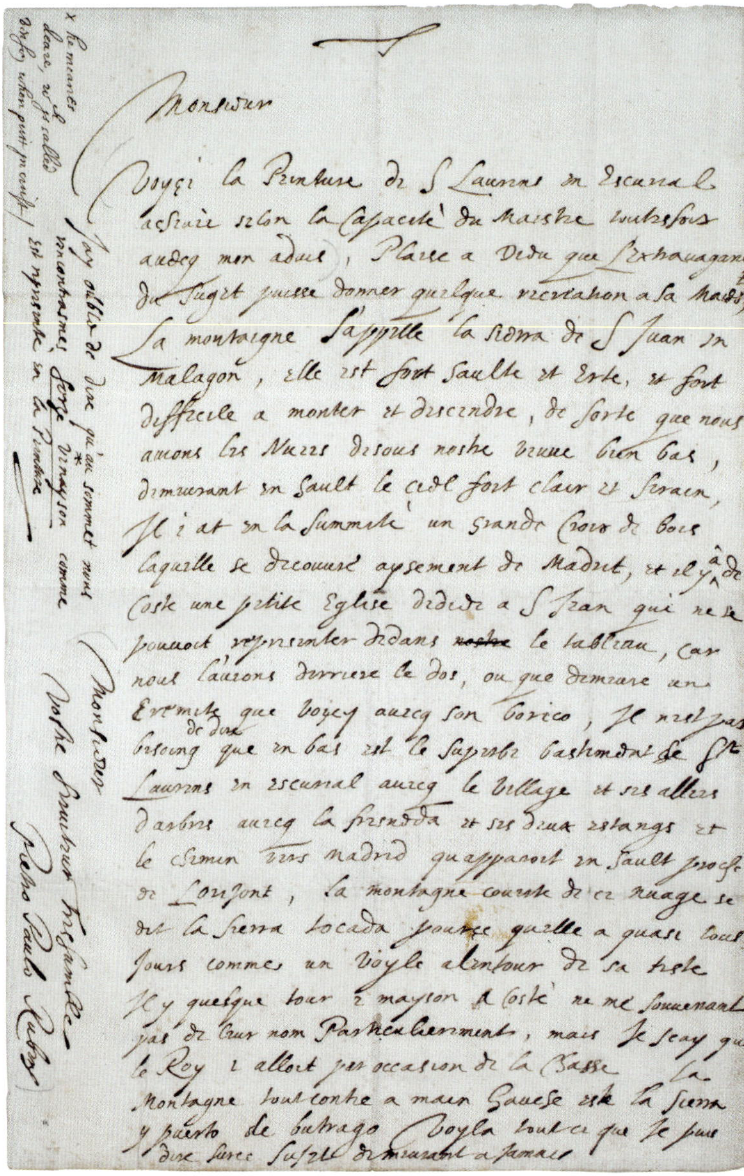
Monsieur

Voycy la Peinture de S. Laurens en Escurial
achevée selon la capacité du Maistre toutesfois
avecq mon advis, Plaise a Dieu que l'extravagance
du suject puisse donner quelque recreation a Sa Maj.té
La montaigne s'appelle la Sierra de S. Juan en
Malagon, elle est fort haulte et droite, et fort
difficile a monter et descendre, de sorte que nous
avions les Nuees dessous nostre veue bien bas,
demeurant en hault le ciel fort clair et serain,
Il y at en la summité une grande Croix de bois
laquelle se decouvre aysement de Madrid, et il y a de
costé une petite Eglise dediée a S. Juan qui ne se
pouvoit representer dedans le tableau, car
nous l'aurions derriere le dos, ou que demeure un
Ermite que voyez avecq son borrico, Il n'est pas
besoing de dire que en bas est le superbe bastiment de S.t
Laurens en Escurial avecq le village et ses allees
d'arbres avecq la Frenada et ses deux estangs et
le chemin vers Madrid qu'apparoit en hault proche
de l'horizont, La montagne couverte de ce nuage se
dit la Sierra tocada pource qu'elle a quasi tous-
jours comme un voyle alentour de sa teste
Il y quelque tour et mayson de costé ne me souvenant
pas de leur nom particulierement, mais Je scay que
le Roy y alloit par occasion de la Chasse La
Montagne tout contre a main gauche est la Sierra
y puerto de Buitrago Voyla tout ce que Je puis
dire ...

Monsieur
Vostre Serviteur tres humble
Pietro Paulo Rubens

Peter Paul Rubens (1577–1640) an Balthasar Gerbier

April/Mai 1640

Der im Frühjahr 1640 in Antwerpen verfasste Brief ist nahezu der letzte noch erhaltene Brief aus Rubens' umfangreicher Korrespondenz als international bekannter Künstler und Diplomat. Er starb einige Wochen später mit 62 Jahren. Vom britischen König Jakob I. mit bedeutenden Staatsaufträgen betraut, wurde der flämische Maler, der in Ausübung seiner Kunst von Hof zu Hof reiste, später von Jakobs Sohn Karl I. mit geheimen diplomatischen Missionen beauftragt. Im Herbst 1628 traf er in Madrid ein, wo er einige Monate an Gemälden für König Philipp IV. malte und zugleich einen Friedensvertrag aushandelte. Er wurde von zwei weiteren Künstler-Diplomaten begleitet, Balthasar Gerbier und Endymion Porter und befreundete sich mit Philipps Hofmaler Diego Velázquez. Eines Tages bestiegen Rubens und Velázquez einen Berg nördlich von Madrid, von dem aus sie den königlichen Palast El Escorial in seiner ganzen Ausdehnung überblicken konnten.

Rubens fertigte vor Ort eine Zeichnung an, nach der Pieter Verhulst (Rubens' Ansicht nach »ein sehr mittelmäßiger Maler«) später ein Gemälde schuf. Dieses Werk will Gerbier, inzwischen Karls I. [Sohn Jakobs I.] erprobter Kunstberater, für die Kunstsammlung des britischen Königshauses erwerben. Als Rubens Verhulsts Gemälde für Gerbier beschreibt, der die Informationen an den König weitergeben soll, erinnert er sich in aller Klarheit an die Berglandschaften, die Ortsnamen und das Erlebnis, über den Wolken zu stehen.

Monsieur,

hier ist das Bild von St. Laurenz von Escorial [Königlicher Sitz Sankt Laurentius von El Escorial], das nach dem besten Können des Meisters und unter meiner Leitung vollendet wurde. Möge Gott, dass das außergewöhliche Sujet Seiner Majestät einige Freude bereitet. Der Berg heißt Sierra de San Juan en Malagón, er ist sehr hoch und sehr schwer zu besteigen, so dass die Wolken tief unter uns lagen, während sich der Himmel über uns klar und heiter zeigte. Auf dem Gipfel steht ein großes Holzkreuz, das man von Madrid aus gut sehen kann sowie eine kleine, dem heiligen Johann geweihte Kirche, die auf dem Bild nicht mehr dargestellt werden konnte, weil sie in unserem Rücken lag. In ihr lebt ein Eremit, den Ihr mit seinem Esel auf dem Bild seht. Es ist nicht nötig zu erwähnen, dass unten das herrliche Gebäude des Escorials liegt, mit dem Dorf und seinen Baumalleen, mit dem Fresneda-Park und seinen beiden Teichen und der Straße nach Madrid, die oben erscheint, nahe des Horizonts. Der umwölkte Berg heißt Sierra Tocada, weil um sein Haupt meist ein Schleier liegt. Seitlich steht ein Turm und ein Haus, an deren Namen ich mich nicht mehr erinnere. Aber ich weiß, dass der König bei Jagden gelegentlich dort hinzugehen pflegte. Der Berg ganz links ist die Sierra y Puerto de Buitrago. Dies ist alles, was ich Euch zu diesem Gegenstand sagen kann, indem ich stets verbleibe

Ihr sehr ergebener Diener
Peter Paul Rubens

Ich vergaß zu sagen, dass wir nahe des Gipfels auf Wild trafen, wie Ihr im Bild sehen könnt.

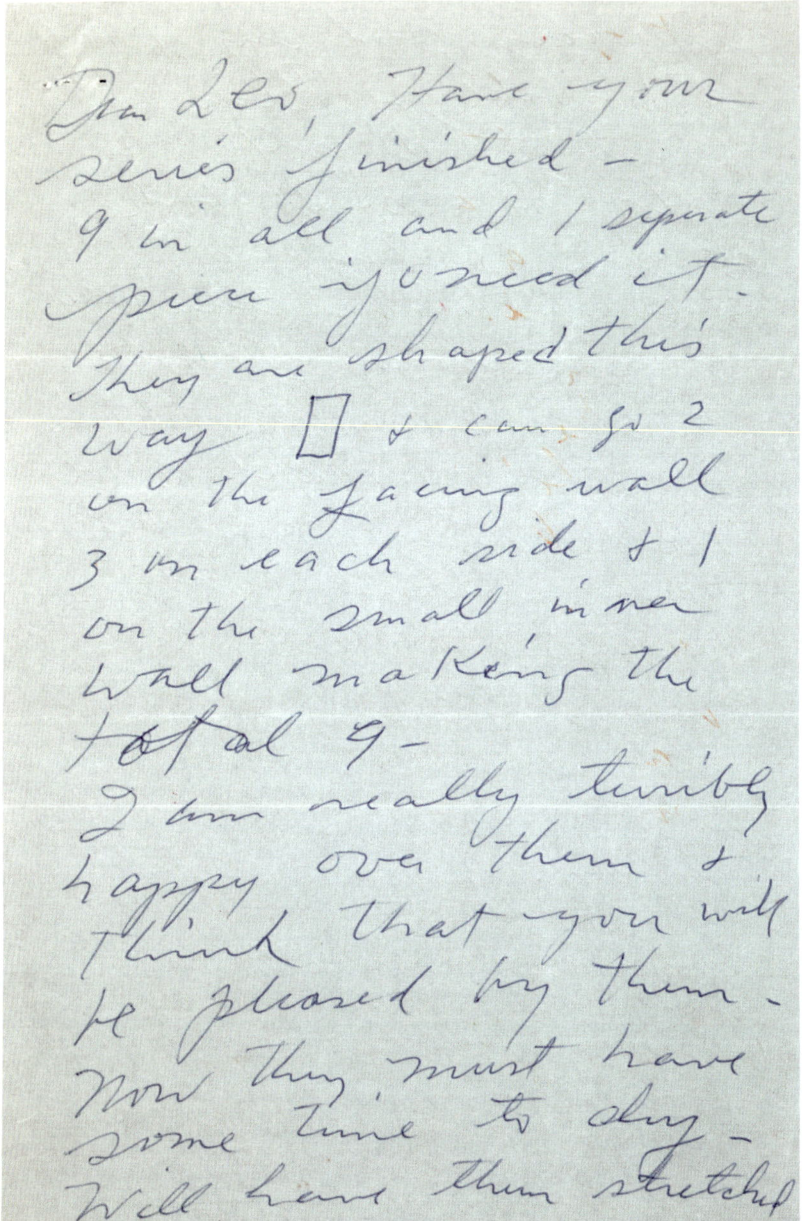

Dear Leo, Have your
series finished –
9 in all and 1 separate
piece if you need it.
They are shaped this
way & can go 2
on the facing wall
3 on each side & 1
on the small inner
wall making the
total 9 –
I am really terribly
happy over them &
think that you will
be pleased by them. –
Now they must have
some time to dry –
Will have them stretched

Cy Twombly (1928–2011) an Leo Castelli
ca. Januar 1964

Im Winter 1963 malte der seit 1957 in Rom lebende amerikanische Künstler Cy Twombly neun große Bilder mit dem Titel *Discourses on Commodus*. Die Einladung, in Leo Castellis Galerie auszustellen, war eine seltene Gelegenheit, wieder Kontakt mit der New Yorker Kunstszene aufzunehmen. Castelli war in den 1960er Jahren kommerziell einer der weltweit erfolgreichsten Galeristen, der Jasper John, Roy Lichtenstein (siehe S. 23 bzw. S.109) und anderen bald berühmten Vertretern von Pop-Art, Minimalismus und Konzeptkunst ihre ersten Ausstellungen ermöglichte. Von ihm angenommen zu werden, bedeutete zugleich zuverlässige finanzielle Unterstützung. Twombly dankt ihm für die Bezahlung eines teuren gemeißelten Kopfes des römischen Kaisers Commodus, der ihn zu seiner neuen Reihe inspiriert hatte. Er betrachtet Castelli als Freund (oder will ihn so betrachten), sendet »liebe Grüße« an dessen neue Familie (Castelli hatte 1963 wieder geheiratet) und dankt auch dessen Kodirektor Ivan Karp.

Wie viele von Twomblys Arbeiten greift die *Commodus*-Reihe auf die antike Klassik zurück. Die auf grauen Grund geschmierte und gespritzte rote Farbe, eine Anspielung auf den Tod des Gewaltherrschers Commodus, erinnerte aber auch an die Ermordung John F. Kennedys im November 1963. Als Twomblys Ausstellung im März 1964 eröffnet wurde, bekam sie schlechte Kritiken. Seine expressionistische Malweise wirkte in der Pop-Ära wie Kunst von gestern. Und warum nur versenkte sich ein moderner amerikanischer Maler ins »alte Europa«? Er verkaufte nicht ein einziges Bild.

Twomblys selbstsicherer Optimismus – »Ich bin darüber wirklich sehr glücklich« – verwandelte sich in Mutlosigkeit. In den folgenden Jahren malte er wenig. Die *Commodus*-Reihe musste bis zu seiner Retrospektive im Whitney Museum of American Art von 1979 warten, um in den Vereinigten Staaten erneut ausgestellt zu werden. Dann endlich hatte (wie die New York Times schrieb) »Mr. Twombly seinen großen Auftritt«.

Lieber Leo, habe die Reihe abgeschlossen – insgesamt 9 und ein separates Stück, wenn Du es brauchst. Sie haben diese Form [Zeichnung Rechteck] & ich kann Folgendes machen: 2 auf der hinteren Wand, 3 auf den Seiten und 1 auf der kleinen inneren Wand, macht insgesamt 9 –

Ich bin darüber wirklich sehr glücklich und glaube, dass sie Dir gefallen werden. Jetzt brauchen sie etwas Zeit, um zu trocknen – Werde sie aufspannen lassen, aber auf sehr gutes trockenes Holz (wenn möglich) – Plinio [De Martis] will alle 9 in Farbe für ein kleines Buch aufnehmen, sobald sie aufgespannt werden können. Falls Du gerade über den Zeitplan nachdenkst – Vielleicht im März, wie wir besprochen haben, weil sie Mitte Februar sicherlich versandbereit sind – Was noch? Wolltest Du Zeichnungen haben und wenn ja, wie viele? – Vielen Dank für den Scheck für Commodo. Das hat mich ganz kopflos gemacht, aber mich zu dieser Reihe inspiriert; vielleicht ist es gut, dass ich den Kopf verliere und einen neuen bekomme – Liebe Grüße an Deine nette neue Familie – & auch vielen Dank an Ivan für seine wie immer freundliche Hilfe.

alles Liebe – Cy

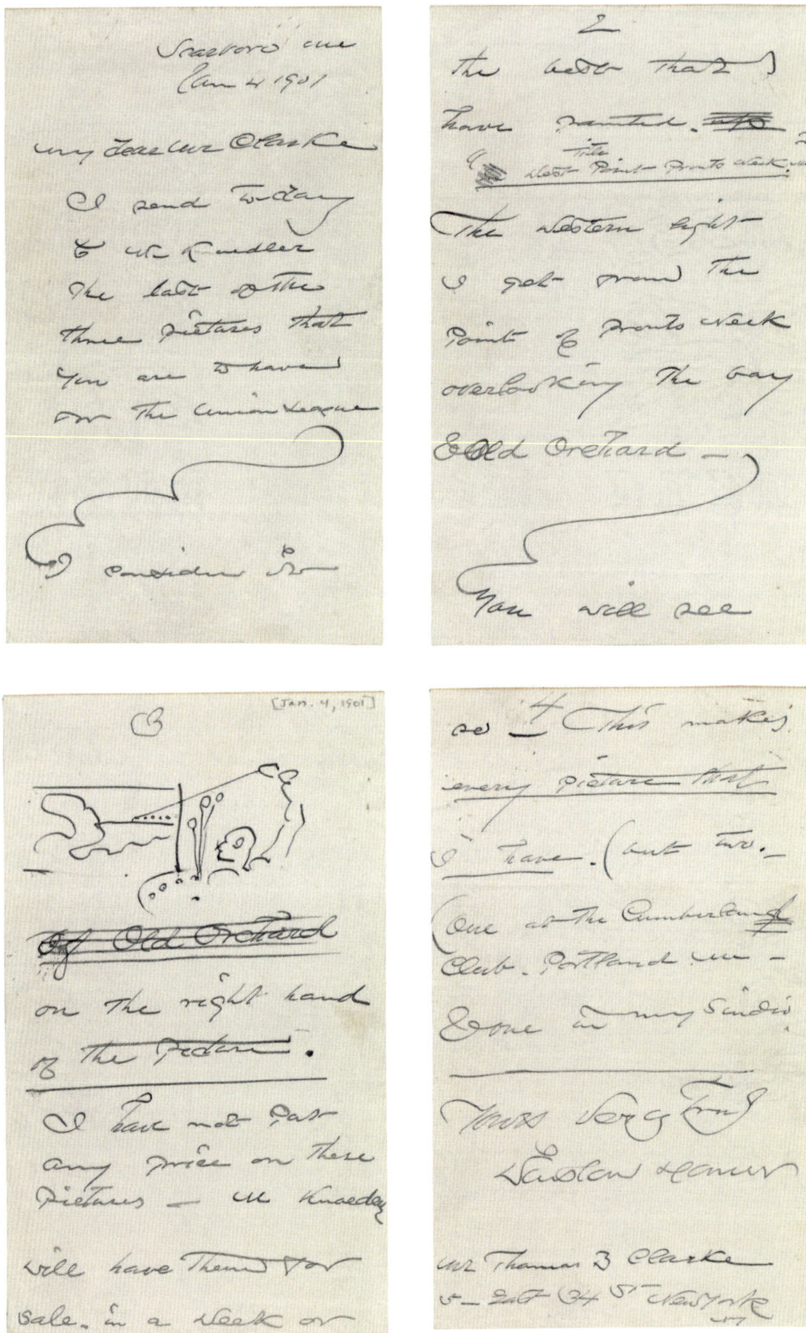

Scarboro, Me
Jan 4 1901

My dear Mr Clarke

I send today to Mr Knoedler the last of the three pictures that you are to have for the Union League

I consider it

2

the best that I have painted.

Title
West Point – Prouts Neck, Me

The western sight I got from the Point of Prouts Neck overlooking the bay of Old Orchard –

You will see

3

[Jan. 4, 1901]

~~Of Old Orchard~~

on the right hand of ~~the picture~~.

I have not put any price on these pictures – Mr Knoedler will have them for sale in a week or

so – 4 This makes every picture that I have (but two – one at the Cumberland Club, Portland Me – & one in my studio)

Yours very truly
Winslow Homer

Mr Thomas B Clarke
5 East 34 St New York
NY

Winslow Homer (1836–1910) an Thomas B. Clarke
4. Januar 1901

Auf Prout's Neck, einer felsigen Halbinsel an der Küste von Maine, hatte Winslow Homer sein Atelier mit einem breiten Balkon ausstatten lassen, von dem er beim Malen einen Blick über die Saco-Bucht hatte. Er zog 1884 aus New York weg, baute einen alten Schuppen zum Atelierhaus um (wie später Jackson Pollock auf Long Island) und wollte fortan in größerer Abgeschiedenheit leben. Homer hatte sich 1866 mit *Gefangene von der Front* (The Metropolitan Museum of Art, New York) einen Namen gemacht, einer Szene aus dem Sezessionskrieg. Das Gemälde zeigt gefangen genommene Konföderierte vor einem Offizier der Unionsarmee. In den 1870er Jahren widmete er sich intensiv der Freilichtmalerei, wie sie in den am Meer entstandenen Künstlerkolonien der Niederlande, Frankreichs und Englands praktiziert wurde, wo er 1881/1882 in dem an der Nordsee gelegenen Fischerdorf Cullercoats lebte.

Die in Prout's Neck gemalten Seegemälde entwickelten sich von Darstellungen des Arbeitslebens und der Freizeit am Meer zu figurenlosen Dramen der Naturgewalten wie *Nordostwind* (1895, The Metropolitan Museum of Art, New York), wo eine vom Sturm getriebene Welle schäumend auf eine dunkle Felsplatte prallt. Bilder jenes Typs, so auch das Werk *West Point, Prout's Neck* (1900, Clarke Institute, Williamstown), das er Thomas B. Clarke beschreibt, machten Homer zu einem reichen Mann. Die Skizze seines Selbstporträts im Brief scheint Lichter am jenseitigen Ufer der Bucht anzudeuten, wie er sie von seinem Balkon aus sieht. Auf dem späteren Gemälde entfernte er diese Anzeichen menschlicher Präsenz.

Sein kurzer, humorvoller und selbstsicherer Geschäftsbrief skizziert auch einen Moment der Kulturgeschichte New Yorks: Homers Galeristen (Knoedler & Co) verkauften Bilder moderner Maler und alter Meister an die großen privaten und öffentlichen Sammlungen ihrer Zeit. Der frühere Leinenmagnat und nunmehrige Vollzeitgalerist Clarke war nicht nur Vorsitzender im Kunstausschuss des Union League Club, sondern auch Berater des Bankiers John Pierpont Morgan, der das Metropolitan Museum of Art auf ungemein großzügige Weise förderte und 1904 dessen Präsident wurde.

Scarborough, Maine

Mein lieber Mr. Clarke,

heute schicke ich an Mr. Knoedler das letzte der drei Bilder ab, die Sie für die Union League bekommen sollen.

Ich sehe es als das beste meiner Werke an. Titel »West Point Prouts Neck. Me.« Das Abendlicht fange ich an jenem Punkt von Prout›s Neck ein, von wo aus ich Blick auf die Bucht & Old Orchard habe –

Sie werden sehen, dass ich auf diese Bilder rechts keinen Preis notiert habe – Mr. Knoedler wird sie in ungefähr einer Woche zum Verkauf anbieten – Damit habe ich nur mehr zwei Bilder: eines im Cumberland Club, Portland Maine – & eines in meinem Atelier.

Hochachtungsvoll
Winslow Homer
Mr. Thomas B Clarke
5 – East 34 New York NY

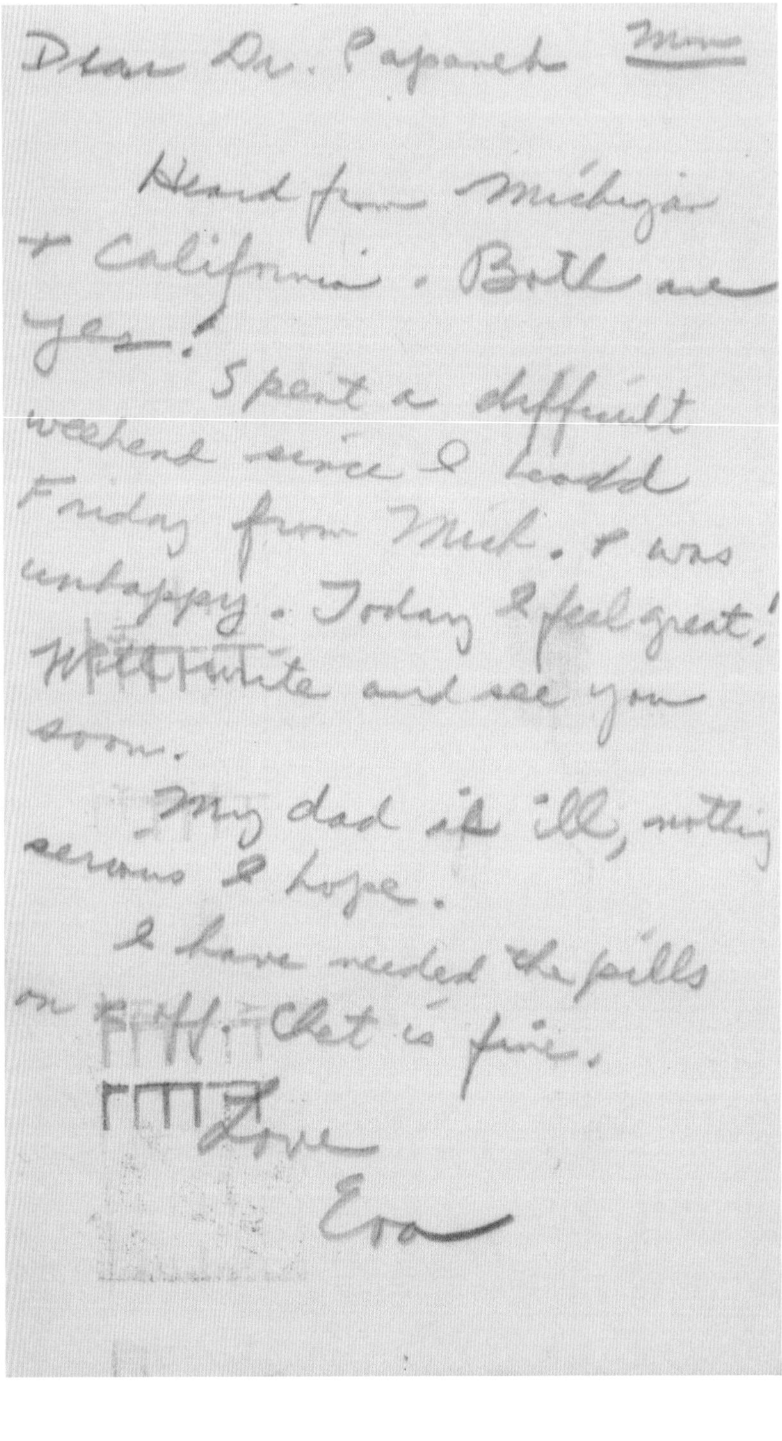
Dear Dr. Papanek

Heard from Michigan + California. Both are yes!

Spent a difficult weekend since I heard Friday from Mich. + was unhappy. Today I feel great! Write and see you soon.

My dad is ill, nothing serious I hope.

I have needed the pills on ... That is fine.

Love

Eva

Eva Hesse (1936–1970) an Dr. Helene Papanek
6. April 1959

Im letzten Semester ihres Studiums an der Yale School of Art and Architecture litt Eva Hesse wieder unter den Ängsten und Depressionen, deretwegen sie seit ihrem 18. Lebensjahr bei Dr. Helene Papanek in Behandlung war. Am 14. März schrieb sie Papanek, dass sie nach dem Erwachen nicht atmen konnte. Sie wurde am Yale Mental Health Center untersucht, jedoch bald entlassen – ihrer Ansicht nach zu früh. Papanek antwortete sofort: »Es tut mir sehr leid zu hören, dass Sie so durcheinander und voller Angst sind ... Ich dachte, alles sei in Ordnung.« Hesse bestätigte, dass ihre Panik durch Lernbelastung und Beziehungsprobleme ausgelöst wurde und fügte hinzu: »Aber ich fürchte, es ist mehr als das.«

Am 27. März suchte Hesse Papanek in New York auf und gestand ihr ihre Selbstmordgedanken. Papanek verordnete ihr ein Neuroleptikum. »Danke!!«, schrieb ihr Hesse zwei Tage später, »unser Gespräch hat mir sehr geholfen.« Auch das Medikament wirkte. Papanek informierte Hesses Arzt in Yale über deren Rückfall, Dr. Lawrence Friedman. Sie diagnostizierte »einen Teufelskreis: sich an andere klammern, daraufhin Schuldgefühle haben und dann gesteigerten Bedarf an Hilfe wegen eben dieser Schuldgefühle.« Auch Friedman hatte gehofft, Hesse sei auf dem Weg der Besserung. Er verwies darauf, dass sie ein Referat über Philosophie gehalten und sich einen Ferienjob gesichert hatte, stellte aber ebenfalls eine neue Krise fest. Sie hatte sich von ihm bereits Compazine verschreiben lassen. Am Tag, an dem Friedmans Brief eintraf, erhielt Papanek offenbar einen weiteren Brief Hesses: »Ich verbrachte ein paar gute Tage, jetzt geht es wieder bergab.« Papanek antwortete: »Wann immer Sie mich sehen wollen und nach New York kommen können, teilen Sie es mir mit.« Der Brief kreuzte sich mit Hesses Karte – der letzten dieser intensiven, freimütigen und zugleich unangenehmen Korrespondenz, mit der die Geschichte aber keineswegs beendet war. Hesse schreibt von Jobangeboten, ihrem Vater und ihrem Freund und beruhigt Papanek mit »Heute fühle ich mich großartig!«

Nachdem Eva Hesse als Malerin 1964 den Minimalisten Sol LeWitt kennengelernt hatte, wandte sie sich der Bildhauerei zu. Sie entwickelte ihre spezielle Art von Minimalismus und arbeitete mit ungleichmäßigen Strukturen, organischen Formen und anatomischen Bezügen statt mit geglätteten Oberflächen und antiexpressionistischer Coolness. Mit Polyester, Glasfaser und Latex experimentierend wollte sie »Absurdität oder extreme Gefühle« darstellen. Mit nur 34 Jahren starb sie an einem Hirntumor. Postum übte sie großen Einfluss auf die Bildhauerei und vor allem auf feministische Deutungen des Körpers in der Kunst aus.

Liebe Dr. Papanek,

habe Neuigkeiten aus Michigan und Kalifornien. Gleich zwei Zusagen!

Hatte ein schwieriges Wochenende, seit ich am Freitag aus Mich. etwas hörte & war unglücklich. Heute fühle ich mich großartig! Werde bald schreiben und Sie besuchen.

Mein Vater ist krank, nichts Ernstes, hoffe ich.

Manchmal hab ich die Tabletten gebraucht, manchmal nicht. Chet geht es gut.

Alles Liebe
Eva

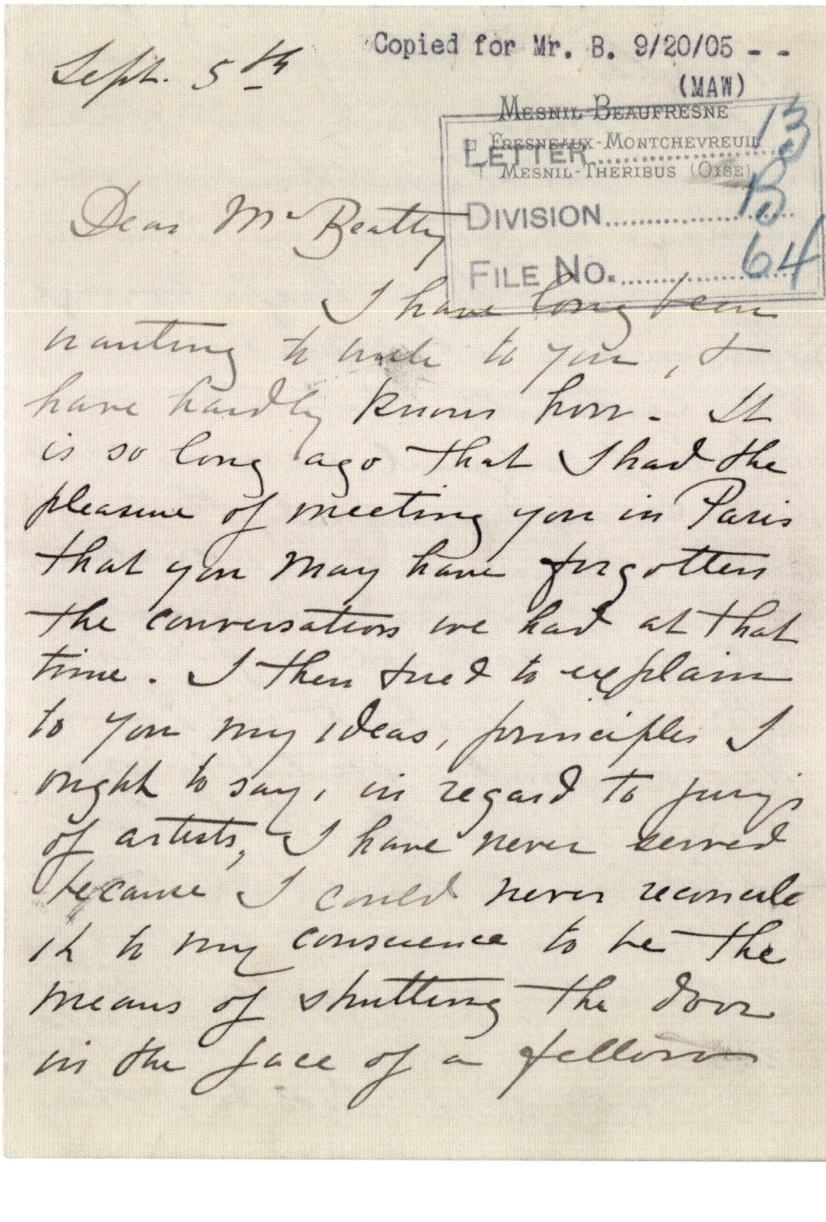

Copied for Mr. B. 9/20/05 - -
(MAW)

Mesnil-Beaufresne
Fresneaux-Montchevreuil
Mesnil-Theribus (Oise)

LETTER 13
DIVISION B.
FILE NO. 64

Sept. 5th

Dear Mr Beatty

I have long been wanting to write to you, & have hardly known how. It is so long ago that I had the pleasure of meeting you in Paris that you may have forgotten the conversations we had at that time. I then tried to explain to you my ideas, principles I ought to say, in regard to jury of artists, I have never served because I could never reconcile it to my conscience to be the means of shutting the door in the face of a fellow

Mary Cassatt (1844–1926) an John Wesley Beatty
5. September 1905

Cassatt, in eine Bankiersfamilie in Allegheny City (jetzt in Pittsburgh) geboren, reiste 1864 nach Europa, um Kunst zu studieren. 1874 ließ sie sich in Paris nieder. Auf Einladung von Degas nahm sie 1879 an der Vierten Impressionisten-Ausstellung teil, wodurch sie als Mitglied der Gruppe galt und auch vom finanziellen Erfolg profitierte, für den der Galerist Paul Durand-Ruel sorgte. 1894 kaufte sie das Château de Beaufresne. Dort schrieb sie diesen Brief an John Wesley Beatty, den Direktor des Carnegie Institute in Pittsburgh.

Beattys Einladung bei dessen jährlicher Kunstausstellung als Jurorin zu fungieren, lehnt sie höflich ab: Das Jury-System unterdrücke die kreative Originalität. Sie zitiert den Salon des Indépendants, der 1884 als Alternative zum offiziellen Salon mit der Devise *»sans jury ni récompense«* (»weder Jury noch Preis«) gegründet worden sei. Sie wolle dem Carnegie Institute auf andere Weise helfen – was sie später als Mitglied dessen Foreign Advisory Committee einlöste.

Mesnil-Beaufresne
Fresnaux-Montchevreuil
Mesnil-Théribus (Oise)

Sehr geehrter Mr. Beatty,

ich will Ihnen seit Langem schreiben und weiß kaum wie. Es ist so lang her, dass ich das Vergnügen hatte, Sie in Paris sehen, vielleicht haben Sie unsere Gespräche vergessen. Ich versuchte Ihnen, meine Ansichten (besser gesagt: meine Prinzipien) zu erklären. In Künstler-Jurys habe ich nie mitgewirkt. Ich könnte es mit meinem Gewissen nicht vereinbaren, einem Malerkollegen die Tür vor der Nase zuzuschlagen. Ich glaube, das Jury-System kann ein hohes Niveau ermöglichen, bei Ausstellungen des Carnegie Institute auf jeden Fall. Aber in der Kunst, die wir wollen, ist sicherzustellen, dass der Funke an ursprünglichem Genie nicht erlischt, wir wollen mehr als nur Durchschnitt, nur das wird überleben und soll im Wesentlichen gefördert werden. Die Pariser »Indépendants« wurden von unserer Gruppe gegründet. Und die inzwischen von anderen übernommene Idee unserer Ausstellungen war: keine Jurys. Die meisten Maler mit eigenständigem Talent haben im letzten Jahrzehnt hier debütiert, in den offiziellen Salons hätten sie keine Chance gehabt. Maler werden geknechtet: Man denke sich einen Schriftsteller, dessen Text nur erscheinen kann, wenn ihn eine Jury aus Autoren, um nicht zu sagen Rivalen, genehmigt hat!

Entschuldigen Sie die lange Erklärung, aber das Thema erregt mich, es ist für mich eine sehr ernsthafte Frage für unseren Beruf. Aus diesen Gründen war ich nie in der Jury des Instituts. Wenn ich auf andere Art etwas Geringes beitragen könnte, würde ich es mit Vergnügen tun. Dem Institut zu dienen, dessen engagierter Direktor Sie sind, wäre für mich niemals ein Problem. Was die Übersendung von Bildern betrifft: Dieses Jahr habe ich keine, sie wurden in Paris verkauft und ich kann die Besitzer nicht bitten, sie an einen für (deren Begriffe) so fernen Ort zu schicken.

Mit aufrichtigem Bedauern bitte ich nochmals, mich zu entschuldigen und verbleibe, sehr geehrter Herr Beatty,

Ihre sehr ergebene
Mary Cassatt

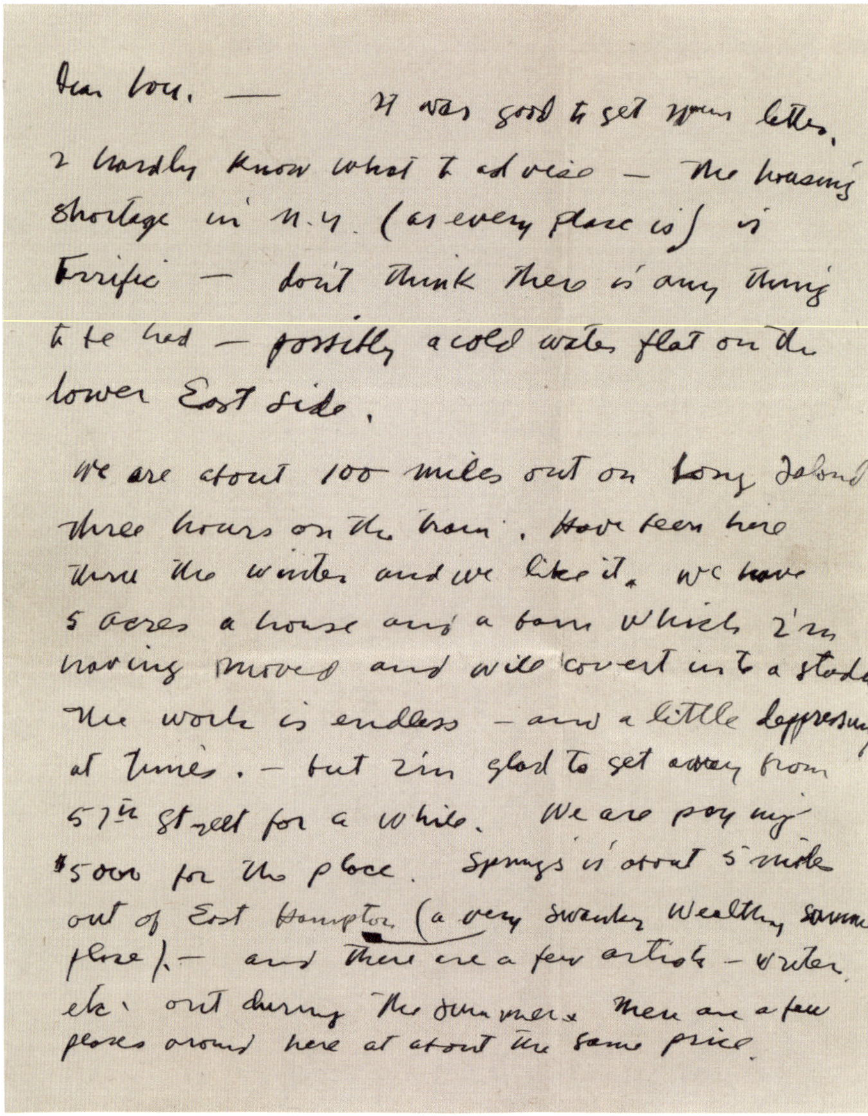

Dear Lou. — It was good to get your letter. I hardly know what to advise — the housing shortage in N.Y. (as every place is) is terrific — don't think there is any thing to be had — possibly a cold water flat on the lower East side.

We are about 100 miles out on Long Island three hours on the train. Have been here thru the winter and we like it. We have 5 acres a house and a barn which I'm having moved and will covert into a studio. The work is endless — and a little depressing at times. — but I'm glad to get away from 57th street for a while. We are paying $5000 for the place. Springs is about 5 miles out of East Hampton (a very swanky wealthy summer place). — and there are a few artists — writers etc. out during the summer. There are a few places around here at about the same price.

Jackson Pollock (1912–1956) an Louis Bunce
2. Juni 1946

Jackson Pollock zeigte im November 1943 seine erste Einzelausstellung in Peggy Guggenheims The Art of This Century Gallery. Sein Vertrag mit ihr ermöglichte ihm, in Vollzeit zu malen (vorher hatte er sich mit der Gestaltung von Lippenstift-Etuis und anderen Jobs durchgebracht). Wie er seinem Freund und früheren Mitstudenten Louis Bunce bescheiden berichtet, sind seine Arbeiten »ziemlich gut angekommen« (1944 kaufte das Museum of Modern Art sein Bild *Die Wölfin*). Im Oktober 1945 heiratete Pollock die Malerin Lee Krasner (siehe S. 211). Im Monat darauf entzog sich das Paar dem Trubel in New York und übersiedelte in den Ort Springs auf Long Island. Pollock klagt über den Umzug und scheint auf Kunst-Tratsch aus zu sein (er erwähnt Thomas Hart Benton, seinen und Bunces traditionalistischen Mentor in der Art Students' League). Auf dem Boden der Scheune in Springs, die Pollock zu einem Atelier umbaute, wird er bald seine ersten »drip paintings« schaffen.

Lieber Lou,

es war schön, Deinen Brief zu erhalten. Ich weiß nicht, was ich Dir raten soll: Die Wohnungsnot in N. Y. ist schrecklich (wie überall), ich glaube nicht, dass es etwas gibt, vielleicht eine Wohnung mit Kaltwasser in der Lower East Side.

Wir sind hier etwa 100 Meilen außerhalb auf Long Island, drei Zugstunden. Waren den ganzen Winter über hier und es gefällt uns. Wir haben 2 Hektar, ein Haus und eine Scheune, ich werde sie versetzen lassen und zu einem Atelier umfunktionieren. Die Arbeit nimmt kein Ende (es ist manchmal etwas deprimierend), aber ich bin froh, von der 57th Street eine Zeitlang weg zu sein. Wir zahlen hier $ 5000. Springs liegt etwa 5 Meilen von East Hampton entfernt (einem piekfeinen und schicken Sommerkurort), im Sommer sind hier einige Künstler, Schriftsteller etc. Es gibt hier ein paar Sachen zu ungefähr dem gleichen Preis.

Wie Du schon weißt, konnte ich den ganzen Krieg hindurch malen – und ich bin sehr dankbar dafür und habe versucht, das Beste daraus zu machen. Beim Publikum (jenes, das sich für meine Art von Malerei interessiert) bin ich ziemlich gut angekommen und auch bei der Kritik. Der Umzug war für mich schwierig, das andere Licht, die anderen Räumlichkeiten , es gab hier so verdammt viel zu tun. Aber ich habe den Eindruck, dass ich mich bald an meine Arbeit machen kann [...].

Baziotes, denke ich, ist der interessanteste Maler, den Du erwähnt hast. Gorki hat jetzt wieder eine Wende zum Besseren vollzogen – von Picasso bis Miro – Kandinsky und Matta. Gottlieb und Rothko machen interessante Sachen, auch Pousette-Dart [...].

Im *Magazine of Art* von diesem Monat findet sich ein intelligenter Angriff auf Benton: Er trifft etwas, das ich seit Jahren empfinde. Er fing an, mich zu besuchen, bevor ich hier rauszog. Sagte, dass ihm meine Sachen gefielen. Aber Du weißt ja, was solche Worte aus seinem Mund wert sind.

Beste Grüße an Ede und John und lass uns hier mehr über Deine Pläne wissen!

Jack.

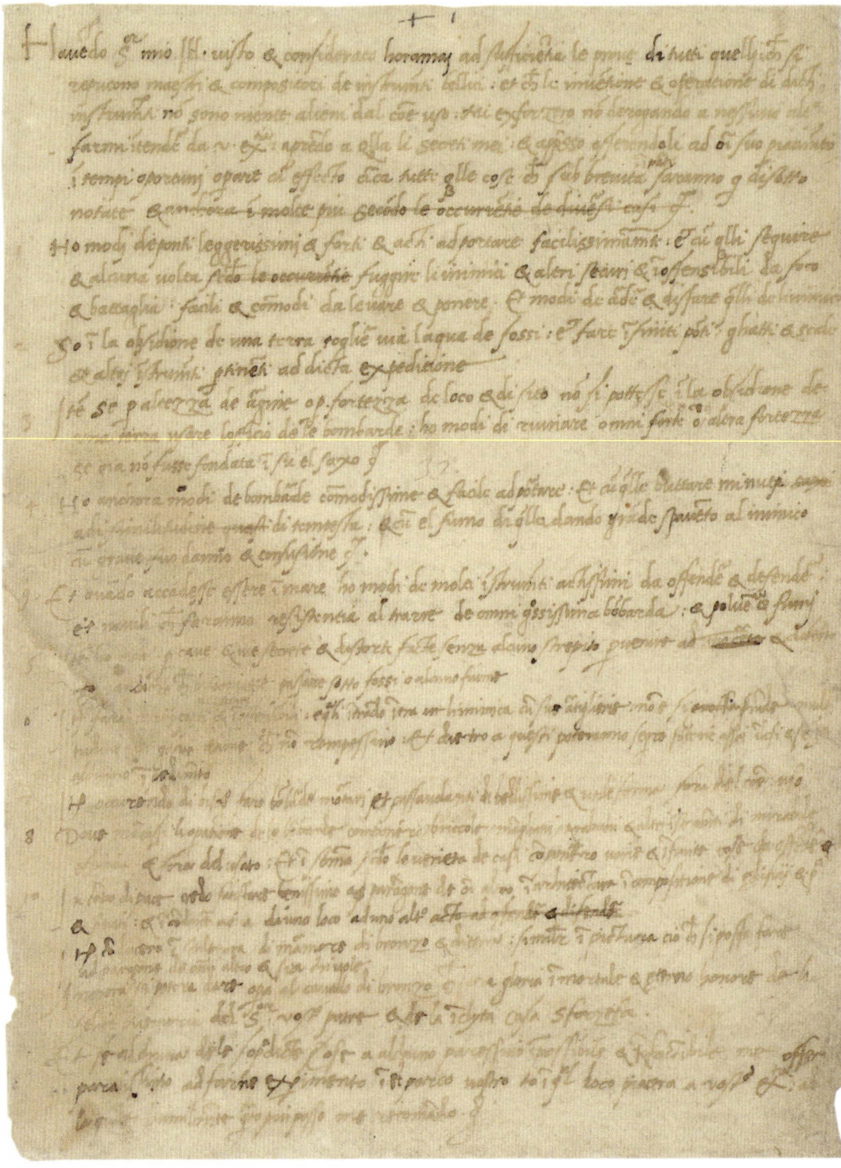

Leonardo da Vinci (1452–1519) an Ludovico Sforza
ca. 1482

Als Leonardo um die 30 war, ging er von Florenz nach Mailand, wo er in die Dienste Ludovico Sforzas treten wollte, der in der Stadt faktisch die Herrschaft ausübte. Er weiß von Sforzas militärischen Ambitionen und betont in seiner zehn Punkte umfassenden (von einem Schreiber sorgfältig zu Papier gebrachten) Bewerbung sein Talent als Ingenieur. Fast wie ein Postskriptum folgt die Bemerkung, er sei ein ebenso guter Künstler »wie jeder andere«. Leonardo wurde »Ingenieur und Maler« an Sforzas Hof und blieb bis 1500 in Mailand.

Mein Erlauchtester Montsignore,

überzeugt, nun hinreichend die Leistungen all jener gesehen zu haben, die sich Meister in der Kunst der Erfindung von Kriegsgerät nennen, beeile ich mich, ohne jemanden schaden zu wollen, Eurer Exzellenz meine Geheimnisse zu verraten [...]:
1. Ich habe Pläne für sehr leichte, starke und dennoch portable Brücken, mit denen man den Feind verfolgen und in die Flucht schlagen kann [...].
2. Im Falle einer Belagerung weiß ich, wie man Wasser aus den Gräben ableiten kann und wie man eine beliebige Zahl an Brücken, Schutzwänden und Sturmleitern herstellen kann [...].
3. Genauso kenne ich Methoden, um eine Burg zu zerstören, wenn man bei einer Eroberung nicht weiterkommt, sei es wegen der Höhe der Glacis oder deren Stärke und Position [...].
4. Ich kann auch sehr leichte und portable Kanonen fabrizieren, mit denen man ein Art Hagelsturm entfachen kann [...].
5. Ferner kenne ich Mittel, um durch unterirdische Gänge an einen bestimmten Punkt zu gelangen [...].
6. Ebenso werde ich sichere und unangreifbare Wägen bauen, die den Feind und dessen Artillerie durchdringen werden [...].
7. Ich kann auch Kanonen gießen, wenn es nötig werden würde, ebenso Mörser und leichte Waffen in sehr schöner und nützlicher Form [...].
8. Dort, wo Kanonen nicht praktikabel erscheinen, werde ich Katapulte und andere Geschütze von wundervoller Effizienz zusammensetzen [...].
9. Und wenn eine Seeschlacht droht, so habe ich eine Reihe Waffen und Instrumente, egal ob für den Angriff oder zur Verteidigung [...].
10. In Friedenszeiten kann ich auf dem Feld der Architektur von allgemeinem Nutzen sein, bei der Errichtung von öffentlichen und privaten Gebäuden und bei der Weiterleitung von Wasser von einem Ort zum anderen.

Ebenso kann ich Skulpturen aus Marmor, Bronze oder Ton erschaffen. Genauso fertige ich Gemälde an, ich kann alles Erdenkliche genauso gut machen wie jeder andere [...].
Und wenn einige dieser Dinge, die ich hier erwähnt habe, Euch unmöglich und unausführbar erscheinen sollten, so biete ich hiermit an, sie in Euren Parkanlagen vorzuführen oder an welchem Ort auch immer es Eurer Exzellenz belieben mag, womit ich mich ergebenst empfehle.

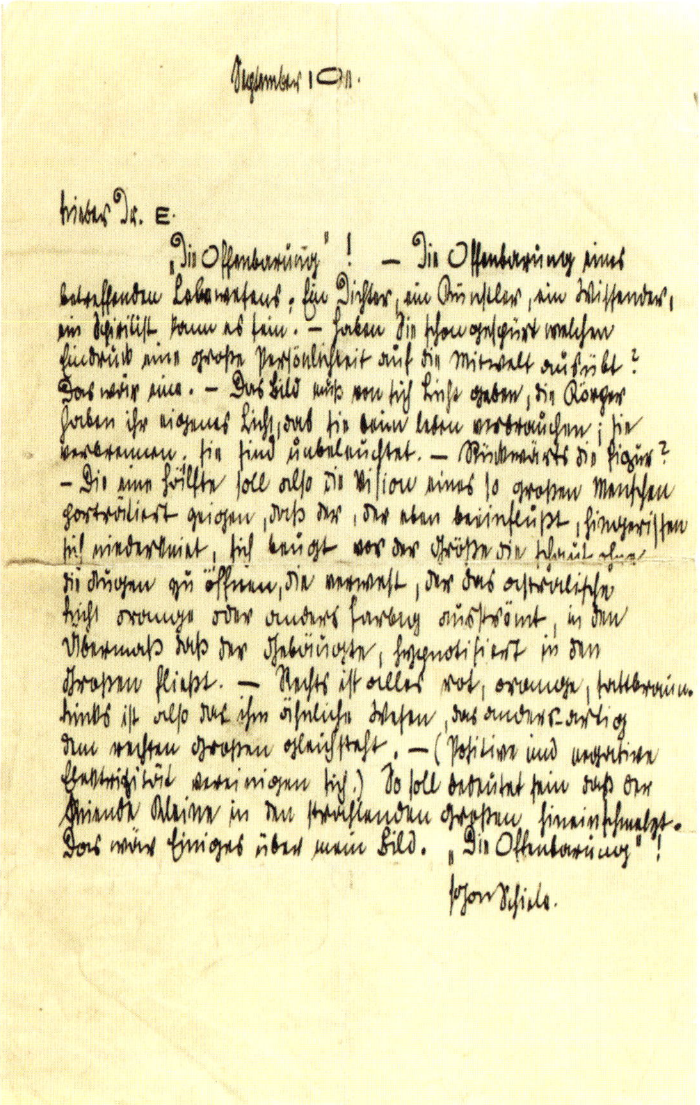
Dezember 1911.

Lieber Dr. E.

„Die Offenbarung"! — Die Offenbarung eines bestehenden Lebewesens, ein Dichter, ein Künstler, ein Wissender, ein Geistlicher kann es sein. — Haben Sie schon gespürt welchen Eindruck eine große Persönlichkeit auf die Mitwelt ausübt? Das wäre eins. — Das Bild muß von sich Licht geben, die Körper haben ihr eigenes Licht, das sie beim Leben verbrauchen; sie verbrennen, sie sind unbeleuchtet. — Rückwärts die Figur? — Die eine Hälfte soll also die Vision eines so großen Menschen kontrolliert zeigen, daß der, der eben hereinläuft, hingerissen sich niederkniet, sich beugt vor der Größe die schaut ohne die Augen zu öffnen, die verweht, der das ostfärbliche Licht orange oder anders farbig ausströmt, in dem Übermaß daß der Schwächere, hypnotisiert in den Großen fließt. — Rechts ist alles rot, orange, gelbbraun. Links ist also der ihm ähnliche Mensch, das andersartig dem rechten Großen gleichsteht. — (Positive und negative Elektrizität vereinigen sich.) So soll bedeutet sein daß der Kniende kleiner in den strahlenden Großen hineinschmelzt. Das wäre Einiges über mein Bild. „Die Offenbarung"!

Egon Schiele.

Egon Schiele (1890–1918) an Hermann Engel

September 1911

Im Frühjahr 1911 hatte Egon Schiele in der Galerie Miethke in Wien seine erste Einzelausstellung. Er zeigte darin eine Gruppe von Traumbildern, darunter *Offenbarung* (Leopold Museum, Wien) mit zwei hageren, aneinandergepressten Gestalten, deren in bunte Roben gehüllte Körper als leuchtende, pyramidenartige Materie die Bildmitte ausfüllen. Das Gemälde wurde vom Zahnarzt Dr. Hermann Engel erworben, der Schiele durch den Kritiker Arthur Roessler kennengelernt hatte, einem seiner frühen Förderer. Schiele wohnte damals in der Kleinstadt Krumau (heute Český Krumlov). Aufgrund der Empörung, die er hervorrief, als er Krumauer Mädchen als Modelle für seine stark sexuell konnotierten Aktbilder heranzog, musste er jedoch bald die Stadt verlassen. Als er am Ende des Sommers wieder in der Nähe von Wien wohnte, war er von Engel offenbar um eine Interpretation gebeten worden.

Wenn Engel auf eine leicht nachvollziehbare Erklärung des seltsamen Bildes gehofft hatte, das er von diesem verrufenen jungen Maler erstanden hatte, so dürfte ihn Schieles Brief ratlos gemacht haben. Schiele spricht darin die ekstatische Sprache eines Mystikers (»Körper haben ihr eigenes Licht«, das »astralische Licht«, »hypnotisiert«). Dennoch kümmerte er sich weiterhin um die Zahnpflege Egon Schieles, der als Gegenleistung ein Porträt von Engels Tochter Trude malte (Lentos Kunstmuseum, Linz). Es zeigt eine selbstsichere junge Frau mit prachtvoll lockigem dunklen Haar. Doch Trude war derart schockiert, dass sie das Porträt mit einem Messer zerstach. Auch Hermann Engel scheint Schieles Kunst nicht besonders geschätzt zu haben, sonst hätte er die bei ihm gekauften Bilder (wie auch *Offenbarung*) später nicht einfach verschenkt.

Lieber Dr. E.

»Die Offenbarung«! – Die Offenbarung eines betreffenden Lebewesens. Ein Dichter, ein Künstler, ein Wissender, ein Spiritist kann es sein. – Haben Sie schon gespürt, welchen Eindruck eine große Persönlichkeit auf die Mitwelt ausübt? Das wäre eine. – Das Bild muß von sich Licht geben, die Körper haben ihr eigenes Licht, das sie beim Leben verbrauchen; sie verbrennen, sie sind unbeleuchtet. – Rückwärts die Figur? – Die eine Hälfte soll also die Vision eines so großen Menschen porträtiert zeigen, dass der, der eben beeinflußt, hingerissen sich niederkniet, sich beugt vor der Größe, die schaut, ohne die Augen zu öffnen, die verwest, der das astralische Licht orange oder andersfarbig ausströmt, in dem Übermaß, dass der Gebeugte hypnotisiert in den Großen fließt. – Rechts ist alles rotorange, rotbraun und links ist also das ihm ähnliche Wesen, das andersartig, dem rechten großen gleichsteht. – (Positive und negative Elektrizität vereinigen sich.) So soll bedeutet sein, dass der kniende Kleine in den strahlenden Großen hineinschmilzt. Das wäre Einiges über mein Bild »Die Offenbarung«.

Egon Schiele.

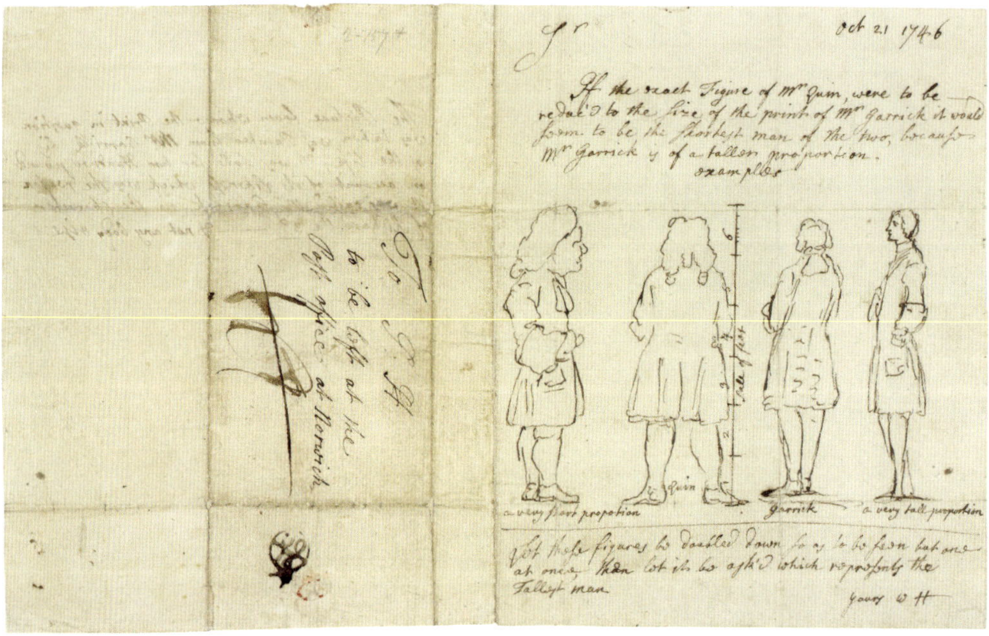
Sr   Oct 21 1746

If the exact Figure of Mr Quin, were to be reduc'd to the size of the print of Mr Garrick it would seem to be the shortest man of the two, because Mr Garrick is of a taller proportion.
examples

a very short propotion   Quin   Garrick   a very tall propotion

Let these figures be doubled down so as to be seen but one at once, then let it be ask'd which represents the Tallest man

yours W H

To … to be left at the Post office at Norwich

William Hogarth (1697–1764) an T. H.
21. Oktober 1746

Die Schauspieler David Garrick und James Quin waren im 18. Jahrhundert die Stars der Londoner Theaterszene. Sie unterschieden sich in ihrer Physis und dem Stil ihrer Performance. Quin war eine Generation jünger als Garrick und ein »sehr gekonnter Rezitator von geläufigen Alltagsdialogen«. In tragischen Shakespeare-Rollen hatte er zu kämpfen und »brüllte« und »knurrte« sich durch den *Othello*. Garrick dagegen wurde 1741 als *Richard III.* schlagartig berühmt, dem er neue romantische Freiheiten und ein heldengleiches Charisma verlieh, wie das Porträt Hogarths deutlich zeigt, der ihn 1745 in dieser Rolle malte (Walker Art Gallery, Liverpool). Die s-förmige Pose, in der sich Garrick dramatisch an das Publikum wendet, entspricht der in Hogarths Theorien beschriebenen »Linie der Schönheit«. Im Juni 1746 veröffentlichte Hogarth einen Druck des Gemäldes, den Garrick für seine Fans signierte.

Hogarths Brief an einen gewissen T. H., dem Mitglied einer literarischen Gesellschaft in Norwich, zeigt sein anhaltendes Interesse an menschlichen Eigenarten und klassischen Proportionen. Möglicherweise antwortete er damit auf Kritik, die an seinem Kunstdruck geübt wurde. Der Oktober 1746 lag in der einzigen Spielzeit, in der Quin und Garrick zusammen im Londoner Covent Garden Theatre auftraten.

An T.H.
postlagernd im
Postamt von Norwich

Sir,

müsste man die genaue Gestalt von Mr. Quin auf die Größe des Drucks mit Mr. Garrick verkleinern, so würde er als der Kleinere der beiden erscheinen, da Mr. Garrick von größerer Statur ist.

Beispiele [Zeichnungen].

Man stelle diese Figuren auf zwei Bildern jeweils einzeln dar. Dann frage man, welche von beiden den größten Mann zeige.

Ihr W. H.

Düsseldorf, den 16. November 1966

Sehr geehrter, lieber Monsignore Mauer!

Ihre Auskunft über „Innsbruck" hat mich gefreut und ich bedanke mich für ihren Brief.

Die Edition Block ist äusserlich gesehen eine Kassette in den Maßen wie auf der beiliegenden Karte beschrieben. Von mir gemeint ist, dass man das ganze Objekt in irgendeiner Weise auseinanderlegt und in einen tiefen Rahmen oder Kasten einrahmt. Wichtig ist für mich, dass man alle Teile zur gleichen Zeit zusammensieht.

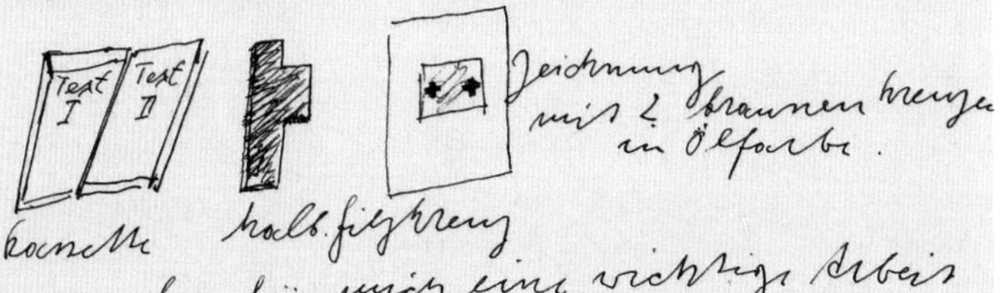

Es ist einfach, aber für mich eine wichtige Arbeit ein ziemliches Mysterium. Der schön gedruckte

Joseph Beuys (1921–1986) an Otto Mauer
16. November 1966

Monsignore Otto Mauer war eine kuriose Figur in der europäischen experimentellen Kunst der 1960er Jahre. Als katholischer Priester und Widerstandskämpfer war er in der NS-Zeit mehrmals verhaftet worden. 1954 wurde er Domprediger im Wiener Stephansdom und gründete die *Galerie nächst St. Stephan*, die er in den beiden folgenden Jahrzehnten in ein Forum der Performance-, Installations- und Konzeptkunst verwandelte. Auch der deutsche Bildhauer, Performance- und Aktionskünstler Joseph Beuys wurde dort gezeigt. Darüber hinaus stattete Otto Mauer die Galerie mit einer umfangreichen Sammlung moderner Kunst aus.

Im November 1966 schreibt Beuys an Mauer (vielleicht als potenziellen Sammler) über ein Multiple, das er mit der Edition Block produzieren will (ein Verlagsprojekt, das der Berliner Galerist René Block ins Leben gerufen hatte). Das Multiple gehört zu Beuys' »Braunkreuz-Arbeiten«, die ihren Namen von der rostbraunen Farbe haben, die er in vielen seiner Werke seit 1958 verwendet. Wie andere von Beuys bevorzugte Materialien – Filz, Holz, erstarrtes Fett – ist die Braunkreuzfarbe etwas sehr Profanes und nur wenig Sakrales, da sie eher an Blut, Erde und rostendes Eisen erinnert. In jener Zeit lehrt Beuys an der Kunstakademie Düsseldorf und plädiert für einen »erweiterten Kunstbegriff« bis ins Alltagsleben hinein. Er tritt auf als schamanenhafter Performancekünstler, dessen öffentliche »Aktionen« oft disparate Objekte mit auf Tafeln geschriebenen Texten und intensiven Gesprächen zwischen Künstler und Zuschauern verbinden. Beuys Aktion mit dem Titel *EURASIA, Sibirische Symphonie 1963* fand am 31. Oktober 1966 in René Blocks Galerie statt. In Anspielung auf die Politik des Kalten Kriegs und die deutsche Teilung präsentierte er einen ausgestopften, auf dem oberen Rand einer Schultafel reitenden Hasen, unter dem er mit Kreide ein Halbkreuz in Form eines umgekehrten T gezeichnet hatte (vergleichbar mit der mittleren Skizze im Brief).

In der Überzeugung, dass die Zukunft den Multiples gehöre, hat sich Block für eine seiner ersten Veröffentlichungen an Beuys gewandt. Beuys selbst wird die Idee der Multiples aufgreifen und viele weitere produzieren. »Ich bin interessiert an der Verbreitung von physischen Vehikeln in Form von Editionen«, erklärte er. »Wenn Sie alle meine Multiples haben, dann haben Sie auch alles von mir.«

Sehr geehrter, lieber Monsignore Mauer!

Ihre Auskunft über »Innsbruck« hat mich gefreut und ich bedanke mich für ihren Brief.

Die Edition Block ist äußerlich gesehen eine Kassette in den Maßen wie auf der beiliegenden Karte beschrieben.

Von mir gemeint ist, dass man das ganze Objekt in irgendeiner Weise auseinander legt und in einen tiefen Rahmen oder Kasten einrahmt. Wichtig ist für mich, dass man alle Teile zur gleichen Zeit zusammensieht.

kassette halb. filzkreuz Zeichnung mit 2 braunen Kreuzen in Ölfarbe
[Zeichnungen]

Es ist einfach, aber für mich eine wichtige Arbeit, ein echtes Mysterium [...].

Dear Sam
So now you have "Tundra"
and "The Lake" I am very glad
I think my paintings will be
around quite a while as I
percieve now that they were all
concieved in purest melancholy.
The drawing that you have
is called "The Galleries" as upstairs
in a church "the balconies divisions:"
almost floating position of attention
I think the drawing has the quality
of that experience a particular
twilit melancholy. I like it very much!
I like your paintings too and hope
that if my work ever received the
recognition of a "show" that you
will send them all.
I hope all is well with

you. I do not worry about
you because I have great
confidence in you.
I am staying unsettled
and trying not to talk for
three years. I want to do it
very much.
I stored my small paintings
(old, no good) with Mr. Kimbal
Blood #275 Sherman Conn.
06784 phone 203·EL4·8828
I wish you would mail him
my drawings
I cannot thank you – words
failing – for your encouragment
and support. Cannot write
without trying
Best wishes always
Agnes.
My address
c/o Rose Caputo Att. 15 Park Row 38
New York NY 10038

Agnes Martin (1912–2004) an Samuel J. Wagstaff
1967/1968

Agnes Martin befand sich auf einer eineinhalbjährigen Rundreise durch ihre Heimat Kanada und die USA, als sie ihrem Freund und Sammler Sam Wagstaff über zwei ihrer Bilder schrieb, die er kurz zuvor gekauft hatte. *Tundra* (1967, The Harwood Museum of Art, Taos) war das letzte Gemälde, das Martin vollendete, bevor sie ihr Atelier in Lower Manhattan aufgab, in dem sie zehn Jahre gearbeitet hatte. Sie verkaufte alles, lagerte ihre Bilder ein und machte sich in einem Pick-up-Truck auf die Reise. Erst fünf Jahre später begann sie wieder zu malen.

Wagstaff war Kurator am Wadsworth Atheneum in Hartford, wo er 1964 die Ausstellung *Black, White, and Gray* organisiert hatte. Mit Werken von einundzwanzig amerikanischen Künstlern der neuen Generation (darunter Martin, Jasper Johns, Roy Lichtenstein, Ad Reinhardt, Cy Twombly und Andy Warhol) bot sie einen ersten Überblick über das Schaffen minimalistischer Maler und Bildhauer. In den 1960er Jahren hatten Martins Gemälde einen deutlich meditativen, minimalistischen Charakter angenommen und basierten auf mit Bleistift gezeichneten Gittern auf einer quadratischen Leinwand mit 183 cm Seitenlänge.

Die »reinste Melancholie«, aus der heraus Martin (wie sie Wagstaff schreibt) ihre scheinbar friedvollen und besinnlichen Bilder konzipierte, verweist auf ihren lebenslangen Kampf gegen die Schizophrenie. Ihr Plan, drei Jahre ohne festen Wohnsitz zu leben und zu versuchen, nicht zu sprechen, hat den Charakter einer Selbsttherapie. 1968 kehrte sie in den Norden New Mexicos zurück, wo sie vorher gelebt hatte. In der Nähe von Taos baute sie sich an einem abgelegenen Ort aus Lehmziegeln und Holz ein Atelierhaus, wo »ihr Geist schließlich Ruhe fand und sie die unvollkommene Gnade der Erlösung erlangte«.

Lieber Sam,

jetzt hast Du »Tundra« und »The Lake«, ich freue mich sehr. Ich denke, meine Bilder werden mich noch eine ganze Weile begleiten, denn wie ich erst jetzt wahrnehme, sind sie alle der reinsten Melancholie entsprungen.

Eine Zeichnung, die Du hast, hat den Titel »The Galleries«, wie oben in einer Kirche »die Emporen«. Eine fast schwebende Position der Aufmerksamkeit, ich denke die Zeichnung gibt die Eigenart dieses Erlebnisses wieder, eine spezielle Melancholie des Dämmerlichts. Mir gefällt sie sehr! Mir gefallen auch Deine Bilder und ich hoffe, dass Du, falls meine Arbeit jemals die Anerkennung einer »Schau« erfährt, sie alle hinschicken wirst.

Ich hoffe, bei Dir ist alles in Ordnung. Ich mache mir keine Sorgen um Dich, denn ich habe großes Vertrauen in Dich.

Ich lebe weiterhin ohne festen Wohnsitz und versuche, drei Jahre nicht zu sprechen. Ich will das unbedingt machen.

Ich habe meine kleinen Bilder (alt, nicht gut) bei *Mr. Kimbal Blood* gelagert *#275 Conn. 06784* telefon 203. EL48828. Ich wünschte, Du würdest ihm meine Zeichnungen schicken.

Ich kann Dir – mangels Worten – nicht danken für Deinen Zuspruch und Deine Unterstützung. Kann dir auch nicht schreiben, ohne es versucht zu haben.

Immer mit den besten Wünschen
Agnes.

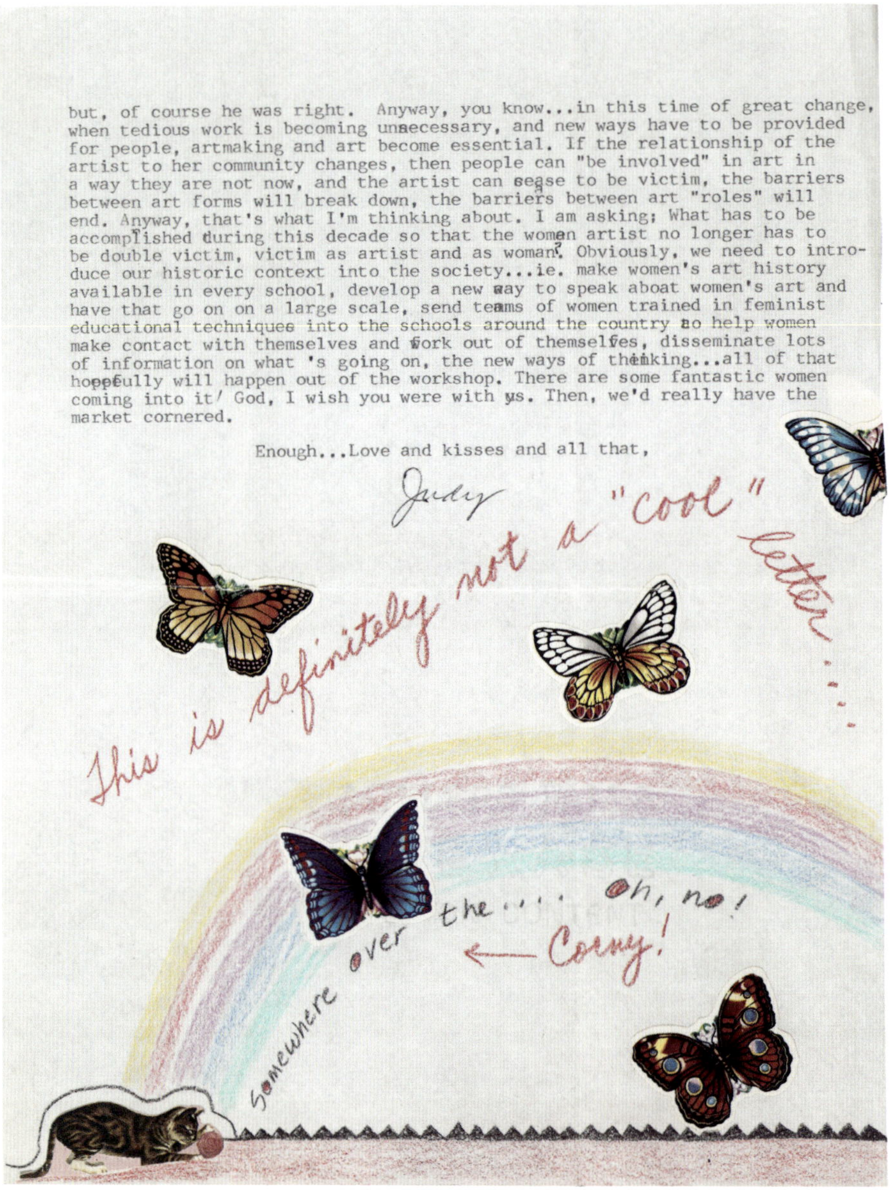

but, of course he was right. Anyway, you know...in this time of great change, when tedious work is becoming unnecessary, and new ways have to be provided for people, artmaking and art become essential. If the relationship of the artist to her community changes, then people can "be involved" in art in a way they are not now, and the artist can cease to be victim, the barriers between art forms will break down, the barriers between art "roles" will end. Anyway, that's what I'm thinking about. I am asking; What has to be accomplished during this decade so that the women artist no longer has to be double victim, victim as artist and as woman? Obviously, we need to introduce our historic context into the society...ie. make women's art history available in every school, develop a new way to speak aboat women's art and have that go on on a large scale, send teams of women trained in feminist educational techniques into the schools around the country to help women make contact with themselves and work out of themselves, disseminate lots of information on what 's going on, the new ways of thinking...all of that hopefully will happen out of the workshop. There are some fantastic women coming into it! God, I wish you were with us. Then, we'd really have the market cornered.

Enough...Love and kisses and all that,

Judy

This is definitely not a "cool" letter...

Somewhere over the.... ← Corny! Oh, no!

Judy Chicago (geb. 1939) an Lucy Lippard
Sommer 1973

Judy Chicagos dreiseitiger, maschinengeschriebener Brief an die Kritikerin und Kuratorin Lucy Lippard beginnt mit einem augenzwinkernden Kommentar zu Lippards Ausstellung von Konzeptkünstlerinnen am California Institute of Arts (CalArts) in Valencia. 1971 entwarfen Chicago und Miriam Shapiro im CalArts das Feminist Art Program und schufen mit 21 ihrer Studentinnen *Womanhouse*. Hierfür setzten sie eine Villa in Hollywood instand, um Raum für feministische Installationen und Performances zu schaffen. *Womanhouse* war das erste feministische Kunstprojekt, über das landesweit berichtet wurde. 1973 wurde Judy Chicago Mitbegründerin des Feminist Studio Workshop in Los Angeles. In den folgenden vier Jahren schuf sie *The Dinner Party* (Brooklyn Museum, New York): einen dreieckigen Tisch mit Sitzplätzen und Gedecken, die 39 berühmte Frauen der Historie repräsentierten. Ihren Brief an Lippard mit der Ankündigung »Ich werde mich aus dem öffentlichen Leben zurückziehen« schrieb sie, bevor sie mit den Arbeiten zu *Dinner Party* begann.

Hiya, meine liebe Lucy ...

Gestern besuchte ich Deine Ausstellung im Cal-Arts und war angenehm überrascht, dass sie mir gefiel ... Du kannst dir denken, welche Probleme meine geradlinige jüdische Seele mit der Intellektualität der Konzeptkunst meistens hat ... ohne Mumm, weißt Du, und wenn es nicht kitschig ist, verstehe ich es nicht ... Jedenfalls fand ich die Ausstellung wirklich interessant und deutlich anders als männliche Konzeptkunst: persönlicher, themenbezogener, femininer natürlich [...].

Weißt du, in den letzten Jahren haben mich viele kritisiert: Meine »politische Umtriebigkeit« vertrage sich nicht mit meiner Kunst, ich hatte immer ein vages Schuldgefühl [...]. Plötzlich wurde mir klar, dass es jenem Schuldgefühl glich, das ich hatte, wenn man mir unterstellte, ich würde die »weibliche Rolle« irgendwie ablegen ... Eine »Künstlerrolle« gibt es tatsächlich und ich bin entschlossen, daraus auszubrechen [...]. Sie verlangt, dass Künstler (wie auch Frauen) Opfer sind ... angewiesen auf die Zustimmung des Establishments [...]. Wie auch immer ... In dieser Zeit großer Veränderungen [...] werden Kunstschaffen und Kunst unverzichtbar. Wenn sich die Beziehung zwischen Künstlerin und Gemeinschaft verändert, können die Menschen hinsichtlich Kunst in einer Weise »involviert sein«, wie sie es bislang nicht sind. Und die Künstlerinnen brauchen nicht länger Opfer zu sein, die Barrieren zwischen den Kunstformen werden fallen und die Barrieren zwischen den »Rollen« der Kunst verschwinden [...]. Ich frage: Was muss in diesem Jahrzehnt erreicht werden, damit Künstlerinnen nicht länger doppelt Opfer sind, als Künstlerinnen und als Frauen? Wir müssen einfach unseren historischen Kontext in die Gesellschaft einbringen ... d.h. Wissen über Frauen in der Kunstgeschichte in den Schulen zugänglich machen; eine neue Art des Sprechens über Werke von Künstlerinnen entwickeln und sie überall verbreiten; in feministischen Lehrmethoden ausgebildete Frauenteams an alle Schulen des Landes schicken, um Frauen zu helfen, in Kontakt mit sich zu treten und aus sich heraus zu arbeiten; Informationen verbreiten, was los ist, auch zu neuen Denkansätzen ... All das wird hoffentlich beim Workshop herauskommen. Einige fantastische Frauen werden da sein. Oh, ich wünschte, auch Du wärst da! Dann hätten wir den Markt wirklich im Griff.

Genug ... Alles Liebe und Küsse und so weiter,
Judy

Kapitel 5

vare so nett von Ihnen, mir ein
plötzlich habe ich Dich vermiss
Sie werden frage mic
n die Augen blicken – um zu s
an Heiligabend nur gute Dinge
Schönheit deines Charakters z
Mir scheint, ich sehe Sie, ich s
soll ich dort ausstellen – ohne
Fresko fertig hast, werden wir
sie jemals sehen werden – & w
wie auch immer – mir ist, als w
göttliche Schönheit, Blume, di
weine und Du zweifelst daran.
Lieber Herrscher der Unterwel
schreib schnellstens einen Bri
Schreiben Sie – schreiben Sie
welch hartes & kämpferisches
eid es mir tut, auch nur einen

schönen Badeanzug zu kauf
und so schreibe ich Dir! Wie ic
ob Du an mich denkst – es is
nen, ob sie voller Traurigkeit si
hr Brief **»Hey Hübscher«** ist ein
gt sich von Mal zu Mal deutlich
eche mit Ihnen, aber leider an
ch ist das unmöglich – Quiero
immer und ewig zusammen s
nn ja, **Liebe** ob sie etwas emp
st Du bei mir – Liebster gute
richt und liebt, intelligente B
it langem schon lache ich nic
ie Prinzessin von Pastachuta
und es werden zehn weitere w
r. Wenn ich vorauseile, dann w
ben du führst im Vergleich zu
genblick an Ihren zärtlichen G

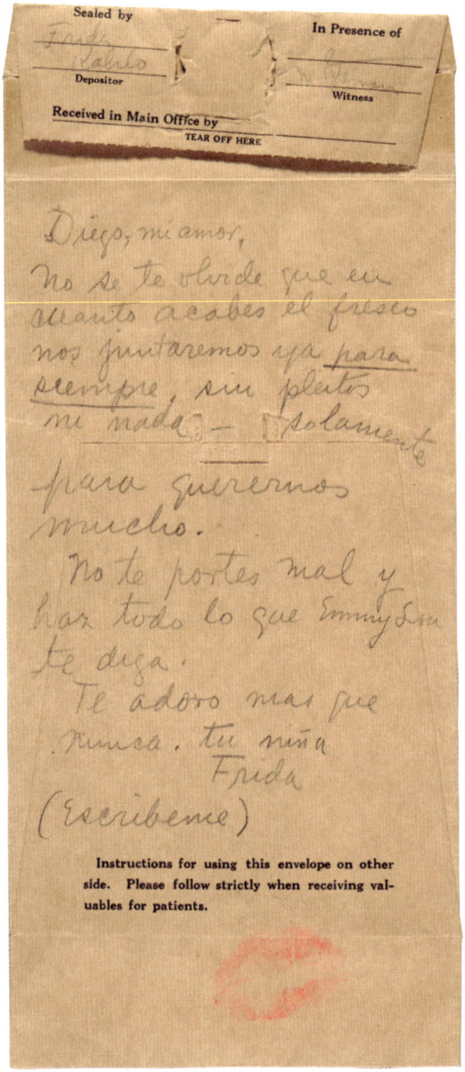
Sealed by

Frida Kahlo

Depositor

In Presence of

Witness

Received in Main Office by

TEAR OFF HERE

Diego, mi amor,

No se te olvide que en cuanto acabes el fresco nos juntaremos ya para siempre, sin pleitos ni nada — solamente para querernos mucho.

No te portes mal y haz todo lo que Emmy Lou te diga.

Te adoro mas que nunca. tu niña

Frida

(Escribeme)

Instructions for using this envelope on other side. Please follow strictly when receiving valuables for patients.

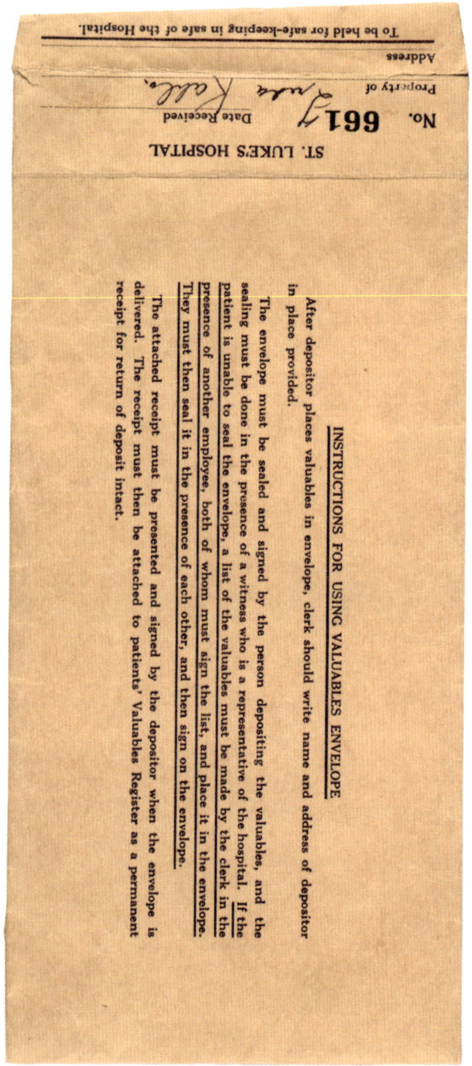
To be held for safe-keeping in safe of the Hospital.

Address

Property of Frida Kahlo.

No. 661 Date Received

ST. LUKE'S HOSPITAL

INSTRUCTIONS FOR USING VALUABLES ENVELOPE

After depositor places valuables in envelope, clerk should write name and address of depositor in place provided.

The envelope must be sealed and signed by the person depositing the valuables, and the sealing must be done in the presence of a witness who is a representative of the hospital. If the patient is unable to seal the envelope, a list of the valuables must be made by the clerk in the presence of another employee, both of whom must sign the list, and place it in the envelope. They must then seal it in the presence of each other, and then sign on the envelope.

The attached receipt must be presented and signed by the depositor when the envelope is delivered. The receipt must then be attached to patients' Valuables Register as a permanent receipt for return of deposit intact.

Frida Kahlo (1907–1954) an Diego Rivera
1940

Frida Kahlo und der mexikanische Maler und Muralist Diego Rivera lernten sich 1928 kennen. Im Jahr darauf heirateten sie. Ihre intensive Beziehung wurde durch zahlreiche Liebschaften Riveras und durch mehrere Fehlgeburten Kahlos belastet. 1939 kam es zur Scheidung; im Oktober 1940 heirateten sie erneut. Nachdem Kahlo als Jugendliche bei einem Autounfall schwer verletzt wurde (bis zu ihrem frühen Tod musste sie 32 Operationen über sich ergehen lassen), hatte sie ihr Leben lang Gesundheitsprobleme und konnte keine Kinder bekommen. Kurz vor ihrer zweiten Heirat mit Rivera war sie zur Beobachtung im St. Luke's Hospital in San Francisco gewesen. Sie schrieb die Nachricht auf einen Umschlag, in dem sie während ihres Klinikaufenthalts ihre Armbanduhr und Schmuck aufbewahrt hatte und hinterlegte ihn dann in Riveras Atelier, in dem er an seinem Fresko *Pan American Unity* für das San Francisco Junior College arbeitete. Kahlo war kurz davor, nach New York zu reisen. Scherzend trägt sie ihm auf, ihrer gemeinsamen Freundin Gehorsam zu leisten, der jungen Künstlerin Emmy Lou Packard, die in Mexiko bei dem Künstlerpaar gewohnt hatte und bei der Arbeit am Fresko als Riveras wichtigste Assistentin fungierte.

Diego, mein Liebling,
denk daran, sobald Du das Fresko fertig hast, werden wir für immer und ewig zusammen sein, ohne Streitereien oder sonst was, nur um einander zu lieben.
Benimm dich anständig und mach alles, was Emmy Lou Dir sagt.
Ich liebe Dich mehr denn je.

Dein Mädchen
Frida
(Schreib mir)

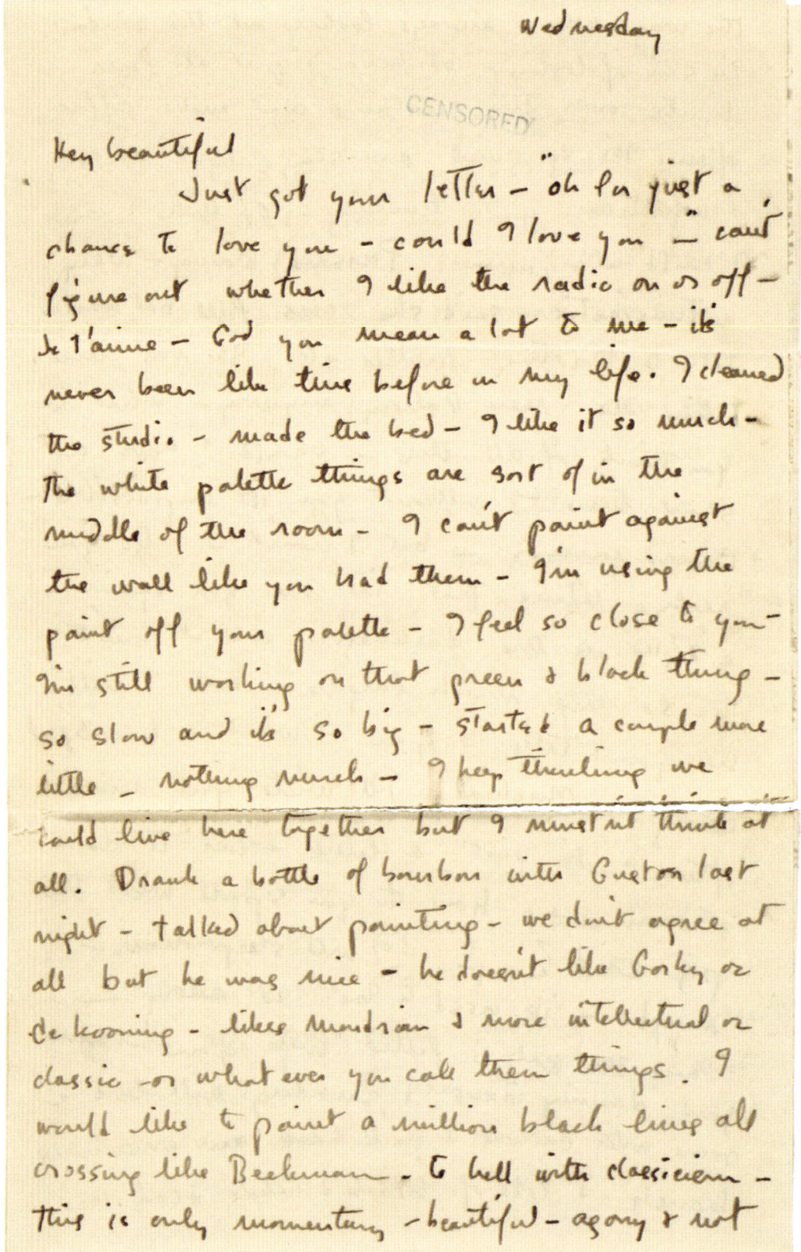

Wednesday

CENSORED

Hey beautiful

Just got your letter – oh for just a chance to love you – could I love you – can't figure out whether I like the radio on or off – Je t'aime – God you mean a lot to me – it's never been like this before in my life. I cleaned the studio – made the bed – I like it so much – The white palette things are sort of in the middle of the room – I can't paint against the wall like you had them – I'm using the paint off your palette – I feel so close to you – I'm still working on that green & black thing – so slow and it's so big – started a couple more little – nothing much – I keep thinking we could live here together but I mustn't think at all. Drank a bottle of bourbon with Guston last night – talked about painting – we don't agree at all but he was nice – he doesn't like Gorky or de Kooning – likes Mondrian & more intellectual or classic – or whatever you call them things. I would like to paint a million black lines all crossing like Beckmann – to hell with classicism – this is only momentary – beautiful – agony & not

Joan Mitchell (1925–1992) an Michael Goldberg

Sommer 1951

Nach ihrem Umzug nach New York 1949 verkehrte Joan Mitchell im Eighth Street Club, einem Treffpunkt abstrakter Expressionisten. Hier begegnete sie Willem de Kooning, Franz Kline, Philip Guston (allesamt Vertreter der älteren Generation) und Michael Goldberg, einem ehemaligen Soldaten und abstrakten Maler in ihrem Alter. Im Mai 1951 nahmen beide an der vom zukünftigen Galeristen Leo Castelli organisierten *Ninth Street Show* teil und begannen eine intensive Beziehung. Dieser aus den ekstatischen Anfangstagen ihrer Affäre datierende Brief entstand wahrscheinlich in Mitchells neuem Atelier in Manhattan. Aufgrund ihres Verweises auf Patti Pages Hit »Would I love you« (»Oh, for just the chance to love you«), einer Frage zu einer Ausstellung in der New Gallery und der Bemerkung »es bleibt so lang hell« muss sie den Brief im Sommer 1951 geschrieben haben (Mitchells erste New Yorker Einzelausstellung wurde in der New Gallery im Januar 1952 eröffnet). Mitchell, die über ein Privatvermögen verfügte, verspricht Goldberg Geld und Liebe. Vielleicht steckt in ihrer letzten Zeile zugleich ein unbewusster Verweis auf Verse eines anderen Lieds von Page, »Crazy Arms«: »To take you in my arms/Has always been my goal«.

Mittwoch

Hey Hübscher

Eben Deinen Brief erhalten – »Oh, for just the chance to love you – could I love you« – kann mich nicht entscheiden, ob ich Radio hören will oder nicht – Je t'aime – Gott, Du bedeutest mir sehr viel – so etwas war in meinem Leben noch nie da. Ich habe mein Atelier geputzt – das Bett gemacht – ich liebe das – die Bilder mit den hellen Farbtönen stehen mitten im Zimmer – ich kann nicht an der Wand malen, wie Du das machst – ich benutze die Farben von Deiner Palette – ich fühle mich Dir so nah – ich arbeite noch an dem grün-schwarzen Ding – es dauert, es ist so groß – habe ein paar kleinere angefangen – nicht viele – ich denke immer, wir könnten hier zusammen leben, aber ich darf so was nicht denken. Letzte Nacht hab ich mit Guston eine Flasche Bourbon geleert – wir sprachen über Malerei – einig wurden wir uns nicht, aber er war nett – er mag Gorky oder de Kooning nicht – aber Mondrian & mehr intellektuelle oder klassische Sachen [...]. Es wäre so toll, Dich zu sehen. Ich kann Dir vorläufig kein Geld geben – eine Woche oder so – später dann schon wieder. Ich hab das Bier ausgetrunken, das Du auf der Fensterbank stehen gelassen hast – & ich küsse Dich – was ich die ganze Zeit über tue. Wie lang wird es dauern?? [...]. Heute Morgen saß ich im Park und Du warst bei mir, wir sprachen über Dinge, die wir nie angesprochen hatten und ich hielt Deine Hand [...]. Ohnehin liebe ich [abgeändert zu »scheiß ich auf«] die New Gallery – aber was denkst Du von all dem – soll ich dort ausstellen – ohne Dich ist das unmöglich – Quiero morir – aber ich werde es nicht [...]. Eines Tages werden wir einen Raum mit Leinwänden auskleiden, Du wirst einen riesigen Pinsel haben und eine Menge Schwarz und Weiß und Kadmiumrot und wirst alles auf einmal bemalen und ich werde meine Arme um Dich legen. Gute Nacht – je t'aime.

J.

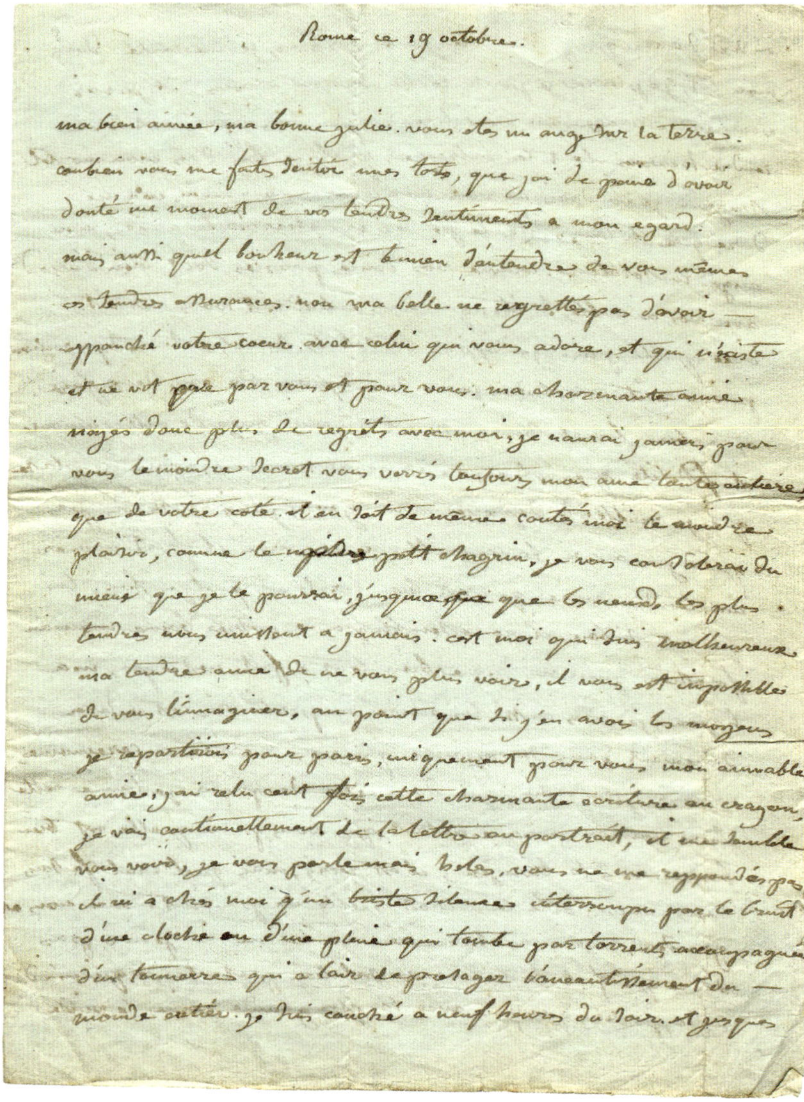
Rome ce 19 octobre.

ma bien aimée, ma bonne julie. vous êtes un ange sur la terre. combien vous me faites sentir mes torts, que j'ai de peine d'avoir douté un moment de vos tendres sentiments a mon egard. mais aussi quel bonheur est le mien d'entendre de vous mêmes ces tendres assurances. non ma belle ne regrettes pas d'avoir epanché votre coeur avec celui qui vous adore, et qui n'existe et ne vit que par vous et pour vous. ma charmante amie n'ayés donc plus de regrets avec moi, je n'aurai jamais pour vous le moindre secret vous verrés toujours mon ame toute entiere, que de votre coté il en soit de même contés moi le moindre plaisir, comme le plus petit chagrin, je vous consolerai du mieux que je le pourrai, jusqu'a ce que les nœuds les plus tendres nous unissent a jamais. c'est moi qui suis malheureux ma tendre amie de ne vous plus voir, il vous est impossible de vous l'imaginer, au point que si j'en avois les moyens je repartirois pour paris, uniquement pour vous mon aimable amie, j'ai relu cent fois cette charmante ecriture au crayon, je vais continuellement de la lettre au portrait, il me semble vous voir, je vous parle mais helas, vous ne me repondés pas, il n'y a chés moi qu'un triste silence interrompu par le bruit d'une cloche ou d'une pluie qui tombe par torrents accompagnée d'un tonnerre qui a l'air de présager l'aneantissement du monde entier. je suis couché a neuf heures du soir. et jusques

Jean-Auguste-Dominique Ingres (1780–1867) an Marie-Anne-Julie Forestier

19. Oktober 1806

Im Juni 1806 verlobte sich Jean-Auguste-Dominique Ingres mit der siebzehnjährigen Julie Forestier. Ingres hatte bei dem großen klassizistischen Maler Jacques-Louis David studiert und verzeichnete bereits erste Erfolge als Künstler. Fünf seiner Gemälde waren im Pariser Salon von 1806 angenommen worden, darunter *Napoleon I. auf seinem kaiserlichen Thron* (Musée de l'Armée, Paris). Er hatte auch den Prix de Rome gewonnen und stand kurz vor der Abreise nach Italien.

Ingres' Ankunft in Rom wurde durch die Nachricht getrübt, seine im Salon ausgestellten Gemälde seien vom Kunstestablishment nicht gut aufgenommen worden. Sein Mentor David hatte sein Napoleon-Porträt, das später zu einem für diese Epoche prägenden Bild wurde, als »unverständlich« abqualifiziert. Ingres wurde klar, dass er sich zwingend als Künstler beweisen musste, bevor er daran denken konnte, nach Paris zurückzukehren. Der Ton seines Briefs wird durch die Aussicht auf die lange Trennung von Julie (nach Missbilligung der Beziehung durch Julies Vater) und die Einsamkeit des Neuankömmlings in einer fremden Stadt bestimmt, immer ein gewisses selbstbemitleidendes, romantisches Elend ausstellend. Im Sommer des folgenden Jahres hob Ingres seine Verlobung unter Hinweis auf die negative Beurteilung seiner im Salon gezeigten Gemälde auf und verbrachte die folgenden 18 Jahre in Italien.

Meine Geliebte, meine gute Julie, Sie sind ein Engel auf Erden. Wie sehr Sie mich meine Fehler spüren lassen, wie leid es mir tut, auch nur einen Augenblick an Ihren zärtlichen Gefühlen gezweifelt zu haben, aber auch welch Glück, Ihre zärtlichen Versicherungen zu erhalten. Nein, meine Teure, bedauern Sie es nicht, Ihr Herz dem ausgeschüttet zu haben, der Sie liebt und der nur durch Sie und für Sie existiert und lebt. Meine liebenswerte Freundin, äußern Sie mir gegenüber keinerlei Bedauern. Ich werde vor Ihnen niemals das geringste Geheimnis haben, mein Herz wird stets offen vor Ihnen liegen. Möge es von Ihrer Seite nicht anders sein. Teilen Sie mir das geringste Vergnügen und die kleinste Sorge mit. Ich werde Sie nach Kräften trösten, bis uns die zartesten Bande für immer vereinen [...]. Ich habe hundertmal diesen reizenden, mit Bleistift geschriebenen Brief gelesen; ich wechsle ständig vom Brief zum Porträt. Mir scheint, ich sehe Sie, ich spreche mit Ihnen, aber leider antworten Sie nicht. In meiner Wohnung herrscht traurige Stille, die nur vom Klang einer Glocke oder dem Rauschen des Regens unterbrochen wird. Dazu das wie eine Ankündigung des Weltuntergangs anmutende Krachen des Donners. Ich gehe um neun Uhr zu Bett und bis ich aufstehe um sechs Uhr, finde ich keinen Schlaf, ich wälze mich im Bett, ich weine, ich denke dauernd an Sie, ich trete vor Ihr Porträt – nur das beruhigt mich etwas [...]. Wie grausam Ihr Vater zu Ihnen ist! [...]. Er ist nicht wie unsere gute Mutter Forestier, die uns uneingeschränkt liebt, ist es nicht so, meine Liebe? [...]. Wir täuschen sie, das stimmt, aber was daran ist unrecht? Nichts. Sollte sie es erfahren, sie könnte uns nicht einmal schelten. Deshalb, mein Liebling, beraube mich nicht all dem, was mir jetzt Trost bringt und mir hilft – wenn auch mit großer Mühe – diese schreckliche Leere zu ertragen [...].

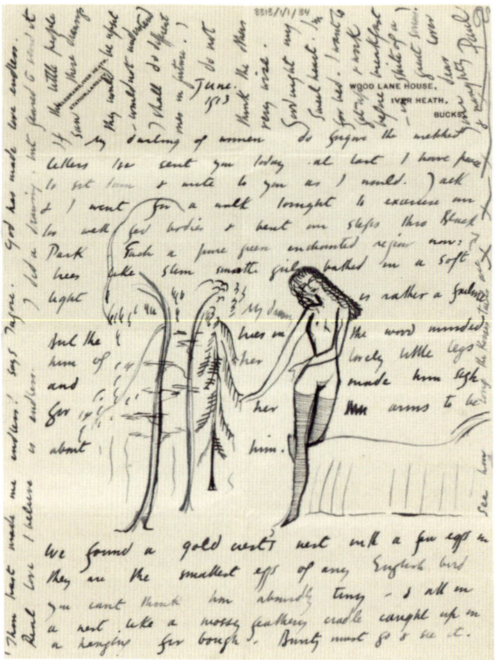

WOOD LANE HOUSE,
IVER HEATH,
BUCKS.

June 1913

My darling of women do forgive the wretched letters I've sent you today. At last I have peace to sit down & write to you as I would. Jack & I went for a walk tonight to exercise our too well fed bodies & went our steps thro Black Park. Such a pure green enchanted region now: trees like slim smooth girls bathed in a soft light ... is rather a ... And the ... My dream lives in the wood ... her lovely little legs made him sigh ... her arms to be ... him.

We found a gold crest's nest with a few eggs in, they are the smallest eggs of any English bird you cant think how absurdly tiny - & all in a nest like a mossy feathery cradle caught up in a hanging fir bough. Bunty must go & see it.

"Thou hast made me endless", says Tagore. God has made love endless. Real love I believe is endless.

I did a drawing but feared to send it. If the little people saw these drawings they would be upset - would not understand. I shall do different ones in future. Do not think the three very wise. Goodnight my sweet heart. I want to go to bed. I want to get up & work before breakfast ... sweet ... love dear ... your naughty Paul

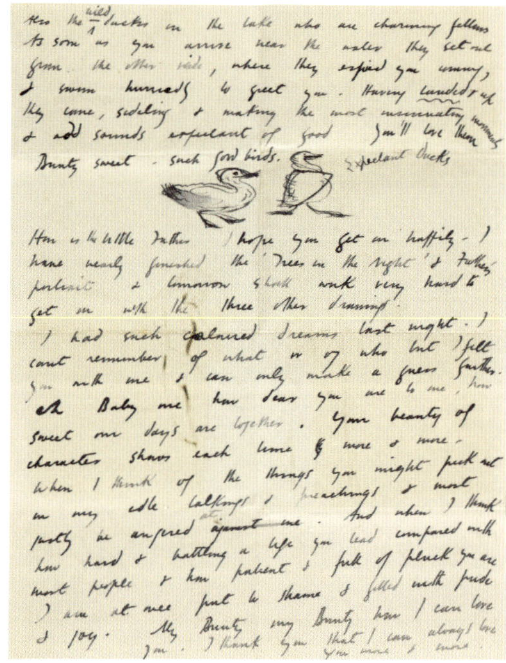

Also the wild ducks on the lake who are charming fellows. As soon as you arrive near the water they set out from the other side, where they espied you coming, & swim hurriedly to greet you. Having landed up they come, sidling & making the most insinuating movements & odd sounds expectant of food. You'll love them Bunty sweet - such good birds.

Expectant Ducks

How is the little father. I hope you get on happily - I have nearly finished the 'Trees in the night' & Father's portrait & tomorrow shall work very hard to get on with the three other drawings.

I had such coloured dreams last night. I cant remember of what or of who but I felt you with me & can only make a guess further.

Oh Baby mine how dear you are to me, how sweet our days are together. Your beauty of character shows each time & more & more. When I think of the things you might pick out in my idle talkings & preachings & most pretty be angered at me. And when I think how hard & battling a life you lead compared with most people & how patient & full of pluck you are I am at once put to shame & filled with pride & joy. My Bunty my Bunty how I can love you. I thank you that I can always love you more & more.

Paul Nash (1889–1946) an Margaret Odeh
25. Juni 1913

Margaret Odeh wuchs in Kairo auf. Mit 21 Jahren übersiedelte sie nach England, wo sie sich in der Suffragetten-Bewegung engagierte und Mitbegründerin der Women's Training Colony für ehemalige Prostituierte wurde. Sie begegnete Paul Nash 1912, zu der Zeit seiner ersten Einzelausstellung in London. Im Sommer darauf wohnten Nash und sein malender Bruder John (Jack) im Haus ihrer Eltern in Buckinghamshire, wo sie eine gemeinsame Ausstellung vorbereiteten. In seinen zahlreichen Briefen an Odeh (am 25. Juni schrieb er ihr mehrmals) verbindet Nash Beschreibungen seines Arbeitsalltags mit erotischen Fantasien. Er schätzt sie wegen ihres »harten und kämpferischen Lebens« als soziale Aktivistin und wirft, wie in seinen Tusche- und Aquarellzeichnungen dieser Zeit, einen lyrischen Blick auf die Landschaft. In den verschiedenen Phasen seines künstlerischen Schaffens, zu dem auch surrealistisch wirkende Fotos alter Bäume und Bilder von fliegenden Magnolienblüten gehören, setzte sich Nash immer wieder mit dem genius loci auseinander. Nash und Odeh heirateten 1914. Als im August der Krieg ausbrach, meldete sich Nash zu den Artists' Rifles. Im Sommer 1917 zwar invalide aus der Armee entlassen, kehrte er jedoch im November gleichen Jahres als offizieller Kriegsmaler an die Westfront zurück. Sein Gemälde *On Menin Road* (Imperial War Museum, London), das ein ehemaliges Waldstück als einen Berg Golgatha aus zerfetzten Baumstümpfen zeigt, wurde zu einer zeitlosen Darstellung der Auswirkungen moderner Kriegsführung auf die Natur.

Wood Lane House
Ivor Heath,
Bucks

Mein Darling aller Frauen, vergib mir die elenden Briefe, die ich heute abgesandt habe – endlich habe ich Zeit mich hinzusetzen & dir so zu schreiben, wie ich wollte. Jack & ich machten heute einen Spaziergang, um unsere wohlgenährten Körper etwas zu bewegen, wir lenkten unsere Schritte durch den Black Park Eine verzauberte Gegend aus reinem Grün: Bäume wie ein zartes, in weichem Licht badendes Mädchen Meine Zeichnung ist ziemlich missglückt Doch die Bäume des Waldes erinnerten ihn an ihre reizenden, niedlichen Beine und er sehnte sich danach, von ihren Armen umschlungen zu sein.

Wir fanden das Nest eines Wintergoldhähnchens mit ein paar Eiern, sie haben unter allen englischen Vögeln die kleinsten, du kannst dir nicht vorstellen wie lächerlich winzig sie sind – & alle in einem Nest, das einer moosigen federleichten Wiege gleicht, die sich in einem hängenden Tannenast verfangen hat [...].

Vergangene Nacht hatte ich so farbige Träume. Ich erinnere mich nicht wovon oder von wem ich träumte, fühlte aber, dass du bei mir warst und ich kann nur raten, wie es weiterging. Oh Baby, wie sehr ich dich liebe, wie schön immer unsere gemeinsamen Tage sind. Die Schönheit deines Charakters zeigt sich von Mal zu Mal deutlicher. Wenn ich daran denke, was du alles kritisieren mögest an meinem müßigen Dahergerede & meinen Predigten und an allem worüber du zu Recht wütend wärst. Und wenn ich daran denke, welch hartes & kämpferisches Leben du führst im Vergleich zu den meisten Menschen & wie geduldig und mutig du bist, schäme ich mich für mich, doch du erfüllst mich mit Stolz und Freude. My Bunty, my Bunty, wie sehr ich dich liebe. Ich danke dir dafür, dass ich dich immer mehr und immer mehr lieben kann [...].
Dein teurer Geliebter und ungezogener
Paul

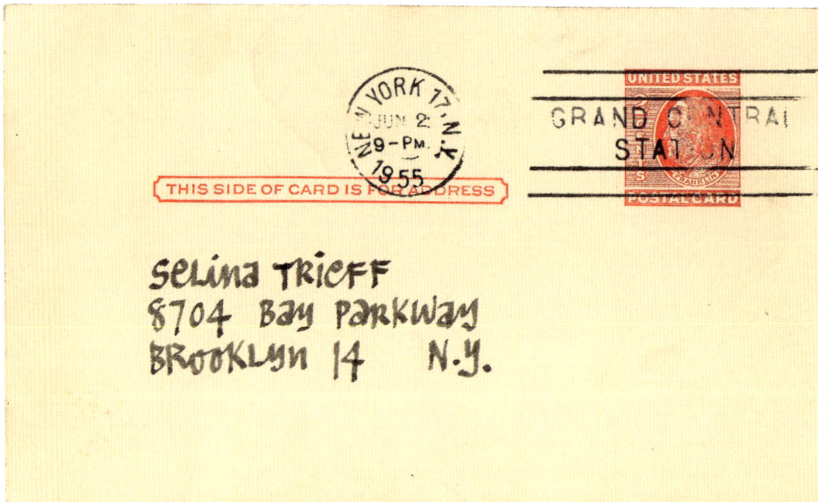
NEW YORK 17, N.Y.
JUN 2
9 - PM
1955
THIS SIDE OF CARD IS FOR ADDRESS
UNITED STATES
POSTAL CARD
GRAND CENTRAL
STATION
Selina Trieff
8704 Bay Parkway
Brooklyn 14 N.Y.

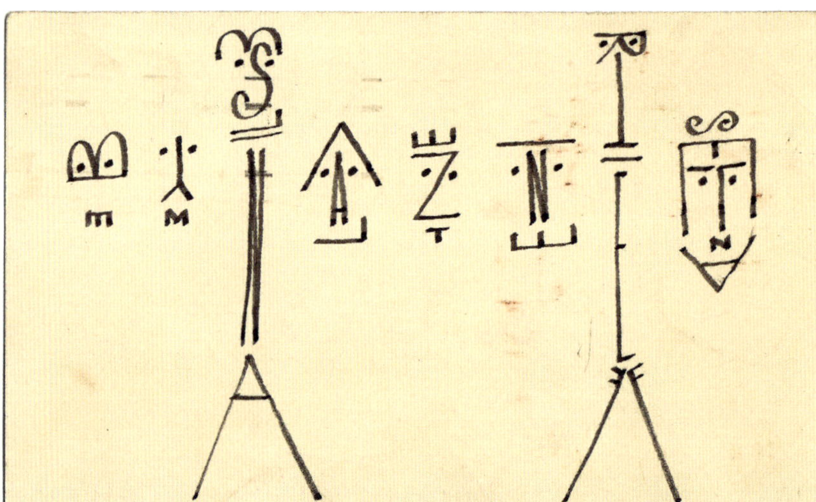

Ad Reinhardt (1913–1967) an Selina Trieff
18. Februar 1955

Selina Trieff war eine 20-jährige Kunststudentin am Brooklyn College, als sie diese Valentinskarte von ihrem Lehrer erhielt – mit fünf Tagen Verspätung. Ad Reinhardt war bereits ein arrivierter Künstler und stellte in der Galerie von Betty Parsons aus, einer entscheidenden Wegbereiterin für die Karrieren von Jackson Pollock, Mark Rothko und anderen abstrakten Expressionisten. Seine Dozetur in Brooklyn war für ihn eine finanzielle Absicherung. Er hatte in den 1930er Jahren mit einer vom Kubismus beeinflussten Bildsprache angefangen, die er als »ganz und gar barocke geometrisch-expressionistische Muster« bezeichnete. Anfang der 1950er Jahre hingegen schuf er seine minimalistischen und zugleich trügerisch unaufdringlichen »Ziegelbilder« mit bunten Farbblöcken auf monochromem Grund. Er wollte damit, wie er sagte, »reine, abstrakte, ungegenständliche, zeitlose, raumlose, unveränderliche, für sich allein-stehende, neutrale Bilder« schaffen.

Anders als bei Pollock oder de Kooning basiert Reinhardts abstrakte Kunst immer auf rationalen Überlegungen. Weder Pollock noch de Kooning wären als Gestalter von Valentinsgrüßen dieser Art vorstellbar. Seine an Trieff gerichtete Karte erinnert an die Aufteilung des Raums wie in *Abstract Painting: Red* (The Museum of Modern Art, New York), das aus ineinandergreifenden T-Formen, Quadraten und Rechtecken in unterschiedlichen Rottönen besteht, wobei die feine Pinselführung dafür sorgt, dass die Oberfläche eben wirkt. Reinhardts Buchstabenspiel erinnert genauso an seine berüchtigten sinnspruchhaften Verkündigungen: »Das Ziel der Kunst ist Kunst-als-Kunst. Das Ziel der Kunst ist nicht das Ziel.« Hier wie anderswo lässt sich schwer sagen, wie provokant oder ernsthaft er das alles meint. Ist diese Valentinskarte als Liebeserklärung eines Lehrers mittleren Alters an eine junge Studentin anzusehen, als launiges Spiel oder als Mischung aus beiden? Hatte sie Folgen? Reinhardt hatte 1953 zum zweiten Mal geheiratet, seine Tochter Anna war ein Jahr alt. Trieff sollte ihren späteren Mann etwa ein Jahr danach in der Fotografie-Klasse kennenlernen. Sie durchlief eine lange Karriere als Künstlerin und Lehrerin, wenn auch nicht in der Art und Weise wie Reinhardt. »So sehr ich den abstrakten Expressionismus liebte«, wie sie sagte, »dazugehörig« fühlte sie sich nie.

BE
MY
SELINA
VAL
ENT
INE
TRIEFF
SELINA

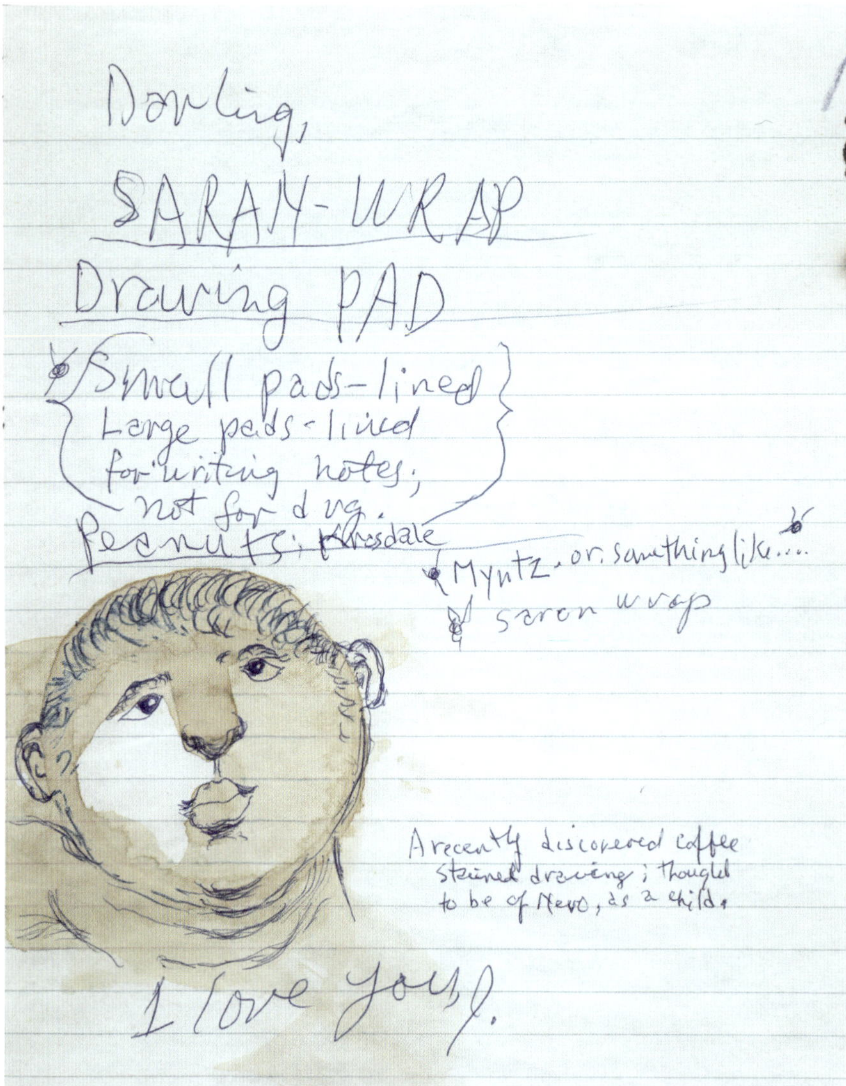

Darling,

SARAH-WRAP

Drawing PAD

Small pads-lined
Large pads-lined
for writing notes;
not for drg.

Peanuts;

Myntz - or something like....

saran wrap

A recently discovered coffee
stained drawing; thought
to be of Nero, as a child.

I love you, J.

Jules Olitski (1922–2007) an Joan Olitski
zwischen 1981 und 2004

Jules Olitski betrat gewöhnlich um 14 Uhr sein Atelier, um dann die Nacht über zu arbeiten. Wenn er es morgens verließ, um schlafen oder fischen zu gehen, hinterließ er seiner Frau Kristina (Joan genannt) eine rasch hingekritzelte Notiz. Einkaufslisten, Zärtlichkeiten, komische Einfälle – wie der mit Kugelschreiber in einen römischen Kopf (»vermutlich Nero als Kind«) verwandelte Kaffeefleck – zeugen von einem Alltag, den beide in so vielen Details teilten, dass selten die Gelegenheit oder Notwendigkeit bestand, größere Fragen zu Papier zu bringen.

Olitski wurde in Russland geboren. Einige Monate vor seiner Geburt war sein Vater, Jevel Demikovski, von den Sowjets hingerichtet worden. Im Jahr darauf übersiedelte seine Mutter mit ihm nach New York, wo sie wieder heiratete. Olitski nahm später den Namen seines verhassten Stiefvaters an. Nachdem er im Zweiten Weltkrieg in der US-Armee gedient hatte, studierte er Kunst in Paris, wo er mit dem Bildhauer Ossip Zadkine arbeitete und sich mit verbundenen Augen im Malen übte. Nach New York zurückgekehrt, veränderte er in den 1960er Jahren seine vormals stark überfrachtete Malweise. Er begoss und besprühte die Leinwand mit kräftigen, dünnflüssigen Farben, arbeitete mit Wischlappen und Fensterabziehern auf immer größeren Leinwänden und wurde auf diese Weise einer der kommerziell erfolgreichsten Vertreter einer jüngeren Generation der abstrakten Farbfeldmalerei.

Olitskis ruhige, großflächige Abstraktionen konterkarieren sein bewegtes Privatleben. Nach langjähriger Alkoholsucht und zwei Scheidungen heiratete er 1960 Kristina Gorby, die ihm half, mit seinen Alkoholproblemen zurechtzukommen. Für Olitski war seine Arbeitsroutine eine Facette seiner zum Suchtverhalten neigenden Persönlichkeit: »Es ist wie [damals], als ich trank. Genug war nie genug.« Die von ihm notierten Lebensmittel könnten für eines der Picknicks bestimmt sein, die er gern in einer bunkerartigen, ihm nun als Bilderlager dienenden, ehemaligen Bank in Brooklyn veranstaltete. Die Klarsichtfolie Saran Wrap, zweimal notiert, könnte für Essen oder Malutensilien gedacht sein. Die Kaffeefleckzeichnung ist ein liebevolles Geschenk – halb Bitte, halb Dankesbezeugung – für eine Partnerin, die nun Arbeit vor sich hat.

Liebling,

SARAN-WRAP
Zeichenblock
{kleine Blocks – liniert}
{große Blocks – liniert}
{für Notizen;}
{nicht zum Zchn.}
Erdnüsse; Krasdale
Myntz. oder etwas Ähnliches ...
Saran Wrap

Eine kürzlich entdeckte Kaffeefleckzeichnung: vermutlich Nero als Kind.

Ich liebe Dich, J.

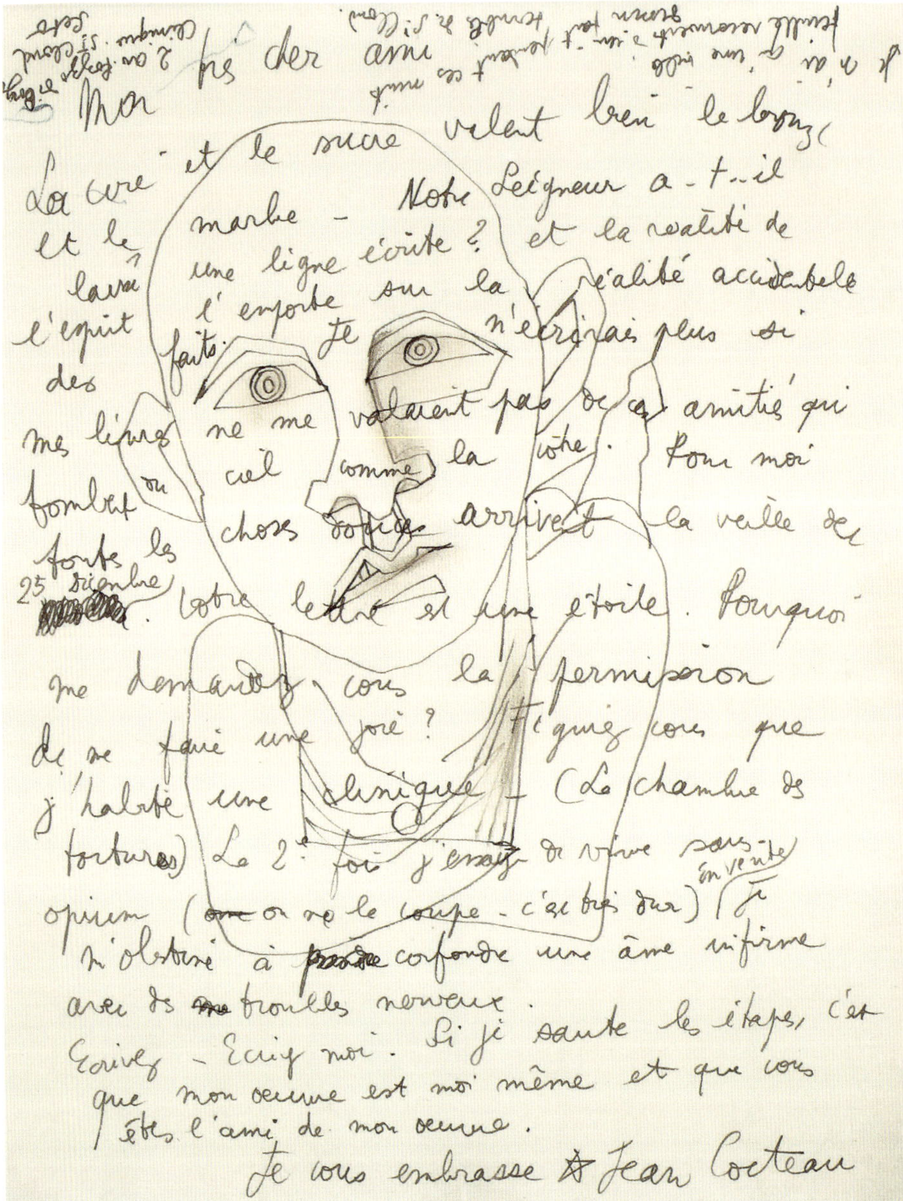
Mon très cher ami
Le livre et le sucre valent bien le bronze et le marbre – Notre Seigneur a-t-il laissé une ligne écrite ? et la réalité de l'esprit l'emporte sur la réalité accidentelle des faits. Je n'écrirais plus si mes livres ne me valaient pas de ces amitiés qui tombent du ciel comme la vôtre. Pour moi toutes les choses douces arrivent la veille des 25 décembre. Votre lettre est une étoile. Pourquoi me demandez-vous la permission de me faire une joie ? Figurez-vous que j'habite une clinique – (La chambre des tortures) La 2e fois j'essaye de vivre sans opium (~~on~~ on ne le coupe – c'est très dur) (inventé) Je m'obstine à ~~[illegible]~~ confondre une âme infirme avec des ~~[illegible]~~ troubles nerveux. Ecrivez – Ecrivez moi. Si je saute les étapes, c'est que mon oeuvre est moi même et que vous êtes l'ami de mon oeuvre.
Je vous embrasse ☆ Jean Cocteau

Jean Cocteau (1889–1963) an einen unbekannten Empfänger
Dezember 1928

Am 5. Dezember 1928 ließ sich Jean Cocteau in eine Nobelklinik in Saint-Cloud einweisen, einem westlichen Vorort von Paris. Es war sein zweiter Versuch, vom Opium loszukommen. Er hatte mit dem Drogenkonsum fünf Jahre zuvor begonnen, nachdem sein Freund Raymond Radiguet plötzlich an Typhus verstorben war. Im März 1925 hatte ein erster Entwöhnungsversuch stattgefunden. Die Kosten für die erneute und äußerst teure Therapie wurden von der Modeschöpferin Coco Chanel übernommen. Cocteau, dem jeglicher Drogenkonsum verwehrt war, konnte zwölf aufeinanderfolgende Nächte nicht schlafen. Nach der ersten Woche begann er an Freunde zu schreiben. Gertrude Stein übersandte als Antwort eine Zimmerpflanze, Picasso schickte einige Zeichnungen. Gleichzeitig und in derselben Klinik wurde Cocteaus neuer Lover Jean Desbordes behandelt. Ein weiterer Patient war Raymond Roussel, ein vermögender, exzentrischer und experimenteller Schriftsteller, mit dem Cocteau ebenfalls zu korrespondieren begann. Der Mitte Dezember auf eine »in diesen schrecklichen Nächten« entstandene Zeichnung geschriebene Brief scheint auf die Zuschrift eines neuen Bewunderers zu antworten, die Cocteau kurz vor Weihnachten in der Klinik erhalten hatte. Den als Empfänger vermuteten Schriftsteller Jean Desbordes hätte Cocteau nicht informieren müssen, dass er sich in einer Klinik befände und dass es sich um den zweiten Entwöhnungsversuch handelte.

Im April 1929, als Chanel die Rechnungen für seine Entzugskur nicht mehr bezahlte, verließ Cocteau die Klinik und kehrte nach Paris zurück. Er begann sofort mit der Niederschrift von *Opium: Ein Tagebuch* und schrieb in nur 18 Tagen den Roman *Kinder der Nacht*, der im Juli veröffentlicht wurde. Dieser erzählt die Geschichte der jungen Geschwister Paul und Élisabeth, die sich eine alternative Realität erschaffen, in die Freunde und Liebhaber hineingezogen werden. Die Regeln, die in dieser »seltsamen Welt der Kindheit« gelten, so schreibt Cocteau, gleichem dem »Wachtraum der Opiumesser«.

Mein sehr teurer Freund,

Wachs und Zucker sind durchaus so viel wert wie Bronze und Marmor – hat Unser Herr eine geschriebene Zeile hinterlassen? Und die Realität des Geistes zählt mehr als die zufällige Realität der Fakten. Ich würde nicht mehr schreiben, wenn mich meine Bücher nicht mit solchen Freundschaften wie jene zu ihnen belohnten, die wie vom Himmel fallen. Für mich passieren an Heiligabend nur gute Dinge. Ihr Brief ist ein Stern. Warum bitten Sie mich um Erlaubnis, mir Freude zu bereiten? Ich lebe doch in einer Klinik – (Die Folterkammer). Zum 2. Mal versuche ich, ohne Opium zu leben (die haben mich komplett auf Entzug gesetzt – das ist wirklich hart). Um ehrlich zu sein, ich verwechsle hartnäckig seelische Krankheiten mit Erkrankungen des Nervensystems.

Schreiben Sie – schreiben Sie mir. Wenn ich vorauseile, dann weil ich selbst meine Arbeit *bin* und Sie sind der Freund meiner Arbeit.

Ich umarme Sie
Jean Cocteau

Ich habe zum Schreiben nur ein Stück Schmierpapier mit einer Zeichnung, die ich in diesen schrecklichen Nächten in Saint-Cloud gemacht habe

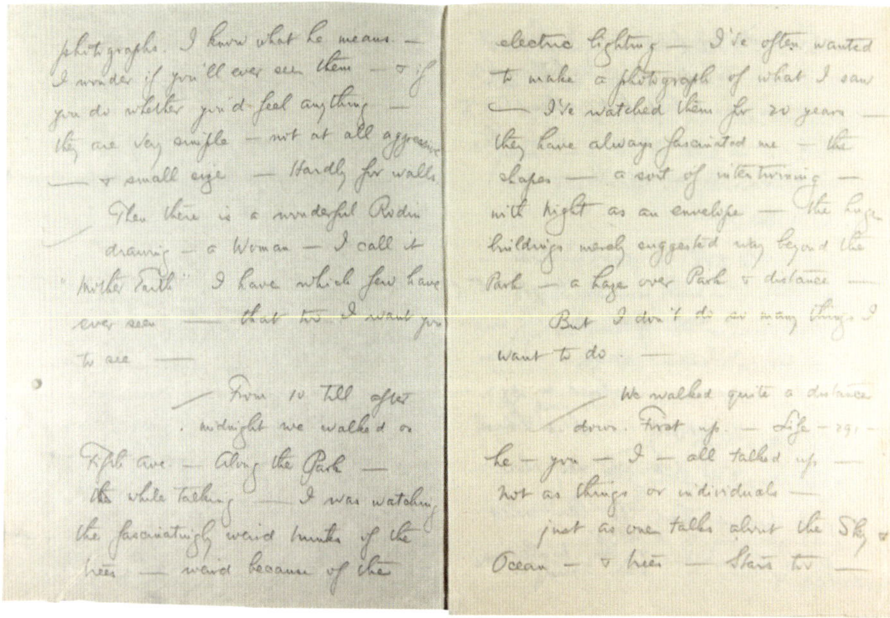
photographs. I know what he means —
I wonder if you'll ever see them — & if
you do whether you'd feel anything —
they are very simple — not at all aggressive
— & small size — Hardly for walls.

Then there is a wonderful Rodin
drawing — a Woman — I call it
"Mother Earth" I have which few have
ever seen — that too I want you
to see —

— From 10 till after
midnight we walked on
Fifth ave — Along the Park —
the while talking — I was watching
the fascinatingly weird trunks of the
trees — weird because of the
electric lighting — I've often wanted
to make a photograph of what I saw
— I've watched them for 20 years —
they have always fascinated me — the
shapes — a sort of intertwining —
with Night as an envelope — the huge
buildings merely suggested way beyond the
Park — a haze over Park & distance —

But I don't do so many things I
want to do. —

We walked quite a distance
down. First up. — Life — 291 —
he — you — I — all talked of —
not as things or individuals —
just as one talks about the Sky &
Ocean — & trees — Stars too —

Alfred Stieglitz (1864–1946) an Georgia O'Keeffe

9. Juni 1917

Alfred Stieglitz wollte die amerikanische Fotografie auf den Stand der europäischen Avantgardekunst bringen und beide durch Ausstellungen fördern. Die Little Galleries of the Photo-Secession, die er 1905 in der 291 Fifth Avenue in Manhattan (bekannt als die 291) mit Edward Steichen eröffnet hatte, präsentierten dem amerikanischen Publikum Kunst der Moderne und ermöglichten Auguste Rodin, Henri Matisse und Pablo Picasso ihre ersten Ausstellungen in den Vereinigten Staaten (darunter Matisses erste Skulpturen-Ausstellung 1912). Stieglitz selbst fotografierte, stellte damals aber seine Arbeiten nur selten aus.

1916 begann Stieglitz Werke der jungen Künstlerin Georgia O'Keeffe (siehe S. 153) zu zeigen und verliebte sich in sie. In diesem Brief schreibt er ihr nach ihrer Einzelausstellung in der »291« im Frühjahr 1917, kurz bevor die Galerie für immer schließen würde. Er beschreibt Fotos und Fotoideen, beim Spazierengehen rund um das Haus seiner Eltern am Lake George oder beim Bummel durch Manhattan mit seinem Bekannten Joseph Frederick Dewald. Die von ihm beschriebenen Eindrücke – Bäume, Straßenlaternen, nächtlicher Dunst über dem Central Park – ähneln stark der Atmosphäre eines Stieglitz-Fotos.

[...] Vor Arbeitsbeginn – das bedeutet ständige Hetze, wenn ich es je hinkriegen sollte, bis 30. Juni hier raus zu sein – möchte ich Sie an der Hand fassen – nein, an beiden Händen & Ihnen nur in die Augen blicken – um zu sehen, ob sie voller Traurigkeit sind – oder nur ein bisschen weniger traurig – heute Morgen. –

Dewald war gestern Abend bei mir. Er sah sich einige meiner Fotos an – Bäume – einige Porträts – Als wir sie anschauten, fragte ich mich, warum ich nicht daran gedacht hatte, Ihnen einige meiner Baumfotos zu zeigen – besonders eines – Lake George – & eines aus dem Hinterfenster – 291 – Schnee – Als Sie da waren, dachte ich aber nicht an meine Arbeiten – das mache ich selten – ich zeige sie selten her – Dewald sagt, in vielen der Fotos ist zu viel Liebe & zu viel von mir selbst. Ich weiß, was das heißt. – Ich frage mich, ob Sie sie jemals sehen werden – & wenn ja, ob sie etwas empfinden würden – sie sind sehr einfach – überhaupt nicht aggressiv – & mit kleinen Kameras aufgenommen – Kaum für Wände geeignet.

Dann ist hier auch eine wunderbare Zeichnung von Rodin – eine Frau – ich nenne sie »Mutter Erde«, die nur wenige gesehen haben – auch diese möchte ich Ihnen zeigen –

Von 10 bis nach Mitternacht gingen wir durch die Fifth Avenue. – den Park entlang – während wir redeten, betrachtete ich die faszinierend sonderbaren Baumstämme – sonderbar wegen der elektrischen Beleuchtung – oft wollte ich ein Foto machen von dem, was ich sah [...]. Die Formen – eine Art Verflechtung – mit der Nacht als Hülle – die riesigen, schemenhaften Gebäude weit hinter dem Park – Dunst über dem Park und der Ferne –

Machen will ich so vieles, aber mache es dann doch nicht. –

Wir gingen ein ganzes Stück weit. Zunächst. – Das Leben – 291 – er – Du – ich – alles wurde besprochen – nicht als Dinge oder Individuen – gerade so, wie man über den Himmel und das Meer redet – & Bäume – auch Sterne [...].

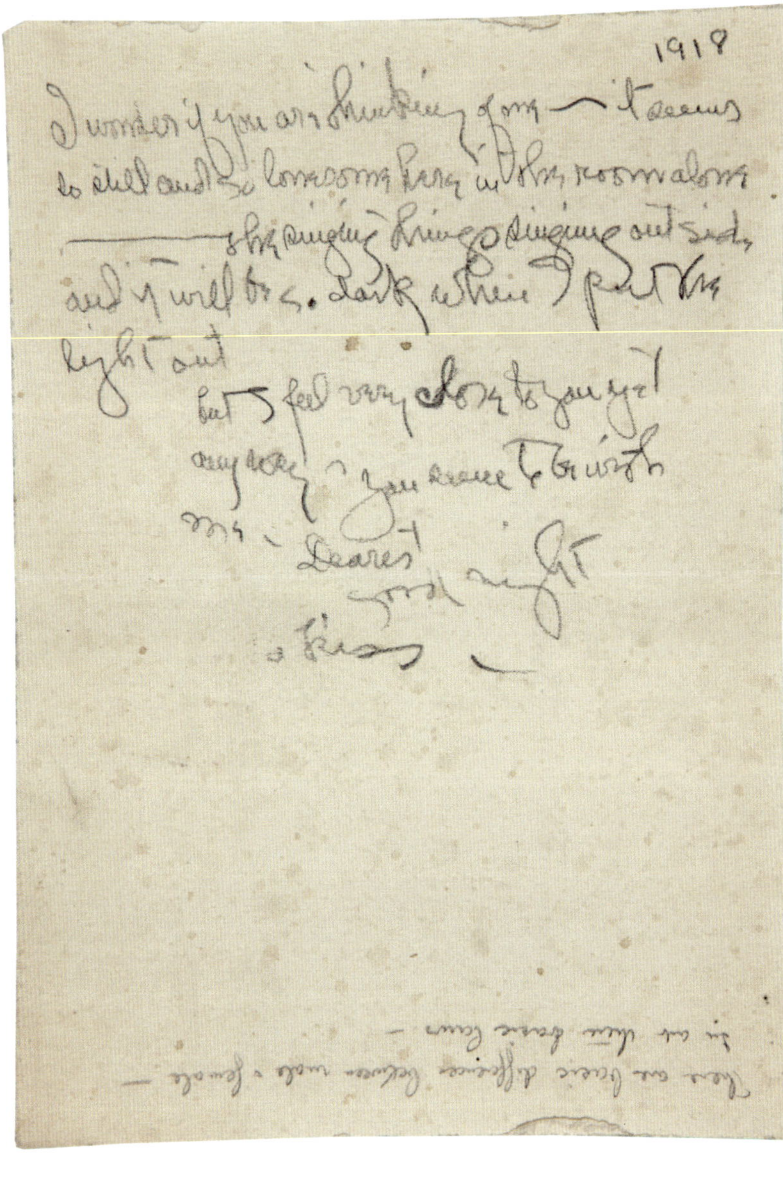

1918

I wonder if you are thinking of me — it seems so still and so lonesome here in the room alone — the singing things singing outside and it will be so dark when I put the light out

but I feel very close to you yet anyway — you seem to be with me — [illegible] Dearest good night — kiss —

There are basic differences between male & female — in art their basic laws —

Georgia O'Keeffe (1887–1986) an Alfred Stieglitz
Sommer 1918

Georgia O'Keeffe stand am Beginn ihrer Karriere als Werbegrafikerin in Chicago, als sie 1908 bei einem Aufenthalt in New York die Gallery 291 von Alfred Stieglitz besuchte. Stieglitz, ein wegweisender Fotograf, Verleger und Schriftsteller, war die wohl einflussreichste Erscheinung der neu entstehenden amerikanischen Avantgarde des frühen 20. Jahrhunderts (siehe S. 151). Sechs Jahre später, als sie wegen eines Praktikums als Kunstlehrerin in New York weilte, begann O'Keeffe mit der Arbeit an einer Reihe Kohlezeichnungen von »Dingen in meinem Kopf«. Eine Freundin überbrachte einige davon Stieglitz, der sie in seine Gruppenausstellung in der 291 aufnahm. O'Keeffe war noch lange Zeit »entsetzt und empört« darüber, dass ihre privaten Bilder in einer Galerie hingen.

Stieglitz verliebte sich in sie. »Wie sehr ich Sie fotografieren wollte«, schrieb er ihr im Juni 1917, »die Hände – den Mund – & die Augen – & den in Schwarz gehüllten Körper.« Nach der letzten Ausstellung in der 291 (O'Keeffes erster Einzelausstellung) begann Stieglitz seine neue Muse beinahe zwanghaft zu fotografieren. Im folgenden Sommer verließ er seine Frau Emmeline, die mit ihrem Vermögen seine diversen Unternehmungen 25 Jahre lang finanziert hatte und bezog mit O'Keeffe eine kleine Wohnung. Dieser kurze und einfache Liebesbrief, der nichts von den überschwänglichen, ihr Innerstes nach außen kehrenden Äußerungen an sich hat, mit denen O'Keeffe längere Briefe großzügig ausschmückte, stammt aus den ersten Tagen ihres Zusammenlebens.

O'Keeffe und Stieglitz heirateten 1924, doch die Zeit, die sie tatsächlich miteinander verbrachten, war offenbar weniger zauberhaft als die ekstatischen Briefe, die sie austauschten, wenn sie getrennt waren. Stieglitz konnte bei allem Charisma sehr egozentrisch sein und wollte O'Keeffe ihren Kinderwunsch nicht erfüllen. Ab 1929 verbrachte sie die meiste Zeit in New Mexico. In jenem Sommer schrieb sie ihm aus Taos: »Ich beschloss, wegzugehen und hier fühle ich mich wenigstens wohl – ich habe das Gefühl, ich wachse gerade innerlich und komme zu mir ... Vielleicht wirst Du mich dafür nicht lieben – aber ich empfinde es als das Beste, was ich für Dich tun kann.« Stieglitz gestand ihr, dass ihn ihr Entschluss »zerbrechen« ließ.

Nachdem Stieglitz 1946 gestorben war, bewahrte O'Keeffe einen großen Teil der gemeinsam Korrespondenz auf und überließ sie schließlich der Beinecke Rare Book and Manuscript Library an der Universität Yale; dies allerdings mit der Auflage, diesen Nachlass erst 20 Jahre nach ihrem Tod öffnen zu dürfen. 2006 wurden etwa 25.000 Seiten intimer Briefe frei zugänglich, die O'Keeffe und Stieglitz Woche für Woche und beinahe täglich ausgetauscht hatten.

Ich frage mich, ob Du an mich denkst – es ist so still und so einsam hier im Zimmer ganz allein – die singenden Dinge singen draußen und es wird so dunkel sein, wenn ich das Licht ausmache aber ich fühle mich Dir trotzdem so nah
wie auch immer – mir ist, als wärst Du bei
mir –
Liebster
gute Nacht
ein Kuss –

[Alfred Stieglitz' Handschrift?] Es gibt grundlegende Unterschiede zwischen Mann und Frau – es gibt grundlegende Gesetze in der Kunst –

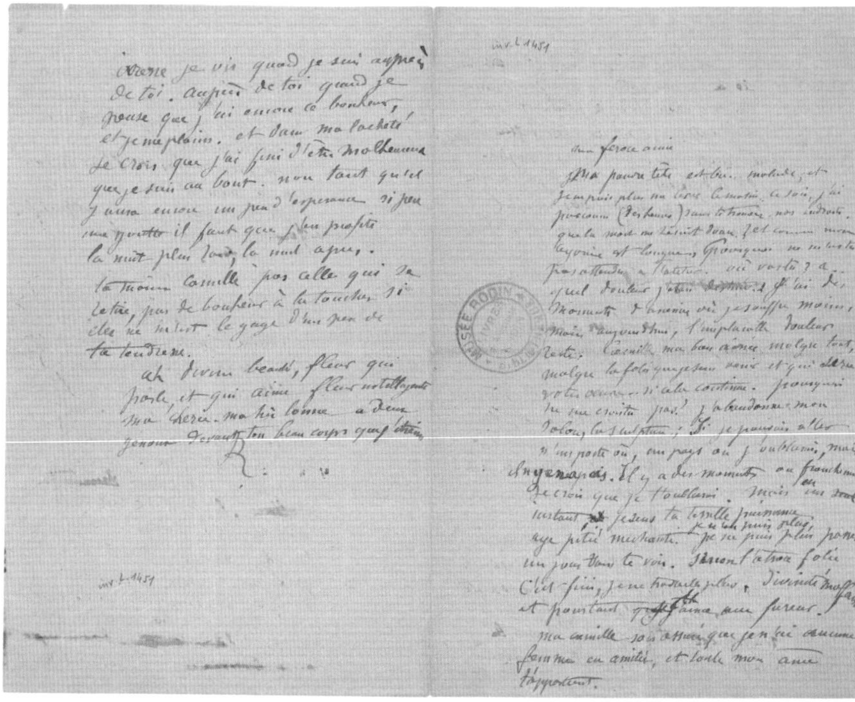

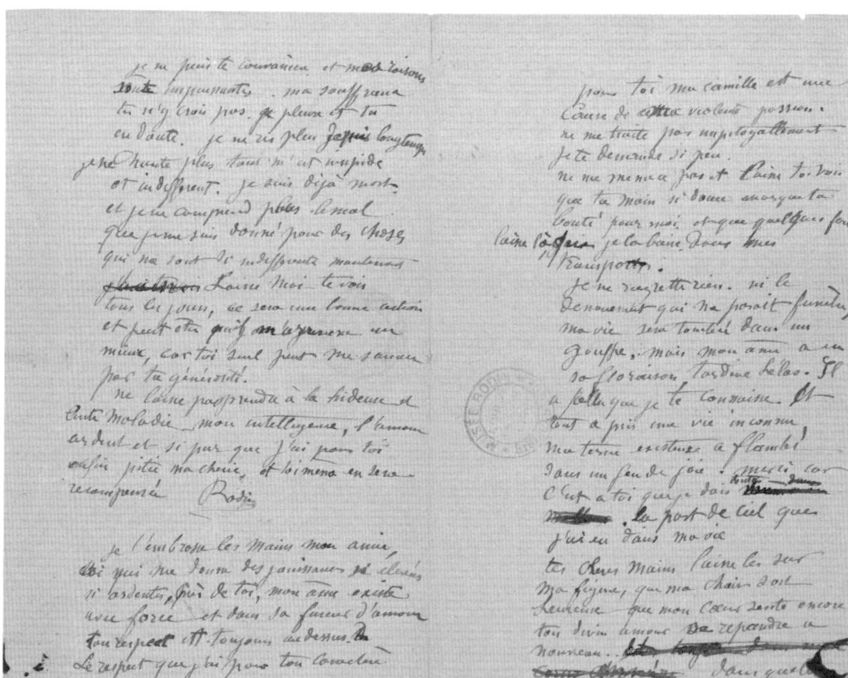

Auguste Rodin (1840–1917) an Camille Claudel

ca. 1886

1880 erhielt Auguste Rodin vom französischen Staat den Auftrag für ein monumentales Hauptportal aus Bronze für ein neues Pariser Kunstgewerbemusuem. In Anspielung auf Lorenzo Ghibertis »Paradiestür« wählte Rodin sein Thema aus Dantes *Inferno* in dessen *Divina Commedia*. Das Museumsprojekt wurde aufgegeben, doch *Das Höllentor* sollte Rodin und eine Schar von Assistenten und Modellen 20 Jahre lang beschäftigen. 1882 bat ihn ein befreundeter Bildhauer, während dessen Abwesenheit eine begabte Studentin zu betreuen – Camille Claudel. Rodin teilte Claudel der für *Das Höllentor* zuständigen Gruppe zu und betraute sie mit der schwierigen Aufgabe, ausdrucksstarke Hände zu modellieren.

Als sich Rodin in Claudel verliebte, begannen ihre Züge auf für das *Höllentor* bestimmten Figuren zu erscheinen. Seine Avancen wies sie allerdings zurück. So berühmt er sein mochte, er war wesentlich älter als sie und hatte eine langjährige Geliebte, Rose Beuret. Davon abgesehen war Claudel entschlossen, selbst Bildhauerin zu werden. Rodin beginnt diesen Liebesbrief mit »Meine grausame Freundin« und schlägt darin die verschiedensten Töne an: von hoher Wertschätzung bis zu Mitleid erregender Selbsterniedrigung, von ideellen Beteuerungen bis hin zu wollüstigen Anspielungen. Er vermengt Metaphern, verstößt gegen die Grammatik, beendet und beginnt den Brief wieder neu. Rodins Bild von sich selbst auf Knien »vor Deinem teuren Körper« entspricht der Pose des Mannes in seiner Skulptur *Ewiges Idol*, die ursprünglich für das *Höllentor* bestimmt war.

[...] Ich liebe Dich wahnsinnig. Meine Camille, sei sicher, dass ich für keine andere Frau Gefühle empfinde und dass meine ganze Seele Dir gehört.

Ich kann Dich nicht überzeugen und meine Argumente sind wirkungslos. Du glaubst mir meine Leiden nicht. Ich weine und Du zweifelst daran. Seit langem schon lache ich nicht mehr. Ich singe nicht mehr, alles erscheint mir fade und belanglos. Ich bin bereits tot [...]. Lass mich Dich jeden Tag sehen, das wäre eine gute Tat und vielleicht wird eine bessere folgen, denn nur Du kannst mich mit Deiner Großzügigkeit retten [...].

Ich küsse deine Hände, meine teure Freundin, die Du mich so große und brennende Freuden fühlen lässt, in Deiner Nähe ist meine Seele stark und in ihrer rasenden Liebe ist die Achtung für Dich immer das Höchste. Die Wertschätzung Deines Charakters, meine Camille, ist ein Grund dieser heftigen Leidenschaft [...].

Meine Bestimmung war, Dir zu begegnen, und alles ist zu neuem Leben erwacht, meine farblose Existenz ist hell aufgelodert in einem Feuer der Freude [...].

Lass Deine teuren Hände auf meinem Gesicht ruhen, damit mein Fleisch glücklich ist, damit mein Herz wieder fühlt, wie sich Deine göttliche Liebe ausbreitet. Ich lebe in einem derartigen Rauschzustand, wenn ich in Deiner Nähe bin [...].

Deine Hand, Camille, nicht die Hand, die sich zurückzieht, keine Glückseligkeit ist in ihrer Berührung, wenn darin kein Versprechen der geringsten Zärtlichkeit von Dir ist.

Oh, göttliche Schönheit, Blume, die spricht und liebt, intelligente Blume, meine Teure. Meine Beste und Liebste, auf meinen Knien vor Deinem teuren Körper, den ich küsse.

R

Monsieur Rodin

Comme je n'ai rien à faire je vous écris encore. Vous ne pouvez vous figurer comme il fait bon à l'Islette. J'ai mangé aujourd'hui dans la salle du milieu (qui sert de serre) où l'on voit le jardin des deux cotés. Mme Courcelles m'a proposé (sans que j'en parle le moins du monde) que si cela vous était agréable vous pourriez y manger de temps en temps et même toujours (je crois qu'elle en a une fameuse envie) et c'est si joli là !

Je me suis promenée dans le parc, tout est tondu, foin, blé, avoine, on peut faire le tour partout c'est charmant. Si vous êtes gentil, à tenir votre promesse, nous connaîtrons le paradis. Vous aurez la chambre que vous voulez pour travailler. La vieille sera à nos genoux, je crois.

Elle m'a dit que je prendre des bains dans la rivière, où sa fille et la bonne en prennent, sans aucun danger. Avec votre permission, j'en ferai autant car c'est un grand plaisir et cela m'évitera d'aller aux bains chauds à Azay. Que vous seriez gentil de m'acheter un petit costume de bain bleu foncé avec galons blancs, en deux morceaux blouse et pantalon (taille moyenne), au Louvre ou au bon marché (en serge) ou à Tours !

Je couche toute nue pour me faire croire que vous êtes là mais quand je me réveille ce n'est plus la même chose

Je vous embrasse

Camille

Surtout ne me trompez plus.

Camille Claudel (1864–1943) an Auguste Rodin
Sommer 1890 oder 1891

Nachdem die junge Bildhauerin Camille Claudel bereits Rodins Schülerin und dann Assistentin und Modell gewesen war, wurde sie schließlich seine Geliebte. Ihre Beziehung wurde durch die Notwendigkeit erschwert, sie vor Rodins Geliebter Rose Beuret und der Öffentlichkeit geheim zu halten. 1890/1891, fünf oder sechs Jahre nach Beginn ihrer Affäre, fanden Claudel und Rodin ein Versteck im Loiretal, wo sie wochenlang ungestört zusammenleben konnten.

Das Château de L'Islette war ein von Wasser und Parkanlagen umgebenes Schloss aus dem 16. Jahrhundert. Hier mieteten sie mehrere Räume in der ersten Etage, von denen einige als Atelier dienten. Im größten arbeitete Rodin an seinem Balzac-Denkmal, Claudel gestaltete ihre Mädchenstatue *La Petite Châtelaine* nach der Enkelin der Schlossbesitzerin.

In ihrem Brief lädt Claudel Rodin dazu ein, sich ihr Leben in L'Islette vorzustellen. Sie benutzt mehrere Stufen der Intimität, spricht ihn formell als »Monsieur Rodin« an (sie gebraucht die Anrede *vous*, während Rodin in seinem frühen Liebesbrief an sie das informelle *tu* wählt; S. 155). Und sie fragt an, ob er »so nett« sei, ihr einen Badeanzug zu kaufen. Sie nennt Pariser Kaufhäuser, wo er den Stil und die Farbe finden könne, die ihr derzeit gefallen. Wir hingegen stellen uns vor, wie Rodin, als für seine Darstellungen des menschlichen Körpers berühmter Bildhauer, in der Badebekleidungsabteilung des Kaufhauses Le Bon Marché vielleicht an Claudel denkt, so wie sie sich am Ende des Briefs beschreibt – nackt im Bett auf seine Rückkehr wartend.

Monsieur Rodin,
da ich nichts zu tun habe, schreibe ich Ihnen nochmals.

Sie können sich nicht vorstellen, wie schön es in L'Islette ist.

Heute habe ich im mittleren Saal gegessen (der als Wintergarten dient), von wo aus man auf beiden Seiten den Garten sieht. Mme Courcelles hat mir vorgeschlagen (ohne, dass ich sie darauf irgendwie angesprochen hätte), dass Sie hier, wenn Sie wollen, manchmal oder sogar immer essen könnten (ich glaube, dass ihr das viel Freude machen würde) und es ist hier so schön!

Ich habe einen Spaziergang durch den Park gemacht. Überall ist gemäht, Gras, Weizen, Hafer, man kann überall durchspazieren, es ist wunderbar. Wenn Sie so nett sind, Ihr Versprechen zu halten, werden wir hier wie im Paradies sein.

Zum Arbeiten werden sie das Zimmer bekommen, das Sie wünschen. Die alte Dame wird Ihnen zu Füßen liegen, denke ich.

Sie hat mir gesagt, dass ich im Fluss baden könne, wo auch ihre Tochter und das Dienstmädchen baden, es sei völlig ungefährlich.

Mit Ihrer Erlaubnis werde ich das auch tun, es ist so herrlich und ich brauche dann nicht für ein warmes Bad nach Azay zu fahren. Es wäre so nett von Ihnen, mir einen schönen Badeanzug zu kaufen, dunkelblau mit weißen Borten, zweiteilig, Bluse und Hose (mittlere Größe), im Louvre oder im Bon Marché (aus Serge) oder auch in Tours!

Ich schlafe völlig nackt, um das Gefühl zu haben, dass Sie da sind. Aber wenn ich aufwache, ist es nicht mehr dasselbe.

Ich küsse Sie,
Camille

Und vor allem betrügen Sie mich nicht mehr.

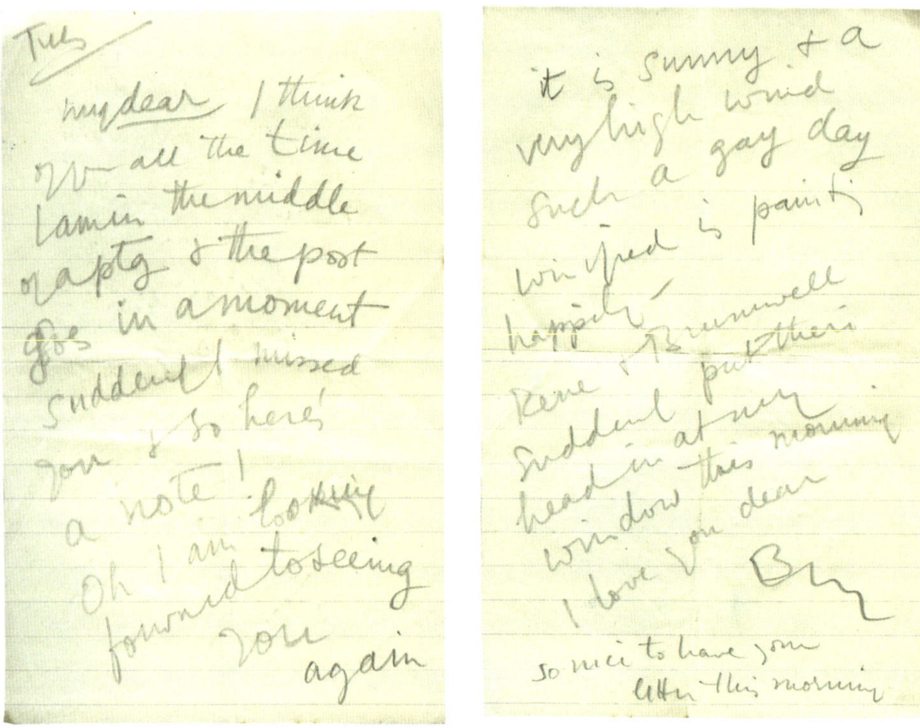

Tues

my dear I think of you all the time I am in the middle of a ptg & the post goes in a moment suddenly I missed you & so here's a note! Oh I am looking forward to seeing you again

it is sunny & a very high wind such a gay day Winifred is painting happily – Rene & Brunwell suddenly put their head in at my window this morning I love you dear

Ben

so nice to have your letter this morning

Ben Nicholson (1894–1982) an Barbara Hepworth
Herbst 1931

1931 begann der zu dieser Zeit mit der Malerin Winifred Roberts verheiratete Ben Nicholson eine Liebesbeziehung mit der jüngeren Bildhauerin Barbara Hepworth. Im Jahr darauf trennten sich Nicholson und Winifred. Nicholson und Hepworth bezogen ein Atelier in Hampstead im Norden Londons, wo zu ihren avantgardistischen Nachbarn Paul Nash und Henry Moore (siehe S. 143 und S. 169) zählten.

Der Brief scheint aus der Anfangszeit von Nicholsons und Hepworths Beziehung zu stammen, vielleicht kurz nach dem Urlaub in Norfolk, den sie im September mit Moore, dessen Frau Irina und anderen befreundeten Künstlern verbrachten und dort nackt am Strand Ball spielten, wie auf Schnappschüssen zu sehen ist. Nicholson erwähnt auch seine Freunde und Gönner Marcus und René Brumwell.

Di

Meine Liebste,

ich denke dauernd an Dich
Ich bin mitten in einem Bild und die Post schließt gleich
plötzlich habe ich Dich vermisst und so schreibe ich Dir!
Oh, wie ich mich darauf freue, Dich wiederzusehen
Es ist sonnig und der Wind ist sehr stark
So ein toller Tag
Winifred malt und ist glücklich –

Rene und Brumwell steckten heute Morgen plötzlich die Köpfe zum Fenster rein

Ich liebe Dich
Ben

so schön, dass heute Morgen Dein Brief da war

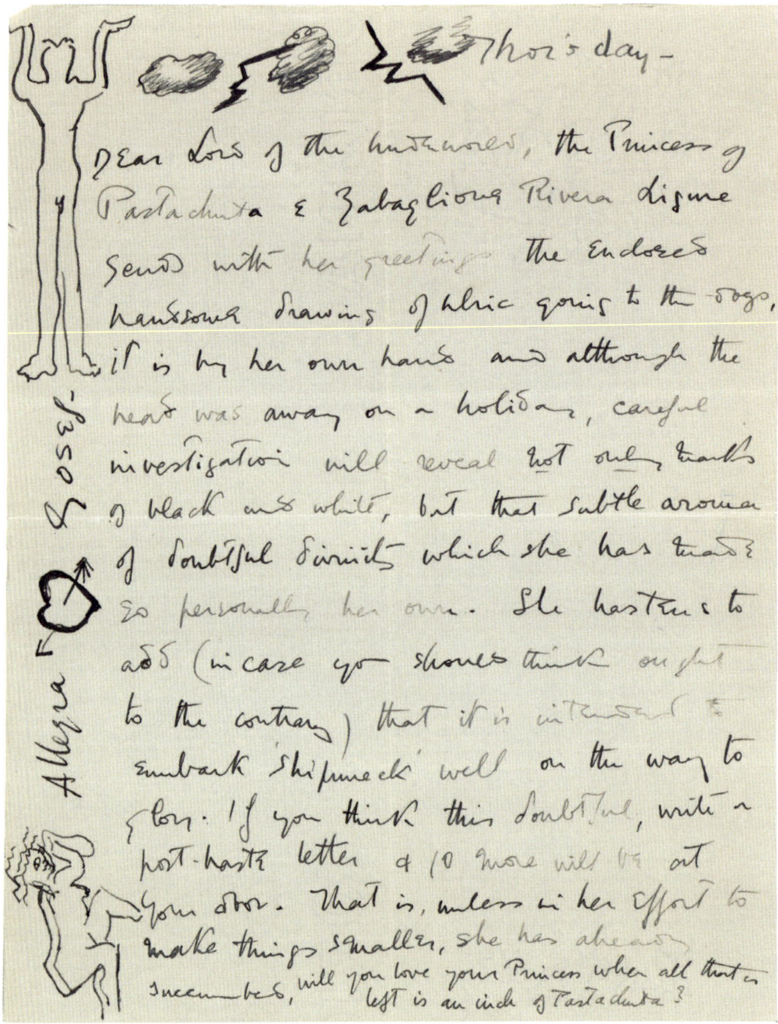

Thor's day –

Dear Lord of the Underworld, the Princess of Pastachuita & Zabaglione Riviera Ligure sends with her greetings the enclosed handsome drawing of Ulric going to the dogs, it is by her own hand and although the head was away on a holiday, careful investigation will reveal not only marks of black and white, but that subtle aroma of doubtful divinity which she has made so personally her own. She hastens to add (in case you should think ought to the contrary) that it is intended to embark 'Shipwreck' well on the way to glory. If you think this doubtful, write a post-haste letter & 10 more will be at your door. That is, unless in her effort to make things smaller, she has already succumbed, will you love your Princess when all that is left is an inch of Pastachuita?

Allegra Roses.

Eileen Agar (1899–1991) an Joseph Bard
Sommer 1928

1926, in dem Jahr, in dem Sie die Slade School of Art in London abschloss, begegnete Agar dem ungarischen Schriftsteller Joseph Bard, der zu dieser Zeit noch mit der einflussreichen amerikanischen Journalistin Dorothy Thompson verheiratet war. 1928 bis 1930 lebte Agar mit Bard in Paris, wo sie Freundschaft mit André Breton und anderen führenden Surrealisten schlossen. Nach ihrer streng akademischen Kunstausbildung wurde die Begegnung mit dem Surrealismus für Agar zu einer Offenbarung, die ihre Karriere bestimmen sollte. Der kryptische Brief an Bard, den sie während ihres Urlaubs im Nordwesten Italiens schrieb, ist mit der Zeichnung »Ulric geht vor die Hunde« verziert. Mit »Schiffswrack« bezieht sie sich auf Joseph Bards im Frühjahr 1928 erschienenen Roman *Shipwreck in Europe*. Agar klebte in ihr Tagebuch eine amerikanische Pressemeldung ein, in der es heißt, Mr. Bard schreibe sachverständig über Freudsche Komplexe – wie man es von einem »Herrscher der Unterwelt« erwarten dürfe. Mit Pastachuta [ital. »Pasta Asciutta«] dürfte hier eine Variante von Spaghetti Bolognese gemeint sein.

Thors Tag

Lieber Herrscher der Unterwelt, die Prinzessin von Pastachuta und Zabaglione Rivera Ligure übersendet Dir mit ihren Grüßen die hübsche Zeichnung von Ulric, der vor die Hunde geht. Sie hat sie selbst gemacht und obwohl der Kopf dabei auf Urlaub war, wird eine sorgfältige Überprüfung *nicht nur* Spuren von Schwarz und Weiß ergeben, sondern auch jenes subtile Aroma von zweifelhafter Göttlichkeit, das sie sich ganz persönlich angeeignet hat. Sie beeilt sich hinzuzufügen (falls Du denkst, es sollte das Gegenteil sein), dass die Absicht besteht, auf dem Weg zum Ruhm das »Schiffswrack« zu besteigen. Wenn Dir das zweifelhaft erscheint, schreib schnellstens einen Brief und es werden zehn weitere vor Deiner Tür liegen. Aber wirst Du, wenn sie bei ihren Bemühungen, die Sachen kleiner zu machen, nicht ohnehin schon unterlegen ist, Deine Prinzessin lieben, wenn alles, was übrigbleibt, ein Inch Pastachuta ist?

Kapitel 6

»Meine wohlverdienten 1244 Gulden«

Berufliche Angelegenheiten

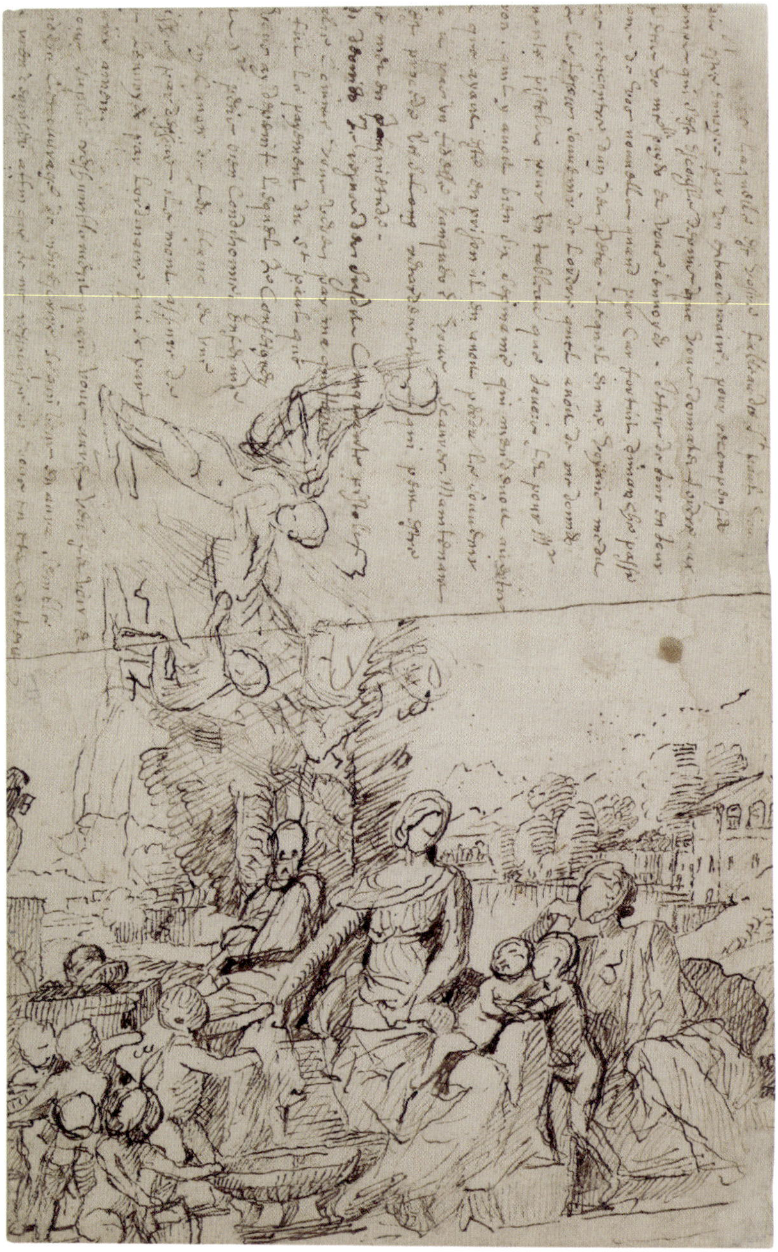

Nicolas Poussin (1594–1665) an Paul Scarron
ca. 1650

Nachdem Nicolas Poussin aus seiner Heimat Frankreich 1624 nach Rom übersiedelt war, begründete er seinen Ruf mit Bildern zu Themen aus der antiken Literatur. Im Gegensatz zum verschwenderischen Prunk der Barockmalerei entwickelte Poussin eine Darstellungsweise, bei der er dramatische Ereignisse und Gefühlsregungen mit harmonisch ausgewogenen Landschaften und Architekturmotiven umrahmte. Einer Aufforderung Ludwigs XIII. folgend kehrte er 1640 nach Paris zurück, wo er von französischen Kunstmäzenen wie Paul Fréart de Chantelou umworben wurde. Durch Vermittlung Chantelous beauftragte ihn der Dichter und Komödienschreiber Paul Scarron mit einem Gemälde, dessen Anfertigung Poussin so lang wie möglich hinauszögerte, da er Scarron und seine burlesken Stücke verachtete. Inzwischen wieder nach Rom zurückgekehrt, begann Poussin 1649 dennoch die Arbeit an dem Gemälde, das jetzt als *Die Ekstase des heiligen Paulus* (Musée du Louvre, Paris) bekannt ist und auf das dieser Brief Bezug nimmt.

Der Brief, der manchen zufolge an Fréart de Chantelou gerichtet ist und eine verlorene Darstellung des heiligen Paulus behandelt, scheint sich in Wirklichkeit an Scarron zu richten. Poussin war sehr darauf bedacht, den Geschmack und die Wünsche seiner Kunden zufriedenzustellen und fühlt sich trotz seiner Abneigung gegen Scarron verpflichtet, sich bei ihm zu entschuldigen oder ihm wenigstens eine Erklärung zu liefern. Der fragmentarische Entwurf seines Briefs wird um eine Zeichnung ergänzt: Sie zeigt die heilige Familie, die heilige Elisabeth und den heiligen Johannes als Knaben, alle inmitten einer Kinderschar an einem See nahe eines italienischen Dorfes – eine für Poussin typische Landschaft.

[...] Kiste, in der Ihr Gemälde vom heiligen Paul mit einem speziellen Transport an Sie geschickte werden muss, um die Zeit gutzumachen, die verging, seit Sie Monsieur Petit beauftragten, mich zu bezahlen und Ihnen das Bild zu übersenden. Ich habe täglich auf Ihre Nachricht gewartet. Dann begegnete ich zufällig einem der Petits, der mir sagte, ihm sei eingefallen, dass man ihn gebeten habe, mir 50 Pistolen [pistoles: Goldmünzen-Währung] für ein Bild zu geben, das ich für Herrn Scarron malte – und dass er das schon sechs Wochen zuvor hätte tun sollen, aber im Gefängnis gewesen sei und es völlig vergessen hatte. Gibt es denn nicht so etwas wie einen ehrlichen Bankier? Sie werden jetzt wissen, dass dies der Grund für die endlose Verzögerung ist, die Sie vielleicht beunruhigt hat [...]. Zuletzt erhielt ich die erwähnten 50 italienischen Pistolen, wie Sie sehen, zur Begleichung des heiligen Paul, den ich für Sie malte und den ich besagten Monsieur Petit in gutem Zustand in einer Stahlumhüllung und in eine Kiste verpackt übergab. Sie versprachen, diese am folgenden Tag dem Transporteur zu übergeben. Ich bitte Sie demütigst, mir zu schreiben und mir Ihre aufrichtige Meinung mitzuteilen, sobald Sie das Werk genau betrachtet und geprüft haben, damit – sofern es Ihnen gefällt – ich mich freuen kann.

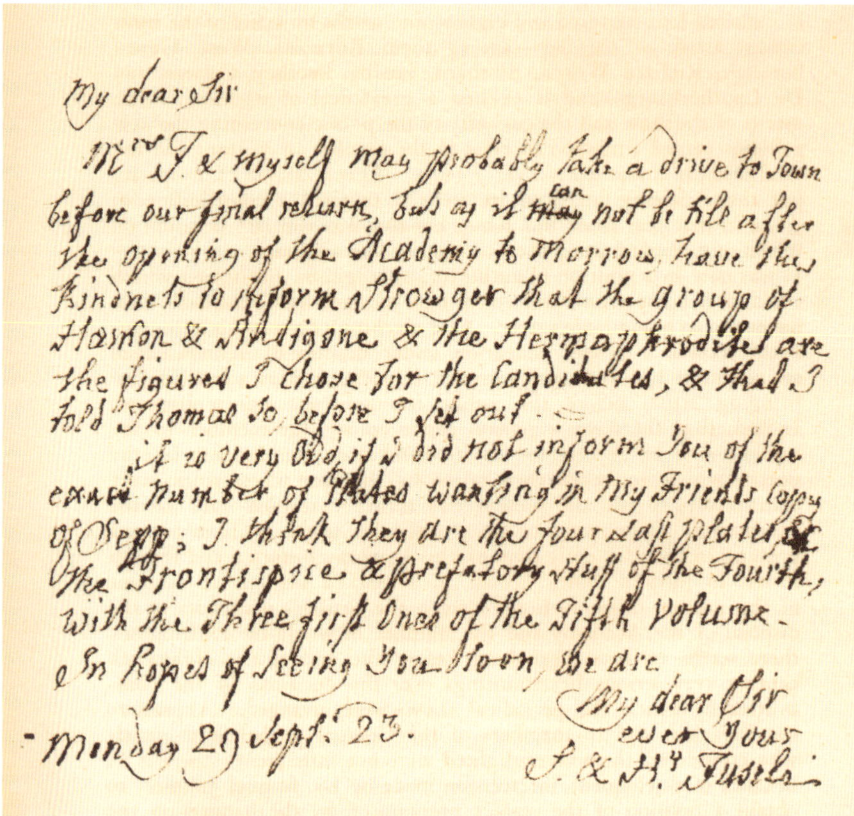

My dear Sir

Mrs F. & myself may probably take a drive to Town before our final return, but as it ~~may~~ can not be till after the opening of the Academy to morrow, have the kindness to inform Strowger that the group of Haemon & Antigone & the Hermaphrodite are the figures I chose for the Candidates, & that I told Thomas so, before I set out. —

It is very odd if I did not inform You of the exact number of Plates wanting in my Friends Copy of Sepp; I think they are the four last plates, the Frontispiece & prefatory stuff of the Fourth; with the Three first Ones of the Fifth Volume. —

In hopes of seeing You soon, we are

My dear Sir
ever Yours
S. & H.y Fuseli

Monday 29 Sept. 23.

Henry Fuseli (1741–1825) an einen unbekannten Empfänger
29. September 1823

Als Johann Heinrich Füssli 1764 in London eintraf, hatte er ernsthafte literarische Ambitionen. Aufgrund seines zeichnerischen Talents wurde er jedoch von Sir Joshua Reynolds (siehe S. 173) bald dazu ermuntert, eine Künstlerkarriere einzuschlagen. Nachdem er sich in Italien intensiv mit Werken der Antike und der Renaissance befasst hatte, ließ er sich nach einem kurzen Aufenthalt in seiner Geburtsstadt Zürich wieder in London nieder, anglisierte seinen Namen zu Henry Fuseli und arbeite fortan als Historienmaler. 1799 hatte er den Aufstieg in die Spitzengruppe des Kunst-Establishments geschafft: Er wurde Professor für Malerei an der Royal Acedemy of Arts und 1804 schließlich deren Verwalter. Der 1804 in zittriger Schrift geschriebene Brief nimmt Bezug auf die klassischen Themen der Gemälde, die Studenten an den Royal Academy Schools vorlegen müssen. Auch der Empfangschef Samuel Strowger findet Erwähnung. Mit dem »Sepp-Exemplar«, auf das sich Fuseli bezüglich der fehlenden Bildtafeln bezieht, könnten die fünf Bände der *Nederlandsche Vogelen* (Niederländische Vögel) gemeint sein, ein luxuriöses, naturkundliches Kompendium mit Stichen von Christiaan Sepp, Jan Christiaan Sepp und Jan Sepp. Sophia Fuseli war Malerin, zuvor Modell und schließlich romantische Muse ihres wesentlich älteren Ehemanns.

My dear Sir,

Mrs. F. und ich werden wahrscheinlich noch eine Fahrt in die Stadt machen vor unserer endgültigen Rückkehr. Da dies aber erst morgen nach Öffnung der Akademie erfolgen kann, seien Sie bitte so freundlich, Strowger mitzuteilen, dass ich für die Kandidaten Statuen der Gruppe Haimon und Antigone und der Hermaphrodit ausgewählt habe und dass ich Thomas vor meiner Abreise darüber informierte.

Es ist sehr kurios, dass ich Ihnen nicht die genaue Zahl der Bildtafeln mitgeteilt habe, die in dem Sepp-Exemplar meines Freundes fehlen. Ich denke, es sind die letzten vier Bildtafeln, das Frontispiz samt Einleitung des vierten, sowie die drei ersten des fünften Bandes.

In der Hoffnung, Sie bald zu sehen, verbleiben wir

My dear Sir,
stets Ihre
S. und Hy Fuseli

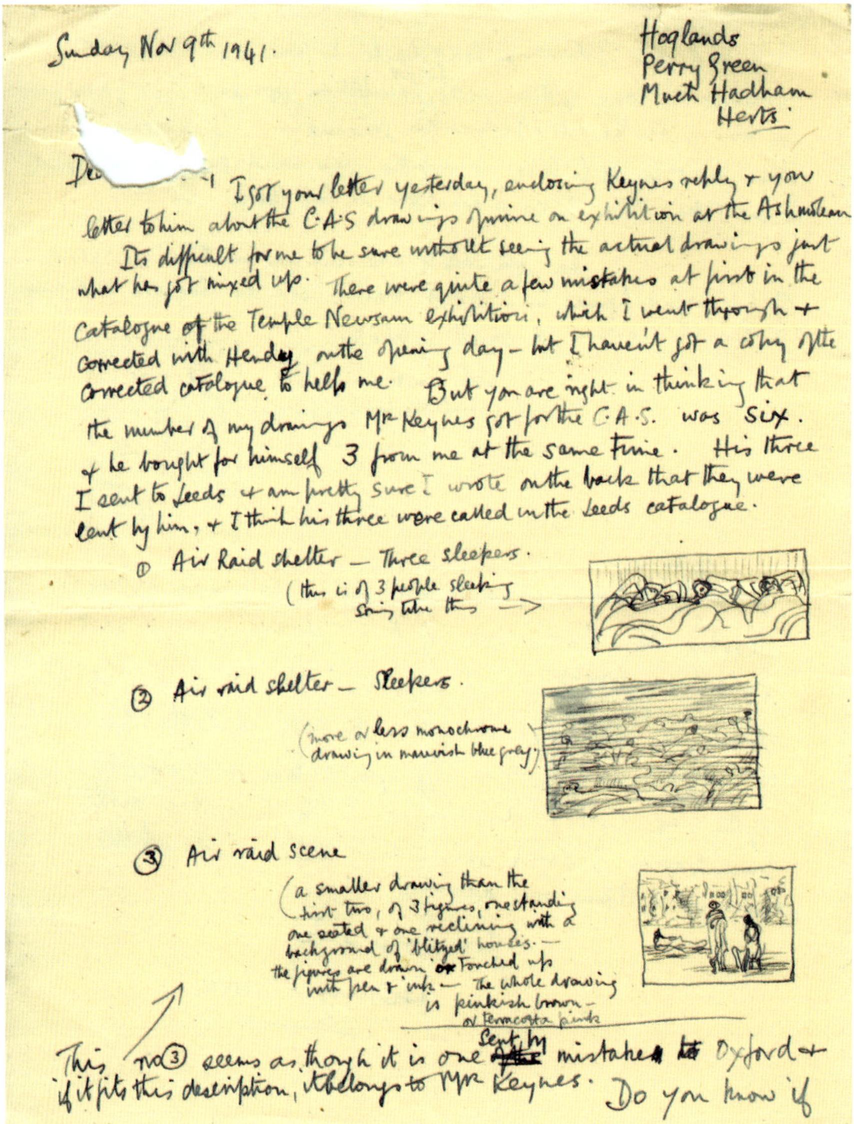

Sunday Nov 9th 1941.

Hoglands
Perry Green
Much Hadham
Herts.

De[torn] I got your letter yesterday, enclosing Keynes reply & your letter to him about the C.A.S drawings of mine on exhibition at the Ashmolean.

Its difficult for me to be sure without seeing the actual drawings just what has got mixed up. There were quite a few mistakes at first in the catalogue of the Temple Newsam exhibition, which I went through & corrected with Hendy on the opening day — but I haven't got a copy of the corrected catalogue to help me. But you are right in thinking that the number of my drawings Mr Keynes got for the C.A.S. was six. & he bought for himself 3 from me at the same time. His three I sent to Leeds & am pretty sure I wrote on the back that they were lent by him, & I think his three were called in the Leeds catalogue.

① Air Raid shelter — Three sleepers.
(this is of 3 people sleeping something like this →)

② Air raid shelter — Sleepers.
(more or less monochrome drawing in mauvish blue grey)

③ Air raid scene
(a smaller drawing than the first two, of 3 figures, one standing one seated & one reclining with a background of 'blitzed' houses — the figures are drawn ~~or~~ touched up with pen & ink — The whole drawing is pinkish brown — or terracotta pink)

This no ③ seems as though it is one ~~of the~~ sent by mistake ~~to~~ Oxford & if it fits this description, it belongs to Mr Keynes. Do you know if

Henry Moore (1898–1986) an John Rothenstein
9. November 1941

1941 erhielt Henry Moore als offizieller Kriegsmaler den Auftrag, Menschen zu zeichnen, die während der deutschen Bombenangriffe in Londoner U-Bahn-Stationen Schutz suchten. Im selben Jahr widmete ihm John Rothenstein, der Direktor der Leeds City Art Gallery, eine erste Retrospektive im Temple Newsam House. Moores Brief bezieht sich auf eine Ausstellung von Werken, die von der Contemporary Art Society (C.A.S.) im Ashmolean Museum in Oxford organisiert wurde und sieben seiner Zeichnungen zeigte. Offenbar wurden diese nach der Ausstellung nicht an die richtigen Leihgeber zurückgesandt. Moore versucht zu klären, welche Zeichnungen der C.A.S., welche dem Ökonomen John Maynard Keynes (einem Treuhänder der C.A.S.) und welche Kenneth Clark gehören, dem Direktor der National Gallery und des War Artists Advisory Committee.

Lieber [John Rothenstein],

ich erhielt gestern Ihren Brief mit Keynes Antwort und Ihrem Brief an ihn zu meinen CAS-Zeichnungen in der Ausstellung im Ashmolean.

Ohne die Zeichnungen gesehen zu haben, ist es für mich schwierig, genau zu sagen, was hier verwechselt wurde […].

Sie liegen aber richtig mit der Annahme, dass die Zahl meiner Zeichnungen, die Mr. Keynes für die C.A.S. erwarb, sich auf sechs beläuft. Zugleich kaufte er bei mir 3 für sich selbst. Seine eigenen drei sandte ich nach Leeds und bin ziemlich sicher, auf die Rückseite geschrieben zu haben, dass er der Leihgeber sei und ich denke, dass seine drei im Leeds-Katalog betitelt waren.
1. Luftschutzraum – Drei Schlafende
(es sind drei schlafende Personen in dieser Art -> [Zeichnung]
2. Luftschutzraum – Schlafende
(eine mehr oder minder monochrome Zeichnung in einem mauve-farbenen Blaugrau)
[Zeichnung]
3. Luftangriff
(eine kleinere Zeichnung als die beiden ersten, drei Figuren, eine stehend, eine sitzend, eine liegend vor zerbombten Häusern. – Die Figuren sind gezeichnet oder mit Feder und Tusche retuschiert – Die ganze Zeichnung ist blassrosabraun – oder terrakottarosa) [Zeichnung]

Diese Nr. 3 scheint irrtümlich nach Oxford geschickt worden zu sein. Und wenn sie dieser Beschreibung entspricht, gehört sie Mr Keynes. Wissen Sie, ob seine drei an ihn zurückgesandt wurden oder hat er sie immer noch verliehen, da die Leeds-Ausstellung (oder ein Teil davon) im Rahmen des Adult Education Scheme jetzt andernorts gezeigt wird – Wenn ihm 3 Zeichnungen zurückgesandt wurden – und jene mit dem Luftangriff in Oxford ist ja eine der seinen – dann stimmt auch bei seinen drei etwas nicht.

Die fünfte Luftschutzbunkerzeichnung in Oxford, die Sie erwähnen, mit zwei eingehüllten Figuren in einem Raum aus Ziegeln, könnte sehr gut Kenneth Clark gehören […].

Ich hoffe, die anderen 5 sind C.A.S.-Zeichnungen, andernfalls wird es eine gewisse Zeit dauern, alles richtig zuzuordnen – Wenn Sie eine Beschreibung zu den sechs C.A.S.-Zeichnungen wünschen, könnte ich mich mit ein bisschen Konzentration daran erinnern und davon kleine Skizzen wie oben anfertigen.

Mit freundlichen Grüßen
Henry Moore

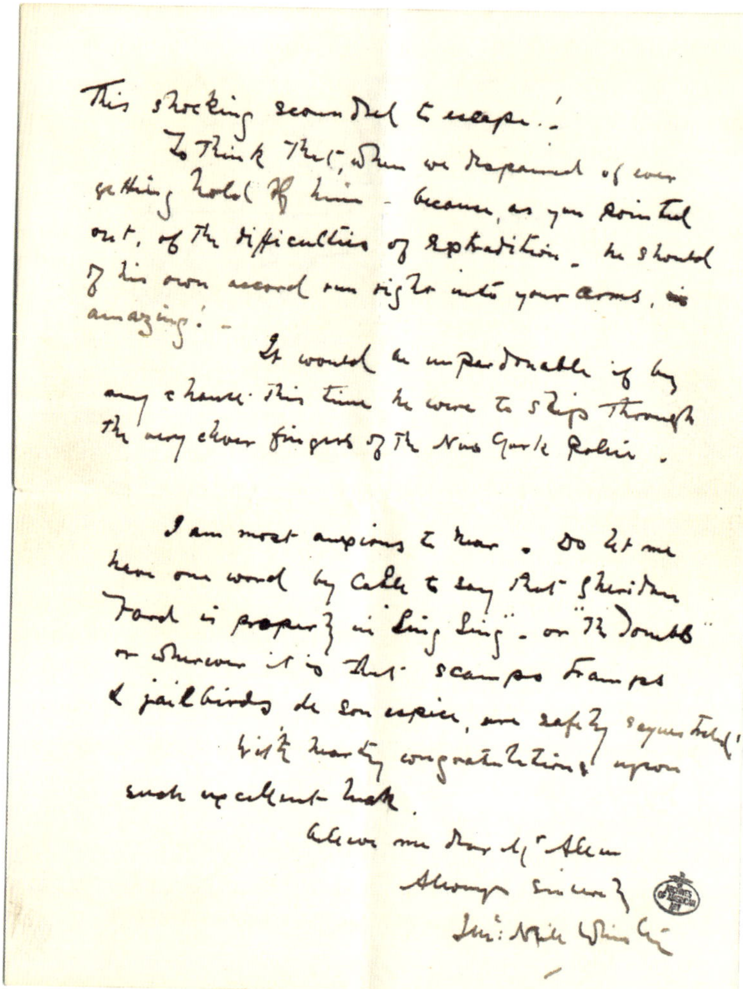

this shocking scoundrel to escape! –

To think that, when we despaired of ever getting hold of him – because, as you pointed out, of the difficulties of extradition – he should of his own accord run right into your arms, is amazing! –

It would be unpardonable if by any chance this time he were to slip through the very clever fingers of the New York Police.

I am most anxious to hear. Do let me hear one word by Cable to say that Sheridan Ford is properly in "Sing Sing" – or "the Tombs" or wherever it is that scamps tramps & jailbirds de son espèce, are safely sequestrated!

With hearty congratulations upon such excellent work.

Believe me dear Mr Allen

Always sincerely

Jas: McNeill Whistler

James McNeill Whistler (1834–1903) an Frederick H. Allen
6. Juni 1893

James McNeill Whistler war einer der wenigen erfolgreichen Künstler, die auch als Kritiker eine vergleichbare Wirkung erzielten. 1878 verklagte er John Ruskin wegen eines Artikels, in dem ihn der berühmte viktorianische Kunstkritiker beschuldigte, er habe »dem Publikum einen Topf Farbe ins Gesicht geschleudert«. Whistler nutzte die öffentliche Aufmerksamkeit, die der Prozess erregte, um für die Autonomie des Künstlers einzutreten. 1885 wandte er sich in seinem Vortrag »Ten o'clock« gegen Versuche, Kunst für Mode und Dekozwecke zu missbrauchen und erklärte, Künstlern gehe es um »das Schöne unter allen Bedingungen und zu allen Zeiten« und nicht um die Rolle der Kunst in der Gesellschaft. 1889 gestattete er einem amerikanischen Journalisten, Sheridan Ford, ein Buch mit Auszügen seiner Briefe zum Prozess gegen Ruskin zu veröffentlichen.

Ford hatte über Whistler für den *New York Herald* geschrieben und hoffte, sein Agent in den USA zu werden. Kurz nachdem er das Buch in Angriff genommen hatte, beschloss Whistler, es selbst zu veröffentlichen. Ford machte trotzdem weiter und *Die artige Kunst sich Feinde zu machen* erschien im Februar 1890 in Antwerpen. Whistler zog sofort vor Gericht. Fords Buch wurde beschlagnahmt, Whistlers Buch kam unter demselben Titel im Juni heraus. Ford ließ sich nicht abschrecken und brachte in Paris unter einem Decknamen einen Raubdruck heraus. Als auch dieser beschlagnahmt wurde, kehrte er in die Vereinigten Staaten zurück.

In der für ihn typischen Art wollte Whistler in der Sache mit Ford nicht klein beigeben, solang er nicht überzeugt war, dass er gewonnen hatte. In seinem Brief an den Journalisten Frederick Allen ergeht er sich in scherzhaften Übertreibungen (Sing Sing ist ein bekanntes Hochsicherheitsgefängnis), doch zwischen den Zeilen (»Dieser entsetzliche Schurke «) ist eine gewisse Unerbittlichkeit erkennbar.

110 Rue du Bac, *Parisienne*

Lieber Mr. Allen, Sheridan Ford verließ die Stadt Paris unter falschem Namen Richtung New York und Mr. Alexander schickte Ihnen sofort ein Telegramm. Und das mit höchst wünschenswerter Schnelligkeit.

Seitdem habe ich auf die Nachricht von seiner Verhaftung gewartet – Sie haben sicherlich nicht zugelassen, dass dieser entsetzliche Schurke entkommt!

Wenn ich bedenke, dass wir daran verzweifelten, ihn überhaupt zu fassen zu bekommen (aufgrund der von Ihnen angesprochenen Auslieferungsschwierigkeiten) und er Ihnen dann unaufgefordert direkt in die Arme laufen würde – unglaublich!

Es wäre unverzeihlich, wenn er diesmal der New Yorker Polizei durch deren äußerst kluge Finger schlüpfen würde.

Ich bin höchst gespannt, etwas von Ihnen zu hören. Lassen Sie mich per Telegramm nur mit einem Wort wissen, dass Sheridan Ford in »Sing Sing« einsitzt – oder in »the Tombs« oder wo auch immer Strolche, Landstreicher und Knastbrüder de son espèce [seiner Art] sicher verwahrt werden!

Mit herzlichen Glückwünschen zu solch hervorragender Arbeit.

Glauben Sie mir, lieber Mr. Allen

Stets Ihr ergebener
Jms McNeill Whistler

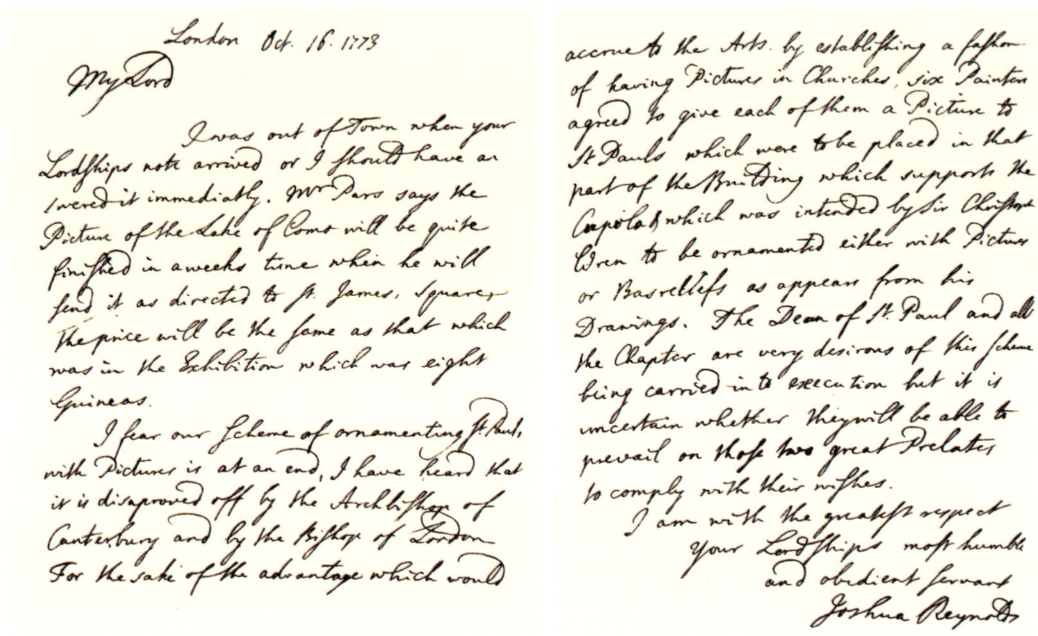

London Oct. 16. 1773

My Lord

I was out of Town when your Lordships note arrived or I should have an swered it immediatly. Mr Pars says the Picture of the Lake of Como will be quite finished in a weeks time when he will send it as directed to St. James's Square. The price will be the same as that which was in the Exhibition which was eight Guineas.

I fear our Scheme of ornamenting St. Pauls with Pictures is at an end, I have heard that it is disaproved off by the Archbishop of Canterbury and by the Bishop of London For the sake of the advantage which would accrue to the Arts by establishing a fashion of having Pictures in Churches, six Painters agreed to give each of them a Picture to St Pauls which were to be placed in that part of the Building which supports the Cupola & which was intended by Sir Christopher Wren to be ornamented either with Pictures or Basrelliefs as appears from his Drawings. The Dean of St. Paul and all the Chapter are very desirous of this scheme being carried in to execution but it is uncertain whether they will be able to prevail on those two great Prelates to comply with their wishes.

I am with the greatest respect
your Lordships most humble
and obedient servant
Joshua Reynolds

Joshua Reynolds (1723–1792) an Philip Yorke
16. Oktober 1773

Vor Joshua Reynolds' Rückkehr von seinem Aufenthalt in Italien 1750–1752 galt die Porträtmalerei in Großbritannien eigentlich als ein der gesellschaftlichen Elite vorbehaltenes Luxusgewerbe und nicht als Kunstform. Reynolds hatte andere Vorstellungen. Oft arbeitete er sieben Tage die Woche und begann, sich als ein gut verdienender Porträtmaler von Granden des 18. Jahrhunderts zu etablieren, wobei er Posen der antiken Bildhauerkunst und aus Bildern der Alten Meister übernahm. Seine äußerst einfühlsame Darstellung von Kindern zeigt sich in dem Doppelporträt, das er um 1761 von Amabel und Mary Jemima Yorke (The Cleveland Museum of Art, Ohio) malte, Töchter des adligen Schriftstellers und Politikers Philip Yorke.

Gleichzeitig bemühte sich Reynolds darum, den Beruf des Kunstmalers durch die Gründung einer britischen Akademie nach dem Vorbild der Académie française aufzuwerten. Nach Gründung der Royal Academy of Arts 1768 wurde er ihr erster Präsident. Eine ihrer frühen Ausstellungen umfasste Arbeiten von William Pars, darunter dessen erste in England gezeigte Alpen-Landschaften. Pars' für Yorkes Londoner Stadthaus bestimmtes Gemälde ist eine Ansicht des Comer Sees, die er zu einem sehr günstigen Preis anbot (zu dieser Zeit verlangte Reynolds £160 für ein Porträt). Reynolds suchte stets nach Möglichkeiten, die Malerei in den Mittelpunkt des öffentlichen Leben zu stellen. Ein Beispiel ist das in seinem Brief an Yorke (nunmehr 2. Earl of Hardwicke) erwähnte und gescheiterte Vorhaben, die St.-Pauls-Kathedrale mit Gemälden auszuschmücken.

London

My Lord,

ich war nicht in der Stadt, als das Schreiben Eurer Lordschaft eintraf, ich hätte es sonst sofort beantwortet. Mr. Pars zufolge wird das Bild des Comer Sees in einer Woche fertig sein, er wird es dann wie gewünscht zum St. James's Square senden. Der Preis wird der gleiche sein wie in der Ausstellung, also acht Guineen [Goldmünzen-Währung].

Ich befürchte, der Plan, St. Paul mit Bildern auszuschmücken, ist nicht umsetzbar. Wie ich hörte, wird er vom Erzbischof von Canterbury und dem Bischof von London abgelehnt. Da es den Künsten zum Vorteil gereichen würde, wenn es gelänge, in Kirchen das Aufhängen von Gemälden zu etablieren, erklärten sich sechs Maler bereit, jeweils ein Bild für St. Paul zur Verfügung zu stellen. Die Bilder wären in dem Teil der Kirche angebracht worden, der die Kuppel trägt und der Sir Christopher Wren zufolge mit Bildern oder Flachreliefs ausgeschmückt werden sollte, wie aus seinen Zeichnungen hervorgeht. Der Dekan von St. Paul und das gesamte Kapitel wünschen sich, dass dieser Plan zur Ausführung kommt. Es ist jedoch nicht sicher, ob sie jene beiden bedeutsamen Prälaten dazu bringen werden, ihren Wünschen stattzugeben.

Ich bin mit dem größten Respekt
Eurer Lordschaft demütigster
und ergebenster Diener
Joshua Reynolds

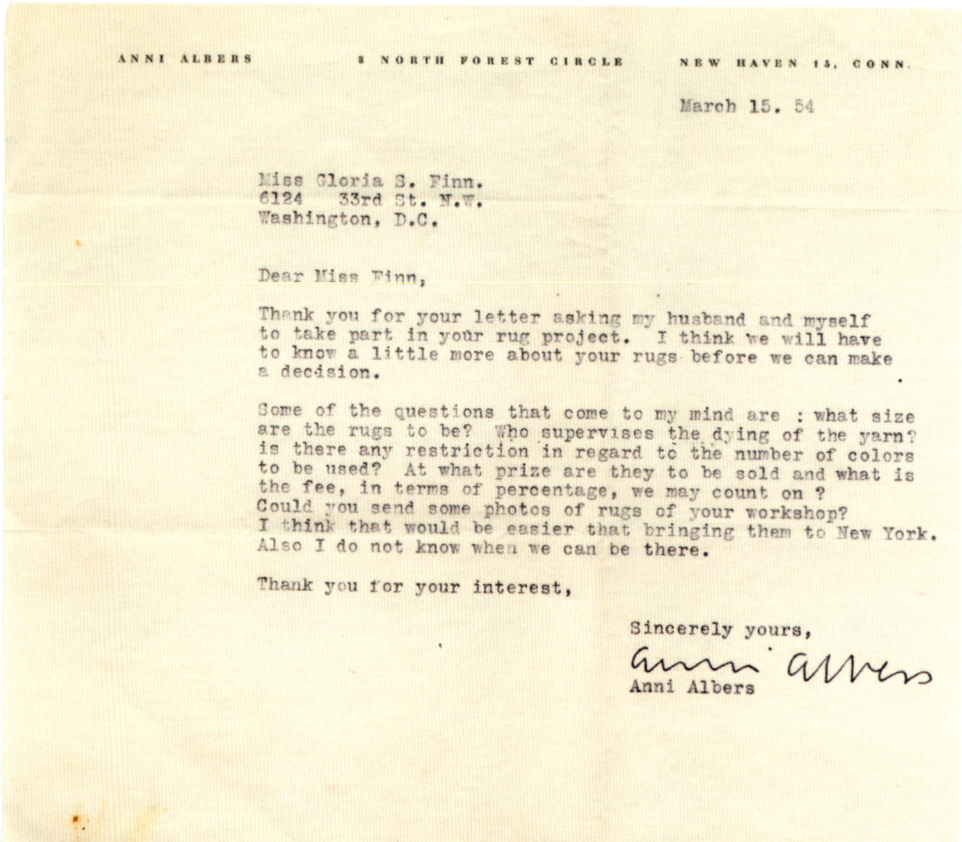

ANNI ALBERS 8 NORTH FOREST CIRCLE NEW HAVEN 15, CONN.

March 15. 54

Miss Gloria S. Finn.
6124 33rd St. N.W.
Washington, D.C.

Dear Miss Finn,

Thank you for your letter asking my husband and myself to take part in your rug project. I think we will have to know a little more about your rugs before we can make a decision.

Some of the questions that come to my mind are : what size are the rugs to be? Who supervises the dying of the yarn? is there any restriction in regard to the number of colors to be used? At what prize are they to be sold and what is the fee, in terms of percentage, we may count on ?
Could you send some photos of rugs of your workshop?
I think that would be easier that bringing them to New York.
Also I do not know when we can be there.

Thank you for your interest,

Sincerely yours,

Anni Albers

Anni Albers

Anni Albers (1899–1994) an Gloria Finn

15. März 1954

1933 emigrierten die Textildesignerin Anni Albers und ihr Ehemann Josef aus Deutschland in die Vereinigten Staaten. Beide hatten an der multidisziplinären Kunst- und Designhochschule Bauhaus unterrichtet. Nachdem das Bauhaus auf Betreiben der Nationalsozialisten geschlossen werden musste, nahm Josef Albers die Einladung an, die Leitung der künstlerischen Ausbildung am experimentellen Black Mountain College in North Carolina zu übernehmen. Anni übernahm die Webwerkstatt, die sie als »ein Labor für experimentelle Arbeiten hinsichtlich Konstruktion und Design« betrachtete.

Am Black Mountain College begann Anni Textilien aus Naturfasern und synthetischen Materialien wie Zellophan und Aluminiumgarn zu weben und Schmuck aus Fundgegenständen anzufertigen. Beginnend mit abstrakt-geometrischen Farbkompositionen im Bauhausstil, integrierte sie später in ihre Arbeiten auch Elemente alter mesoamerikanischer Gewebe, die sie auf ihren Reisen mit Josef sammelte.

Ihr Brief an die junge Textildesignerin Gloria Finn stammt aus der Zeit, in der die Albers in New Haven lebten, wo Josef seit 1950 an der Yale University den Fachbereich Kunst leitete. Es ist eine umsichtige und gleich zur Sache kommende Antwort auf die Anfrage einer Person, deren Name und Arbeiten Albers noch nicht kennt. Finns spontane Kontaktaufnahme mit ihr führte unter anderem zur Zusammenarbeit bei einem von Albers' bekanntesten Werken: *Rug* (1959, Herbert F. Johnson Museum of Art / Cornell University, Ithaca) ist mit seiner keltischen Knotenmustern nachempfundenen Ornamentik auf rostrotem Grund ein kühnes Beispiel dafür, wie Albers den Vorgang des Verwebens mittels gewundener, an Landkarten erinnernde Linien erforscht. *Rug* wurde von Gloria Finn per Hand getuftet, eine Technik, auf die sie spezialisiert war. Finn heiratete später mit Sir William Dale einen britischen Rechtsanwalt, wurde eine treue Unterstützerin des Crafts Council und stiftete ihre Sammlung antiker Perlen aus dem Nahen Osten dem British Museum.

Miss Gloria S. Finn.
6124 33rd St. N.W.
Washington, D.C.

Dear Miss Finn,

vielen Dank für Ihren Brief, in dem Sie meinen Mann und mich bitten, an Ihrem Teppichprojekt mitzuwirken. Ich denke, wir müssten über Ihre Teppiche etwas mehr wissen, bevor wir eine Entscheidung treffen können.

Einige der mir in den Sinn kommenden Fragen sind: Wie groß sollen die Teppiche sein? Wer überwacht das Einfärben des Garns? Gibt es Beschränkungen hinsichtlich der Zahl der zu verwendenden Farben? Zu welchem Preis sollen sie verkauft werden und mit wie viel (in Prozenten ausgedrückt) dürfen wir hinsichtlich des Honorars rechnen? Könnten Sie uns Fotos von Teppichen aus Ihrer Werkstatt übersenden? Ich glaube, das wäre leichter als sie nach New York zu bringen. Ich weiß auch nicht, wann wir dort sein können.

Vielen Dank für Ihr Interesse,
mit freundlichen Grüßen,

Anni Albers

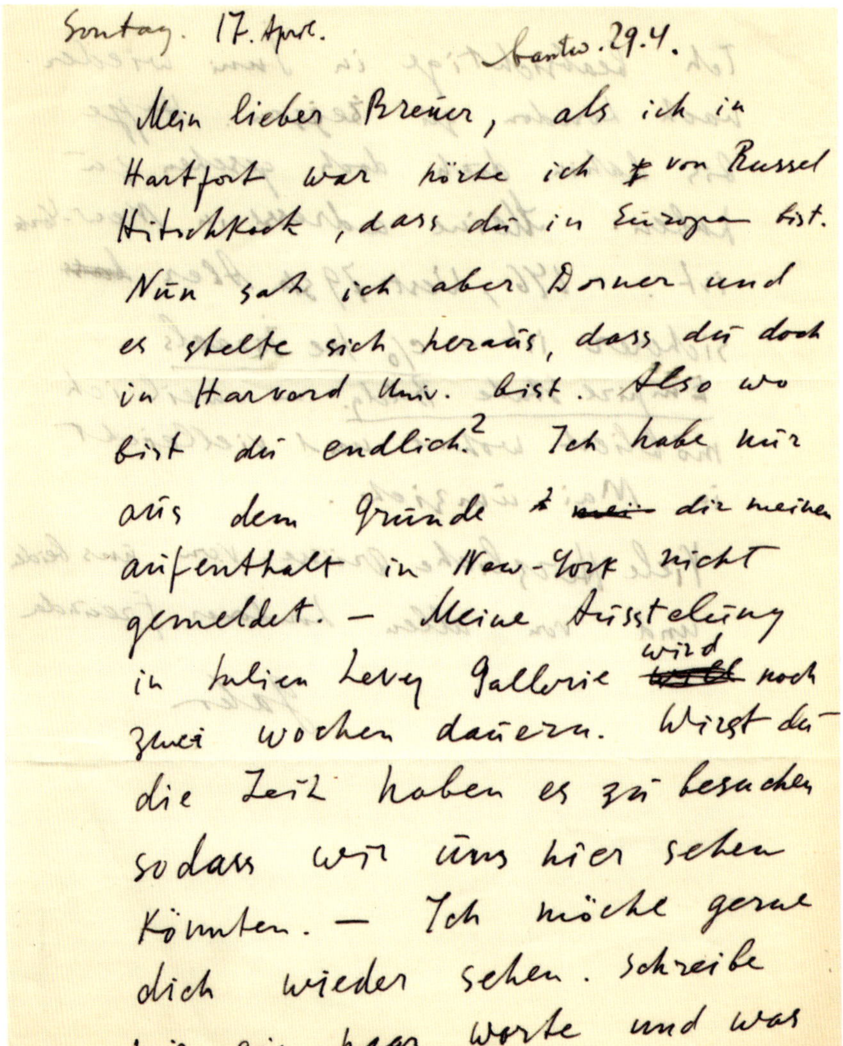

Sontag. 17. Apr.

Mittw. 29.4.

Mein lieber Breuer, als ich in Hartfort war hörte ich von Russel Hitschkock, dass du in Europa bist. Nun sah ich aber Dorner und es stellte sich heraus, dass du doch in Harvard Univ. bist. Also wo bist du endlich?[2] Ich habe mir aus dem Grunde dir meinen aufenthalt in New-York nicht gemeldet. – Meine Ausstellung in Julien Levy Gallerie ~~will~~ wird noch zwei wochen dauern. Wirst du die Zeit haben es zu besuchen sodass wir uns hier sehen könnten. – Ich möchte gerne dich wieder sehen. Schreibe mir ein paar worte und was wir machen könnten um uns zu treffen.

Naum Gabo (1890–1977) an Marcel Breuer
17. April 1938

Der in Russland geborene Naum Gabo entwickelte sein Konzept der »konstruktivistischen Skulptur« in den Jahren nach der Oktoberrevolution, als die Erneuerung der Kunst offiziell vom Staat gefördert wurde. Gabo glaubte, dass es bei Skulpturen um Raum und nicht um Masse ging. Und er glaubte, dass seine Werke in erster Linie als Ideen existierten, die sich aus verschiedenen Materialien, an verschiedenen Orten und in verschiedenen Größen reproduzieren ließen. Als mit seiner Übersiedlung nach Berlin 1922 seine Wanderjahre begannen, führte er einen Koffer mit Miniaturversionen seiner Arbeiten mit sich. In Deutschland begegnete Gabo Bauhauskünstlern und -designern wie dem Architekten Marcel Breuer (siehe S. 99). Er arbeitete auch in Paris, wo er Bühnenbilder und Kostüme für Djagilews Ballets Russes entwarf. Angesichts der wachsenden Bedrohung durch die Nationalsozialisten übersiedelte Gabo 1936 nach London. Er wirkte hier als charismatisches und einflussreiches Mitglied des Avantgarde-Kreises in Hampstead, dem Barbara Hepworth, Ben Nicholson und Henry Moore (siehe S. 159 und S. 169), aber auch Emigranten wie Breuer angehörten. Hepworth und Nicholson waren Trauzeugen bei der Hochzeit Gabos mit Miriam Franklin, einer aus Amerika stammenden Britin, die ein weiterer Beweggrund für seine Übersiedlung nach London gewesen war.

Im April 1938 war Gabo zur Eröffnung seiner Ausstellung in der Julian Levy Gallery in New York. Breuer war schon im Jahr zuvor in die Vereinigten Staaten übersiedelt, um eine Professur für Architektur an der Harvard University anzutreten, wo er zusammen mit Walter Gropius, dem früheren Direktor des Bauhauses, einer ganzen Generation amerikanischer Architekten Prinzipien moderner Baukunst lehrte. Zu Gabos und Breuers Bekannten zählte neben dem Architekturhistoriker Henry-Russell Hitchcock auch Alexander Dorner, der ein Museum in Hannover geleitet hatte und nun der Rhode Island School of Design vorstand. In jenen unruhigen Zeiten schienen alle in ständiger Bewegung zu sein. »Also wo bist du *endlich*?«, fragt Gabo Breuer. Wann können wir uns treffen? Er gibt Breuer die Adresse seines Schwagers im Empire State Building. Nach dem Krieg sollte auch Gabo nach New York gehen, wo Miriam aufgewachsen war und er sicher sein konnte, dass man für seine Ideen (die für die 1940er Jahre immer noch radikal waren) empfänglicher war als in Großbritannien.

Mein lieber Breuer,

als ich in Hartford war hörte ich von Russel Hitchkock, dass du in Europa bist. Nun sah ich aber Dorner und es stellte sich heraus, dass du doch in Harvard Univ. bist. Also wo bist du endlich? Ich habe nur aus dem Grunde dir meinen Aufenthalt in New-York nicht gemeldet. – Meine Ausstellung in Julien Levy Gallerie wird noch zwei Wochen dauern. Wirst du die Zeit haben es zu besuchen sodass wir uns hier sehen könnten. – Ich möchte gerne dich wieder sehen. Schreibe mir ein paar Worte und was wir machen könnten um uns zu treffen.

Ich beabsichtige im Juni wieder nach London zu reisen. Hoffe bis dahin dich doch gesehen zu haben. Meine Adresse in New-York ist: 176, West 79 Str. Aber sicherer ist – c/o Joe Israels Empire State Bldg. – weil ich möbliert wohne und vielleicht im Mai umziehe.

Viele herzliche Grüsse von uns beiden und von allen Londoner Freunden
Gabo

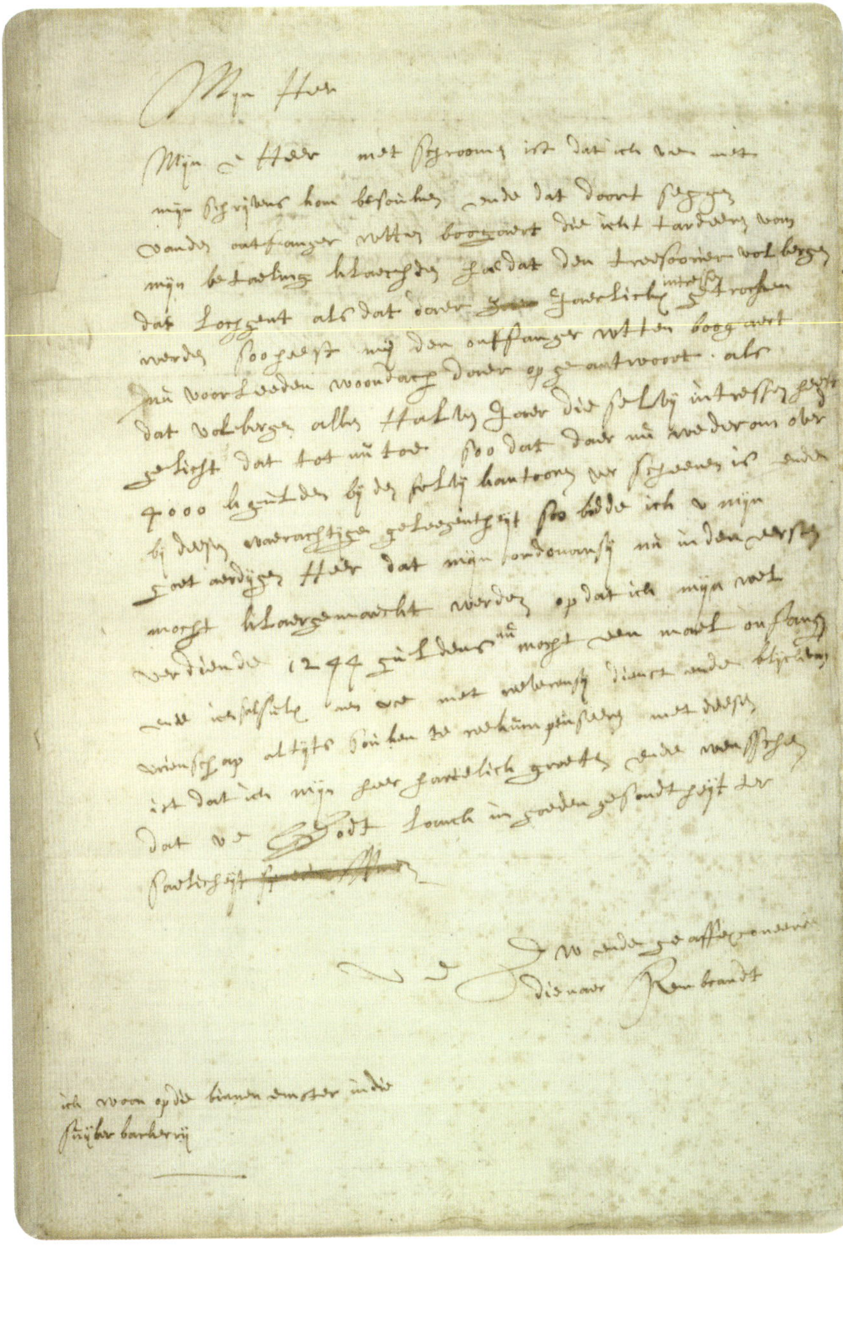
Mijn Heer

Mijn Heer met schroom ist dat ick u met
mijn schrijven kom besoucken ende dat doort seggen
vanden ontfanger uijtten boogaert die ick tardeeren van
mijn betaling klaechde sulcken dat den tresoorier volbergen
dat sorgent als dat daer jaerlicks interest strecken
werden soo seijt mij den ontfanger uijtten boogaert
jnu voorleden woensdach daer op geantwoort · als
dat volbergen alles stack dar die selfde interessen geijt
gelicht dat tot nu toe soo dat daer nu wederom ober
4000 guldens bij de selfde kantoor [illegible] is ende
bij dese waerachtige gelegentheijt soo bidde ick u mijn
goet aerdige Heer dat mijn ordonnansi nu in den eersten
mocht klaergemaeckt werden op dat ick mijn wel
verdiende 1244 guldens nu mocht een mael ontfangen
ende ick salt [illegible] met [illegible] diensten ende [illegible]
altijts soucken te verkompenseren met dese
vrientschap [illegible]
ist dat ick mijn heer hartelijck groete ende wenssche
dat u de Godt lanch in goeden gesontheijt
saelicheijt

UE dienstwillige ende affectioneerde
dienaer Rembrandt

ick woon op de binnen amstel inde
suijcker backerij

Rembrandt van Rijn (1606–1669) an Constantijn Huygens

Mitte Februar 1639

Im Januar 1639 kaufte Rembrandt ein großes Haus in der vornehmen Sint Antoniebreestraat in Amsterdam (heute: Museum Het Rembrandthuis), in das er im Mai mit seiner Frau Saskia einziehen wollte. Vorher mieteten die beiden eine Wohnung neben einem Haus mit dem Namen »De Suyckerbackerij« (»Die Zuckerbäckerei«) an der Binnen-Amstel, eine Gegend mit vielen Anlegeplätzen und Lagerhäusern. Rembrandts und Saskias neues Atelierhaus kostete 13.000 Gulden. Rembrandt dachte, er könnte sich das leisten und es würde sein Ansehen noch steigern. Mit seiner Kunst ein gutes Einkommen zu erzielen, sollte jedoch immer eine Herausforderung bleiben, wie seine sieben erhalten gebliebenen Briefe an den Diplomaten, Komponisten und Dichter Constantijn Huygens zeigen. Es geht darin um zwei Gemälde mit Szenen aus dem Evangelium, die Grablegung und die Auferstehung Jesu. Rembrandt hoffte, durch Vermittlung des Höflings und Kunstliebhabers Huygens von Prinz Frederik Hendrik van Oranje 2000 Gulden hierfür zu bekommen. Nachdem er einen Monat auf die Bezahlung gewartet hatte, begnügte er sich widerstrebend mit 1600 Gulden, die er über den Steuereintreiber Johannes Uyttenbogaert erhalten sollte. Letztendlich beauftragte Prinz Frederik seinen Schatzmeister Thyman van Volbergen damit, Rembrandt 1244 Gulden auszuzahlen. Diese Zahlung scheint sich mit Rembrandts Erinnerungsschreiben gekreuzt zu haben. Im Brief achtet er tunlichst darauf, seine Ungeduld mit ehrerbietenden Förmlichkeiten zu zähmen, die von Künstlern in ihren Schreiben an gesellschaftlich Höhergestellte erwartet wurde.

Verehrter Herr,

mit Widerwillen richte ich diesen Brief an Euch mit der Mitteilung, dass ich mich bei Steuereinnehmer Uyttenbogaert über die ausstehende Bezahlung beklagt habe, obschon Schatzmeister Volbergen sie mit dem Hinweis ablehnt, dass Abgaben jährlich erhoben würden. Uyttenbogaert antwortete vergangenen Mittwoch, dass Volbergen besagte Abgaben bisher alle halbe Jahre erhoben hat, sodass in seinem Amt abermals mehr als 4000 Carolus-Gulden eingeflossen sein mögen. Da dies die wahren Umstände sind, bitte ich Euch, mein mir wohlgesonnener Herr, zu veranlassen, dass der mir gegebenen Zusicherung sofort entsprochen wird und ich letztlich meine wohlverdienten 1244 Gulden erhalte. Ich werde stets bestrebt sein, Euch dies mit meiner Hochachtung, meinen Diensten und Freundschaftsbeweisen zu entgelten. Hiermit verbinde ich meine herzlichsten Grüße und Wünsche. Gott gewähre Euch weiterhin gute Gesundheit und seinen Segen.

Euer ehrerbietiger und ergebener Diener,
Rembrandt

Ich wohne an der Binnen-Amstel in der Zuckerbäckerei

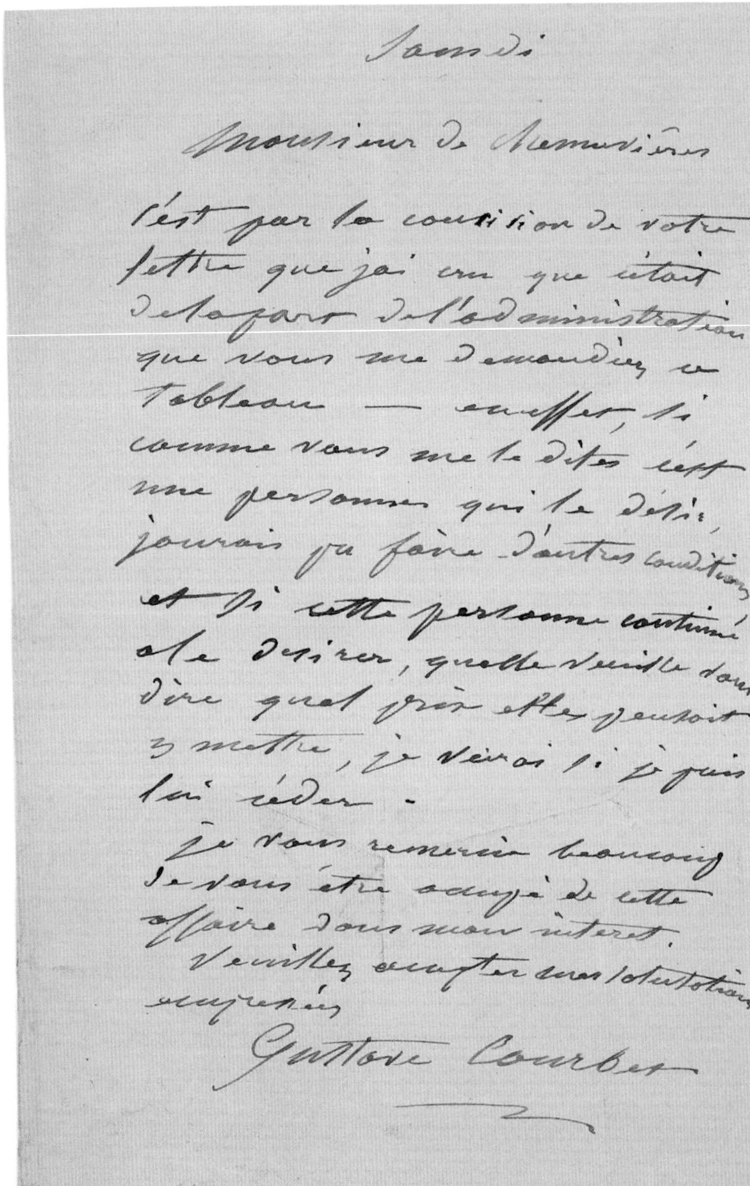

Samedi

Monsieur de Chennevières

C'est par la condition de votre
lettre que j'ai cru que c'était
de la part de l'administration
que vous me demandiez ce
tableau — en effet, si
comme vous me le dites c'est
une personne qui le désire,
j'aurais pu faire d'autres conditions,
et si cette personne continue
à le désirer, qu'elle veuille donc
dire quel prix elle peut
y mettre, je verrai si je puis
lui céder.

Je vous remercie beaucoup
de vous être occupé de cette
affaire dans mon intérêt.

Veuillez accepter mes salutations
empressées

Gustave Courbet

Gustave Courbet (1819–1877) an Charles-Philippe de Chennevières
April 1866

In den 1860er Jahren war Gustave Courbet bereits ein erfolgreicher Maler, hatte jedoch ein ambivalentes Verhältnis zum gesellschaftlichen und künstlerischen Establishment. Anfang der 1850er Jahre war er durch seine scharf beobachteten und unsentimentalen Darstellungen des bäuerlichen Lebens bekannt geworden. In einer Zeit, in der man von der akademischen Malerei lieblich idealisierte oder romantisch-heroische Darstellungen erwartete, wurden Courbets Bilder, seine Äußerungen und seine selbstbewusst aufgetragene rote Signatur als »revolutionär« empfunden. Die Kritik verriss ihn aufgrund seiner »egalitären Malerei« als »Zerstörer der Kunst«. 1855 veröffentlichte er als Einführung zu einer seiner Ausstellungen *Das realistische Manifest*, in dem er erklärte, sein Ziel sei, »die Sitten, die Ideen, das Erscheinungsbild meiner Epoche darzustellen ... um eine lebendige Kunst zu schaffen«. Realismus in der Kunst war fest verknüpft mit einer progressiven Gesellschaftspolitik. 1866 jedoch, als sein lebensgroßer Akt *Frau mit Papagei* in der »salle d'honneur« des Salons ausgestellt wurde, hofierten ihn die Sammler, darunter der osmanische Botschafter in Paris, Khalil Bey. Für ihn malte er noch im gleichen Jahr das Bild *Der Schlaf*, das ein nacktes lesbisches Paar im Bett zeigte (Petit Palais, Paris).

Charles-Philippe de Chennevières-Pointel, ein Angehöriger des niederen Adels, war ein rechtskonservativer Kunstadministrator. 1861 wurde er stellvertretender Kurator am Musée du Luxembourg, das zeitgenössische französische Kunstwerke beherbergte. Er verabscheute die Idee der Demokratie in der Kunst, insbesondere Bilder von Courbet, dem er vorwarf, er stelle »die braven Leute dieser Welt« nicht richtig dar. Courbet äußert sich in seinem Brief zurückhaltend, dürfte jedoch erstaunt gewesen sein, dass Chennevières überhaupt an ihn herangetreten war, um *Rehgehege am Bach von Plaisir-Fontaine* (Musée d'Orsay, Paris) zu erwerben. Weder »demokratisch« noch erotisch stellt diese friedliche Naturszene aus Courbets Heimat eine weitere Seite seines Kunstschaffens dar, die offenbar Kaiserin Eugénie gefiel, der Gemahlin Napoleons III. Courbet musste klar gewesen sein, dass die »personne«, für die Chennevières das Bild zu erwerben hoffte, eine Angehörige der vornehmen Gesellschaft war. Womöglich weiß er, um wen es sich handelt, gibt das aber nicht zu erkennen. Schließlich verkaufte er das Bild nach seiner Ausstellung im Salon von 1866 für 15.000 Francs an den Börsenmakler Éric Lepel-Cointet.

Monsieur de Chennevières

aufgrund der Kürze Ihres Briefs glaubte ich, dass Sie mein Bild in öffentlichem Amte erwerben wollten. Doch wenn es, wie Sie sagen, eine bestimmte Dame kaufen will, hätte ich andere Konditionen genannt. Wenn diese Person es weiterhin wünscht, soll sie Ihnen sagen, welchen Preis sie dafür zahlen möchte und ich werde sehen, ob ich ihr entgegenkommen kann.

Vielen Dank, dass Sie sich in meinem Interesse um diese Angelegenheit gekümmert haben.

Mit allen frohen Wünschen,

Gustave Courbet

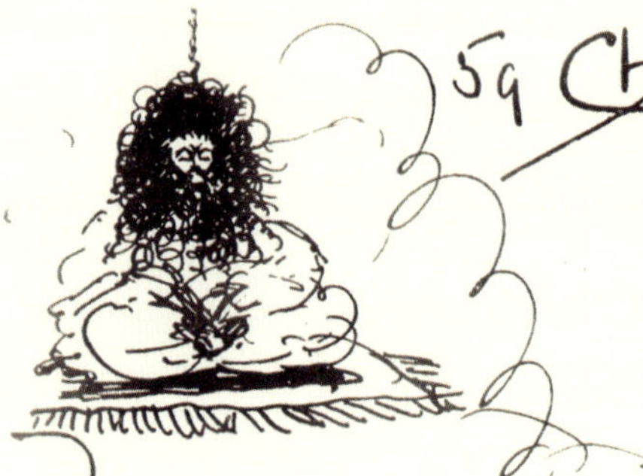

59 Charlwood St
S.W.

Dear Mr. Evans.

There is *no* *doubt* that I shall get the "Shaving" to do. Chapman & Hall are much taken with my work & are willing to wait till the autumn to make a start. All now depends upon the Immortal George. I am collecting my Persianesques &c

Aubrey Beardsley (1872–1898) an Frederick Evans
ca. 1893

Der 19-jährige Beardsley arbeitete als Schreiber und hoffte, Schriftsteller zu werden, als er im Juli 1891 dem angesehenen Maler Edward Burne-Jones (siehe S. 35) einige seiner Zeichnungen zeigte. »Ich empfehle selten oder nie, Kunst zum Beruf zu machen«, sagte ihm Burne-Jones, »aber in Ihrem Fall kann ich nichts anderes tun.« Beardsley arbeitete bald darauf an einem lukrativen Auftrag: der Illustration einer neuen Ausgabe von Thomas Malorys mittelalterlichem Epos *Le Morte d'Arthur*. Etwa 1893 konnte der Fotograf Frederick H. Evans ein Porträt von Beardsley anfertigen. Mit dem sensibel wirkenden, im Profil fotografierten Gesicht, das auf seine unwahrscheinlich langen Finger gestützt ist, wirkt er fast wie die Karikatur eines Schöngeists des L'art pour l'art. In seinem aus jener Zeit stammenden Brief an Evans erwähnt Beardsley das Malory-Projekt und einen weiteren, nicht verwirklichten Plan für eine Neuausgabe von George Merediths orientalischen Fantasy-Roman *The Shaving of Shagpat*, die bei Chapman & Hall erscheinen soll.

---

59 Charlwood Street

Dear Mr. Evans,

ohne Zweifel werde ich mit den Illustrationen beauftragt werden. Chapman und Hall sind mit meiner Arbeit sehr zufrieden und bereit, zunächst bis zum Herbst zu warten. Alles hängt jetzt von dem unsterblichen George ab. Ich stelle meine persischen Motive etc. zusammen, um sie ihm zu zeigen und bin ganz sicher, dass ihm die Arbeiten gefallen werden. Heute Abend habe ich noch schnell einen schönen Kopf von Shagpat gezeichnet – eine höchst geheimnisvolle und Blake-artige Angelegenheit, die als Druckvorlage durchaus reichen dürfte.

C & H sind bereit, eine hübsche Summe zu zahlen, soweit ich sehen kann.

Die Morte-Zeichnungen, die Sie mir freundlicherweise geliehen haben, sende ich zurück.

Vielen Dank, dass Sie mir den Tipp gegeben haben.

Stets verbleibe ich Ihr
Aubrey Beardsley

Falls Meredith den Kopf von Shagpat wieder hergibt (was er meiner Meinung nach nicht tun wird), soll die Zeichnung Ihnen gehören, sofern Sie darauf Wert legen.

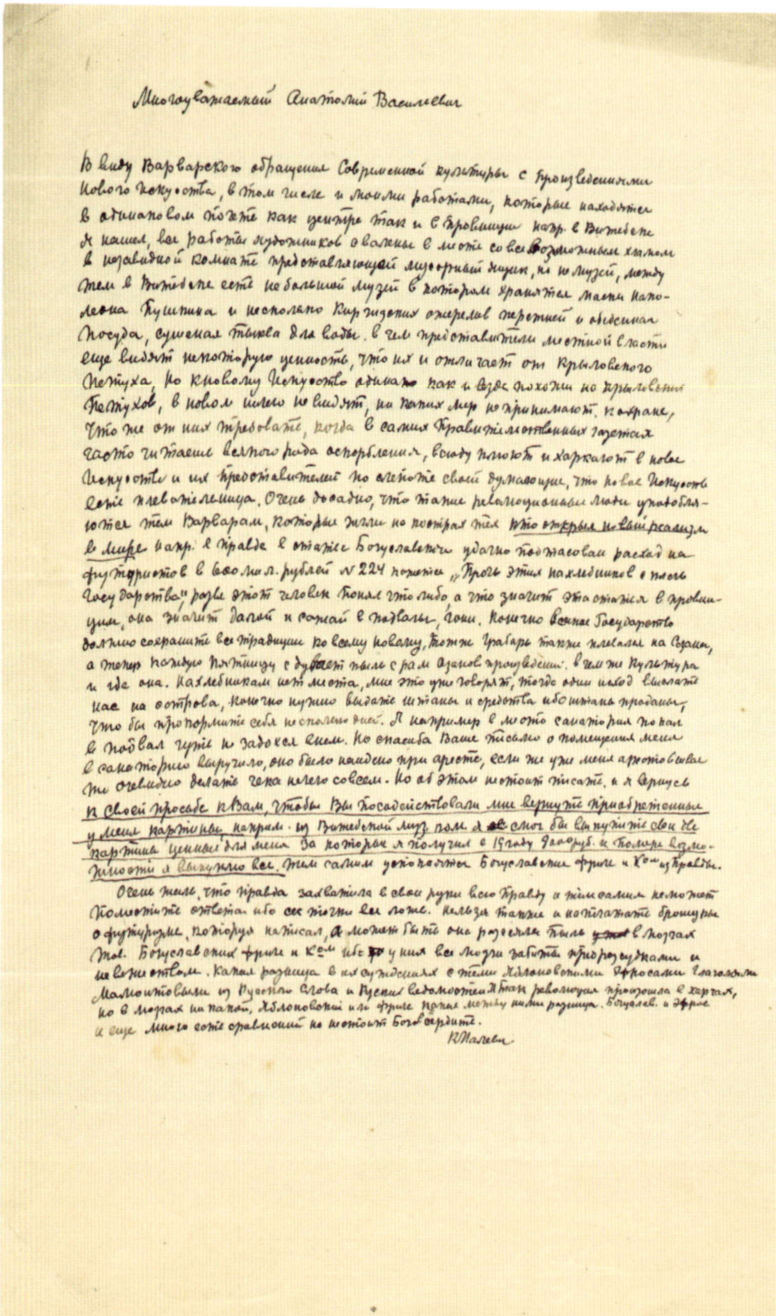

Многоуважаемый Анатолий Васильевич

В виду варварского обращения современной культуры с произведениями Нового Искусства, в том числе и моими работами, которые находятся в одинаковом положении как в центре так и в провинции напр. в Витебске я нашел все работы художников свалены в месте со всевозможным хламом в неявидной комнате представляющей мусорный ящик, а не музей, между тем в Витебске есть небольшой музей в котором хранятся маски Наполеона Пушкина и несколько киргизских ожерелий серьги и обеденная посуда, сушеная тыква для воды. в чем представители местной власти еще видят некоторую ценность, что их и отличает от Крыловского Петуха, но к новому Искусству одинаково как и везде похожи на Крыловских Петухов, в новом ничего не видят, ни каких мер не принимают к охране, что же от них требовать, когда в самих правительственных газетах часто читаешь всякого рода оскорбления, всюду плюют и харкают в новое Искусство и их представителей по слепоте своей думающие, что новое Искусство есть плевательница. Очень досадно, что такие революционные люди уподобляются тем варварам, которые жгли и пострадали тех кто открыл новый реализм в мире напр. в Правде в статье Богуславского удачно подсчитан расход на футуристов в 600 милл. рублей № 224 пометил „Прочь этих нахлебников с плеч государства" разве этот человек понял что либо а что значит эта статья в провинции, она значит давай и сажай в подвалы, гони. Конечно всякое Государство должно сохранить все традиции по всему новому, тоже Грабари также плевали на Сезанна, а теперь каждую пятницу с дубоем пыль с рам Сезанов произведений. в чем же культура и где она. Нахлебникам нет места, мне это уже говорят, тогда один исход выслать нас на острова, конечно нужно выдать штаны и средства ибо штаны проданы, что бы прокормить себя несколько дней. Я например в место санатория попал в подвал чуть не задохся в нем. Но спасибо Ваше письмо о помещении меня в санаторию выручило, оно было найдено при аресте, если же уже меня арестовывают то очевидно делать чека нечего совсем. Но об этом не стоит писать. и я вернусь к своей просьбе к Вам, чтобы Вы посодействовали мне вернуть приобретенные у меня картины, напрм. из Витебский муз. ком. я смог бы выкупить свои те картины ценные для меня за которые я получил в 19 году 9000 руб. и по мере возможности я выкуплю все. Тем самым успокоятся Богуславские Фриче и Ко из Правды.

Очень жаль, что правда захватила в свои руки всю Правду и тем самым не может поместить ответа ибо сих почти все ложь. Нельзя также и напечатать брошюры о футуризме, которую написал, а может быть она разъяснила бы в мозгах тов. Богуславских Фриче и Ком ибо у них все мозги забиты предрассудками и невежеством. Какая разница в их суждениях с теми Яблоновскими Эфросами Глаголями Мамонтовыми из Русского Слова и Русских Ведомостей. Так революция прошла в черепах, но в мозгах ни капли, Яблоновский или Фриче какая между ними разница. Богуслав. и Эфрос и еще много есть сравнений не стоит бога сердить.

К Малевич

Kasimir Malewitsch (1879–1935) an Anatoli Lunatscharski
November 1921

Nach der Oktoberrevolution von 1917 spielten russische Avantgarde-Künstler für einige aufregende Jahre eine führende Rolle, als es darum ging, für den jungen sowjetischen Staat eine neue visuelle Sprache zu entwickeln. Ungeachtet des Misstrauens, das Lenin der avantgardistischen Kunst entgegenbrachte, berief der gebildete und kunstliebende Volkskommissar für das Bildungswesen, Anatoli Lunatscharski, Künstler an Bildungseinrichtungen wie die Volkskunstschule in der weißrussischen Stadt Witebsk, deren Leitung Kasimir Malewitsch 1919 von Marc Chagall übernahm. Mit Gemälden wie *Das schwarze Quadrat* (1915, Tretjakow-Galerie, Moskau) hatte Malewitsch den Grundstein für eine kompromisslos formale Abstraktion gelegt [Suprematismus]. In Witebsk gründete er mit Malern und Zeichnern die Gruppe UNOWIS (»Bestätiger der Neuen Kunst«), die seine radikalen Ideen umsetzen sollten. Einmal wurden zum Jahrestag der Revolution die Straßen der Stadt zur Erheiterung der Einwohner mit Kreisen, Quadraten und farbigen Linien geschmückt.

Ab 1921 verhärtete sich die Haltung der staatlichen Behörden gegenüber der Avantgarde. Leute wie Michail Boguslawski, ein im Grunde unbedeutender Parteifunktionär, ritten in der Parteizeitung *Prawda* immer wieder Attacken gegen »die Neue Kunst«. Malewitsch erhielt mehrmals Besuch von der Tscheka [Staatssicherheitsdienst Sowjetrusslands] und wurde der Subversion beschuldigt. Nach einigen Gefängnisaufenthalten kam er nach Vorlage eines von Lunatscharski verfassten Briefes wieder frei. Sein an Lunatscharski gerichteter Brief zeugt von seiner wachsenden Frustration und Schutzlosigkeit in Witebsk. Einige Wochen danach ging er nach Petrograd (heute Sankt Petersburg).

Lieber Anatoli Wassiljewitsch,

was die barbarische Art betrifft, in der die gegenwärtige Kultur mit den Werken der Neuen Kunst umgeht, und dazu gehören auch meine in den Zentren, aber auch in der Provinz (z.B. Witebsk) respektierten Arbeiten, so fand ich sämtliche Kunstwerke mit allerhand Müll in einem ungeeigneten Raum gelagert, der mehr einem Abfalleimer gleicht als einem Museum. In Witebsk gibt es sogar ein Museum, in dem die Masken von Napoleon und Puschkin aufbewahrt werden, genauso wie kirgisische Halsketten, Ringe, Tafelgeschirr sowie eine Kalebasse als Gefäß für Wasser, das wird hier alles immer noch sehr geschätzt [...]. Die Neue Kunst bedeutet ihnen hingegen gar nichts und sie haben keine Maßnahmen ergriffen, um sie zu schützen. Aber was kann man von ihnen erwarten, wenn man selbst in staatlichen Zeitungen immer wieder Verunglimpfungen aller Art lesen muss? Überall bespucken sie die Neue Kunst und ihre Vertreter. Weil sie blind sind, halten sie die Neue Kunst für einen Spucknapf [...]. Boguslawski verdreht zum Beispiel in seinem *Prawda*-Artikel in Nummer 224 die Tatsachen hinsichtlich der 600 Millionen Rubel, die für futuristische Kunst ausgegeben werden. Er schreibt: »Werft diese Parasiten von den Schultern des Staates.« Hat dieser Mann von irgendetwas eine Ahnung? Und was sagt dieser Artikel den Menschen in den Provinzen? Er sagt ihnen: »Weg mit ihnen und sperrt sie in Keller!« [...] Ich zum Beispiel fand mich in einem Keller wieder, statt in einem Sanatorium und wäre darin fast erstickt. Aber vielen Dank – Ihr Brief mit der Nachricht, Sie hätten für mich einen Platz im Sanatorium gefunden, war wirklich hilfreich. Sie entdeckten ihn bei meiner Verhaftung. Wenn sie sogar *mich* verhaften, hat die Tscheka offensichtlich nicht genug zu tun [...].

K. Malewitsch

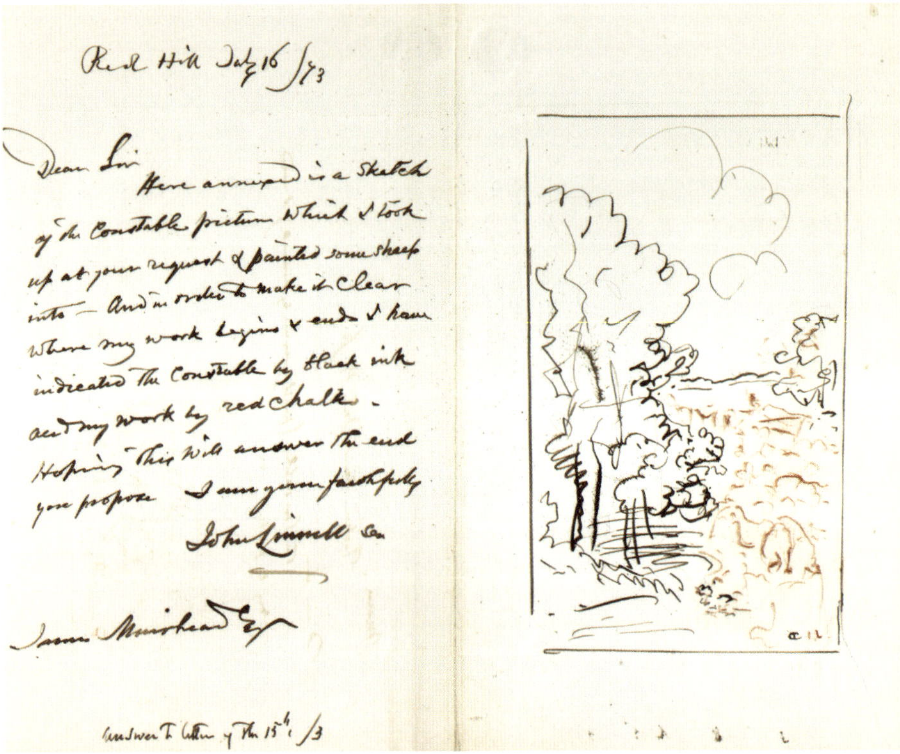

Red Hill July 16/73

Dear Sir

Here annexed is a Sketch of the Constable picture which I took up at your request & painted some sheep into — And in order to make it Clear where my work begins & ends I have indicated the Constable by black ink and my work by red chalk —

Hoping this will answer the end you propose I am yours faithfully

John Linnell Sen

James Muirhead Esq

Answer to letter of the 15th /3

John Linnell (1792–1882) an James Muirhead
16. Juli 1873

Am 1. Juli 1873 erhielt John Linnell Besuch von zwei Kunsthändlern. »Mr. Muirhead und Mr. Brown kauften ein Constable zugeschriebenes Bild«, schrieb er in sein Tagebuch. Sie baten ihn, das Bild etwas zu verändern und er erklärte sich bereit, »einige Schafe hinzuzufügen und es zu einem Bild von Constable & Linnell zu machen«. Er sollte die Arbeit binnen zweier Wochen abschließen und dafür 100 Pfund erhalten (ca. 7.060 Euro nach heutigem Wert). Linnells Mitteilung an Muirhead, die er 15 Tage nach dem Treffen verfasste, ist Ausdruck seiner geschäftlichen Professionalität: Er hat den vereinbarten Termin eingehalten und legt eine Skizze des Gemäldes bei, um darin farblich »kenntlich zu machen, wo meine Arbeit beginnt und endet«.

In dieser Phase seiner Laufbahn war Linnell einer der kommerziell erfolgreichsten Maler Großbritanniens. Der Erlös aus dem Verkauf seiner Porträts und Landschaften hatte es ihm ermöglicht, sich in Redhill in Surrey ein Landhaus zu erbauen, wo er seinen neun Kindern Hausunterricht erteilte. Dabei war ihm bewusst, dass ihn seine Darstellungen ländlicher Szenen weit vermögender gemacht hatten, als die Bauern der Umgebung es je werden konnten. Als gläubiger Christ ließ er in seine pastoralen Landschaften immer wieder die biblische Symbolik von Hirten und Herden, Viehhaltung und Ernte einfließen. Schafe waren für ihn stets mehr als reine Bildelemente: Die friedliche Herde in *Contemplation* (1864/1865, Tate Britain, London) wirkt wie ein Versprechen, dass den Schäfer ungestörte Stunden erwarten, die er seiner Erbauungslektüre widmen kann.

In den 1820er Jahren war Linnell ein treuer Unterstützer der visionären Maler William Blake (siehe S. 37) und Samuel Palmer gewesen, die er mit Geld, Kontakten und Aufträgen versorgte. Nachdem Palmer 1837 Linnels jüngste Tochter Hannah heiratete, kam es zwischen Vater und Schwiegersohn zu Spannungen. Auch Linnells Verhältnis zu John Constable (siehe S. 81) war ambivalent. Nachdem es ihm mehrmals missglückte, in die königliche Akademie aufgenommen zu werden, kam er zur Überzeugung, dass sein älterer Kollege dafür verantwortlich war. Er scheint auch keinerlei Hemmungen gehabt zu haben, in ein (echtes oder vermeintlich echtes) Landschaftsbild von Constable zu »intervenieren«.

Red Hill, 16. Juli 73

Dear Sir,

beiliegend eine Skizze des Constable-Bilds, das ich Ihrem Wunsch folgend mit einigen Schafen ergänzt habe – Und um kenntlich zu machen, wo meine Arbeit beginnt und endet, habe ich Constables Anteil mit schwarzer Tinte und meinen mit roter Kreide markiert.

In der Hoffnung, damit Ihrem Vorschlag entsprochen zu haben, verbleibe ich hochachtungsvoll
Ihr

John Linnell sen[ior]
James Muirhead Esq[uire]
Antwort auf Brief vom 15. /3

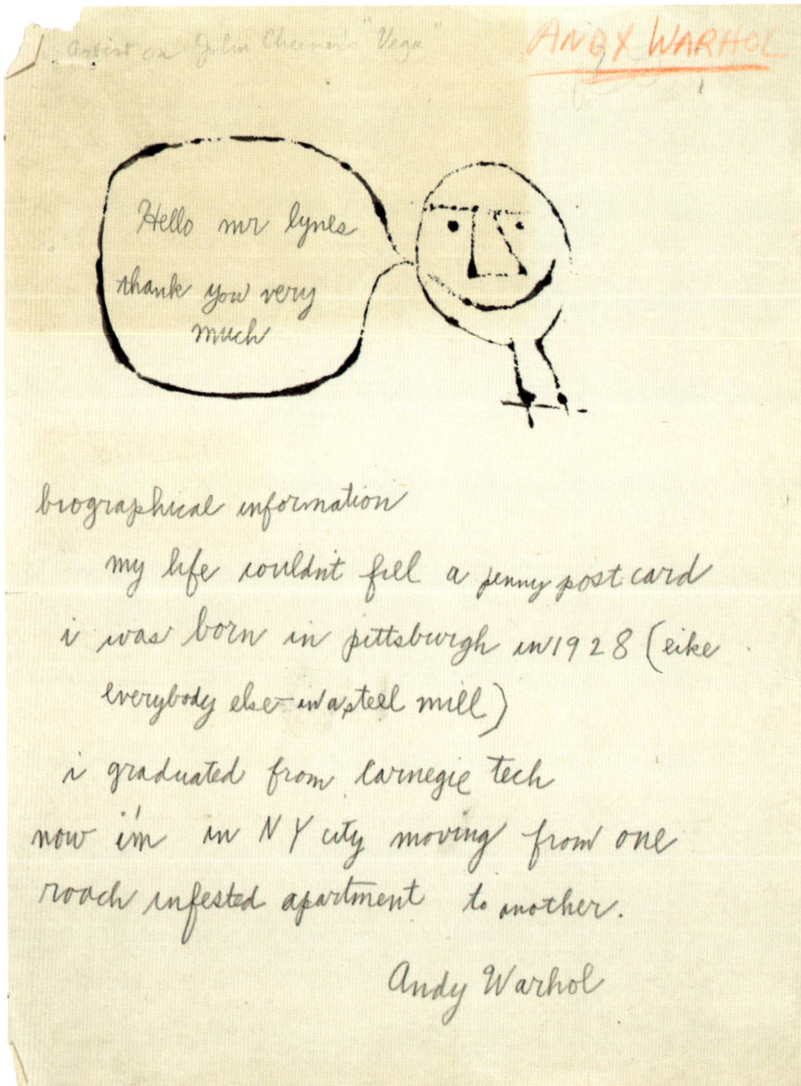

ANDY WARHOL

Hello mr lynes
thank you very much

biographical information
my life couldnt fill a penny post card
i was born in pittsburgh in 1928 (like everybody else—in a steel mill)
i graduated from carnegie tech
now im in N Y city moving from one roach infested apartment to another.

Andy Warhol

Andy Warhol (1928–1987) an Russell Lynes
1949

Ein 20-jähriger Andy Warhol übermittelt Russell Lynes, dem Fotografen und Redaktionsassistenten von *Harper's Bazaar*, eine (sehr) kurze Biografie für eben jene Zeitschrift, von der er gerade einen seiner ersten Aufträge erhalten hat. 1949 hatte Warhol sein Studium am Carnegie Institute of Technology in Pittsburgh abgeschlossen und ließ sich in New York als Werbegrafiker nieder. Während der folgenden zehn Jahre schuf er hunderte Illustrationen für *Harper's*, dessen Moderedakteurin Diana Vreeland sich intensiv darum bemühte, die Zeitschrift mit einem frischeren Look und stärkerer Relevanz von ihrer Konkurrentin *Vogue* abzuheben. Warhols unverbraucht-skurrile Darstellungen von Schuhen, Kleidern, Handtaschen, Armbanduhren und jeglicher Art modischer Accessoires verliehen dem Schick der 1950er Jahre eine unverwechselbar verspielte Note. Diese Phase seiner Karriere fand ihren Höhepunkt 1955/1956 mit seiner preisgekrönten Werbekampagne für die Schuhe der Firma Miller & Sons. Erst Anfang der 1960er Jahre begann Warhol damit, auf Comics und Werbeanzeigen basierende Bilder zu malen, worauf er bald der neuen Welle US-amerikanischer Pop-Art zugeschrieben wurde.

Hallo mr. lynes
vielen herzlichen
Dank

biografische Information
    mein Leben könnte keine Penny-Postcard füllen
    ich wurde 1928 in Pittsburgh geboren (in einem Stahlwerk – wie alle anderen auch)
ich graduierte am Carnegie Tech
    jetzt bin ich in NY city und ziehe von einer kakerlakenverseuchten Wohnung in die andere

Andy Warhol

Kapitel 7

Reisen

»Ich war in Simbabwe«

er Bahn nach Paris und von d
sende ich Euch einen herzlich
ht viel sagen – alles ist einfac
senbahnfahrt, die ich fürchte
die … fran
nt sein wird. Zu Australien kan
deren Seite der Seine gegenü
vinzstadt. Hoffe, es geht Euch
erggebiet in der Provinz Hava
ne Farm hat und jetzt fahre ic
eder mit dem Schiff von Alexa
unter den Italienern, die mich
och besonders sonnig hier, a
u gehen, wenn Sie wissen, da
dass Man Ray herüberkomm
rkünfte und die medizinische
u würdest dieses Land lieben
r Kneipe im Quartier Latin mit

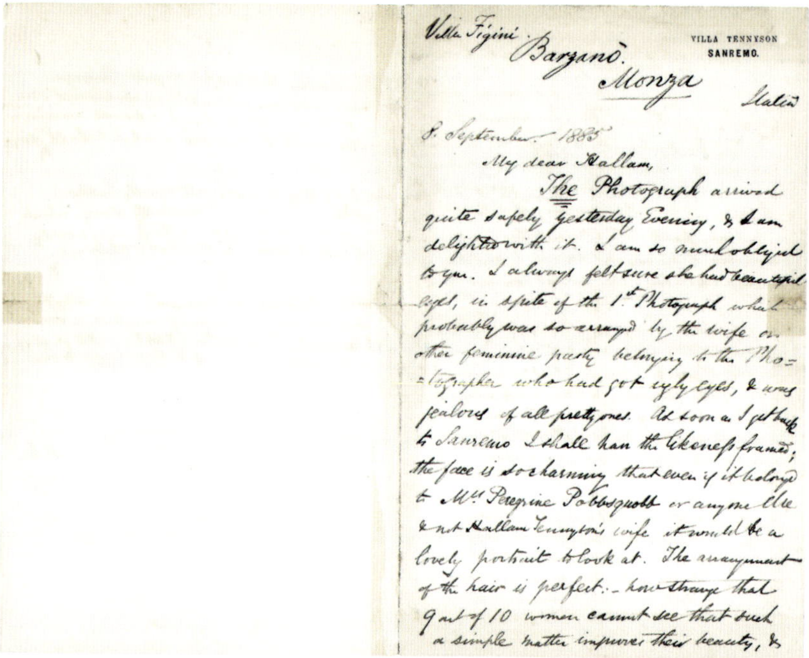

VILLA TENNYSON
SANREMO.

Villa Figini
Barzanò.
Monza
Italia

8. September 1885

My dear Hallam,

The Photograph arrived quite safely yesterday Evening, & I am delighted with it. I am so much obliged to you. I always felt sure she had beautiful eyes, in spite of the 1st Photograph which probably was so arranged by the wife or other feminine party belonging to the Photographer who had got ugly eyes, & was jealous of all pretty ones. As soon as I get back to Sanremo I shall have the likeness framed; the face is so charming that even if it belonged to Mrs Peregrine Pobbsquobb or anyone else & not Hallam Tennyson's wife it would be a lovely portrait to look at. The arrangement of the hair is perfect: — how strange that 9 out of 10 women cannot see that such a simple matter improves their beauty, &

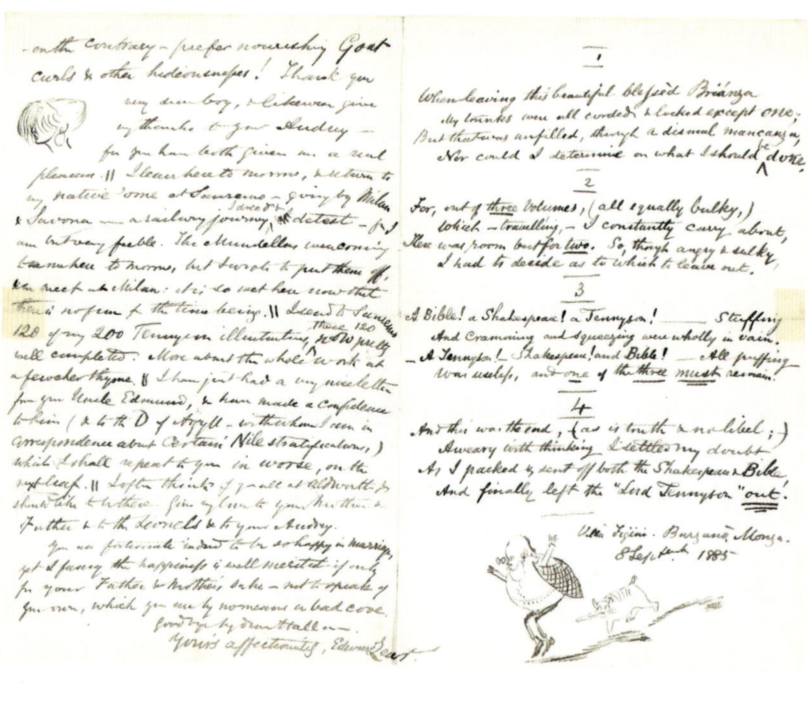

— on the contrary — prefer nourishing Goat curls & other hideousnesses! Thank you very dear boy, & likewise give my thanks to your Audrey — for you have both given me a real pleasure. || I leave here tomorrow, & return to my native 'ome at Sanremo — going by Milan & Savona — a railway journey I dread & detest — for I am but very feeble. The Mundellas were coming to see me here tomorrow, but I wrote to put them off & we meet at Milan: it is so wet here now that there is no fun for the time being. || I send to Sanremo 120 of my 200 Tennyson illustrations, these 120 now pretty well completed. More about the whole work at a fewcher thyme. || I have just had a very nice letter from your Uncle Edmund, & have made a confidence to him (& to the D of Argyll — with whom I am in correspondence about certain Nile stratifications,) which I shall repeat to you in worse, on the next leaf. || I often think of you all at Aldworth — I should like to be there. Give my love to your Mother & Father & to the Lionels & to your Audrey.

You are fortunate indeed to be so happy in marriage, yet I fancy the happiness is well merited if only for your Father & Mother's sake — not to speak of your own, which you are by no means a bad cove.

Goodbye my dear Hallam —
Yours affectionately, Edward Lear.

1

When leaving this beautiful blessed Brianza
My trunks were all corded & locked except one;
But that was unfilled, through a dismal mancanza,
Nor could I determine on what I shoulde done.

2

For, out of three Volumes, (all equally bulky,)
Which — travelling, — I constantly carry about,
There was room but for two. So, though angry & sulky,
I had to decide as to which to leave out.

3

A Bible! a Shakespeare! a Tennyson! ___ Stuffing
And Cramming and Squeezing were wholly in vain.
— A Tennyson! — Shakespeare! and Bible! — All puffing
Was useless, and one of the three must remain.

4

And this was the end, (as is truth & no libel;)
A weary with thinking I settled my doubt,
As I packed up & sent off both the Shakespeare & Bible,
And finally left the "Lord Tennyson" out!

Villa Figini. Barzanò. Monza.
8 September 1885

Edward Lear (1812–1888) an Hallam Tennyson
8. September 1885

Edward Lear lebte in Rom, als Revolutionswirren in Italien ihn dazu nötigten, 1849 nach England zurückzukehren. Kurz zuvor hatte er zwei sehr unterschiedliche Bücher veröffentlicht: *Illustrated Excursions in Italy* war ein topografisches Album, das Königin Victoria davon überzeugte, bei ihm Zeichenunterricht zu nehmen. *A Book of Nonsense* enthielt 72 Limericks und Zeichnungen, die völlig exzentrische Figuren in unwahrscheinlichen Situationen darstellten. Es fand nur wenig Beachtung.

Nach seiner Rückkehr knüpfte Lear in England eine lebenslange Freundschaft mit dem Hofdichter Alfred Tennyson und seiner Frau Emily. Tennyson widmete Lears neuem Buch über seine Reisen in Griechenland ein Gedicht. Wie Lear Emily mitteilte, war seine Freude über Tennysons Gedicht »unermesslich«. Als er 1869 nach Italien zurückkehrte, um sich in Sanremo niederzulassen, nahm er die Illustration von Tennysons gesamten Gedichten in Angriff. 1885, als er immer noch daran arbeitete, schrieb er Tennysons ältestem Sohn Hallam (dem späteren Generalgouverneur Australiens), um ihm für das Foto von dessen Frau Audrey zu danken und über den Fortgang seiner Arbeiten zu berichten. Er schließt mit einer selbstironischen Passage über das Reisen mit einem übervollen Koffer – statt Platz für drei Schmöker, ist darin nur mehr Platz für zwei: »Eine Bibel! Ein Shakespeare! Ein Tennyson! Stopfen und pressen und quetschen waren völlig vergeblich [...]. Ich packte den Shakespeare und die Bibel ein und schickte den Koffer ab; den ›Lord Tennyson‹ habe ich schließlich weggelassen!«

Mein lieber Hallam,

das Foto traf gestern Abend unbeschädigt ein und ich bin hoch erfreut darüber. Ich bin Dir zu großem Dank verpflichtet. Ich war schon immer sicher, dass sie schöne Augen hat, trotz des 1. Fotos. Wahrscheinlich gestaltete das die Frau oder eine andere Mitarbeiterin des Fotografen, die hässliche Augen hatte & eifersüchtig auf alle mit schönen war. Sobald ich wieder in Sanremo bin, werde ich das Porträt rahmen lassen. Das Gesicht ist so bezaubernd, dass es sogar als das von Mrs. Peregrine Pobbsquobb oder sonst jemandem und nicht allein von Hallam Tennysons Gemahlin schön anzusehen wäre. Die Frisur ist perfekt: Wie – wie seltsam es doch ist, dass 9 von 10 Frauen nicht erkennen, dass eine so einfache Sache ihre Schönheit zur Geltung bringen lässt und sie – stattdessen– Ziegenlocken und andere Hässlichkeiten bevorzugen! Dank dir, mein Junge, und übermittle meinen Dank auch Audrey – denn Ihr beide habt mir wirklich Freude bereitet. Ich fahre hier morgen ab & kehre in meine Heimat Sanremo zurück – via Mailand und Savona – eine Eisenbahnfahrt, die ich fürchte und hasse, da ich mich schwächlich fühle [...]. Nach Sanremo sende ich 120 von meinen 200 Tennyson-Zeichnungen, diese 120 sind nun ganz fertig. Mehr über das ganze Werk zu einem zukünftigen Zeitpunkt [...].

Du hast das Glück, so glücklich verheiratet zu sein. Ich denke aber, dass das wohlverdiente Glück auch Deinem Vater und Deiner Mutter geschuldet ist und nicht zuletzt Dir selbst, der Du doch in keinster Weise ein schlechter Kerl bist.

Good bye, mein lieber Hallam.
In tiefer Zuneigung Dein, Edward Lear.

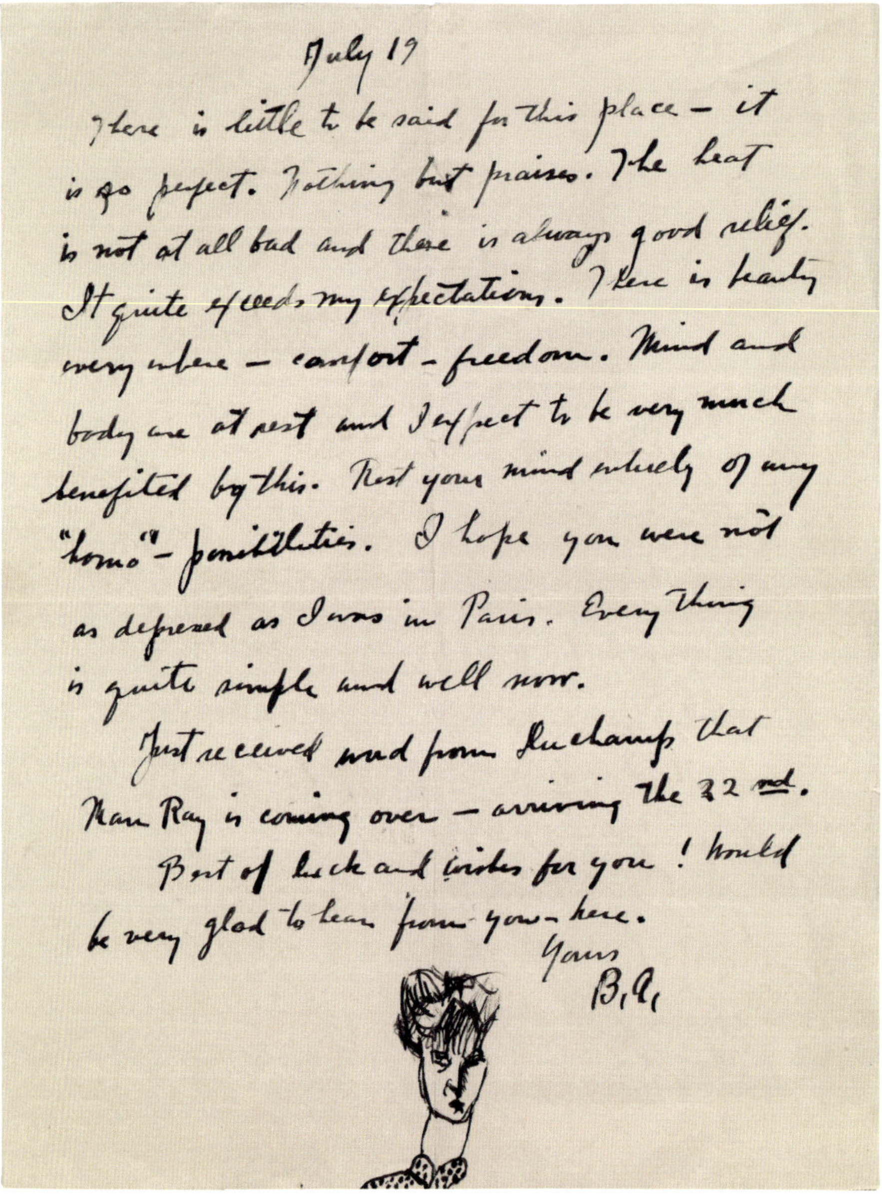

July 19

There is little to be said for this place – it is so perfect. Nothing but praises. The heat is not at all bad and there is always good relief. It quite exceeds my expectations. There is beauty every where – comfort – freedom. Mind and body are at rest and I expect to be very much benefited by this. Rest your mind wholly of my "homo"-possibilities. I hope you were not as depressed as I was in Paris. Every thing is quite simple and well now.

Just received word from Duchamp that Man Ray is coming over – arriving the 22nd.

Best of luck and wishes for you! Would be very glad to hear from you – here.

Yours
B.A.

Berenice Abbott (1898–1991) an John Henry Bradley Storrs
19. Juli 1921

Berenice Abbott ist heute als Fotografin bekannt. Unter anderem durch ihre Bilder vom New York der 1930er Jahre und ihre Porträts von Zeitgenossen wie James Joyce, Jean Cocteau und Eugène Atget, dem bescheidenen Chronisten des Pariser Fin de siècle, dessen außergewöhnliches Œuvre sie wiederentdeckte und bewahrte. Ursprünglich wollte sich Abbott zur Bildhauerin ausbilden lassen. Ermuntert von Marcel Duchamp (siehe S. 45), den sie während des Ersten Weltkriegs in New York kennenlernte und der exzentrischen Bildhauerin und Dichterin Elsa von Freytag-Loringhoven, übersiedelte sie im März 1921 nach Paris. Auf ihrer Reise begegnete sie John H. Storrs, einem amerikanischen Bildhauer, der bei Rodin studiert hatte.

Durch Storrs Vermittlung fand Abbott Arbeit als Künstlermodell. Sie unterrichtete Ragtime-Tanz und verkaufte einige Skulpturen, konnte sich aber nicht wie erhofft den Unterricht bei Antoine Bourdelle leisten. Im Künstlerviertel Montparnasse traf sie Duchamp und den experimentellen Fotografen Man Ray wieder, mit dem Duchamp sie in New York bereits bekannt gemacht hatte. Ray, entmutigt durch den Misserfolg seiner und Duchamps Dada-Veröffentlichung (siehe auch S. 69), war 1921 ebenfalls nach Paris gekommen.

Abbott schreibt Storrs aus der kleinen Stadt Brignoles an der Côte d'Azur, wo sie sich den Sommer über von der Großstadt erholen will. Trotz ihrer Euphorie, sich in Paris völlig frei fühlen und auch ihre Homosexualität ausleben zu können, kommt sie dort nicht wirklich zurecht. Im Herbst wird sie intuitiv den Zug nach Berlin nehmen und Storrs im Oktober schreiben: «Das ist die erste Stadt, die mich begeistert – den Tränen nah vor Glück ... Energie – Kraft – die Luft ist voll davon.« Doch Deutschland war Anfang der 1920er Jahre wirtschaftlich in der Krise. Da Abbott in Berlin kein Auskommen fand, kehrte sie nach Paris zurück. Bei einer Begegnung mit Man Ray in einem Nachtklub erfuhr sie von ihm, dass seine Karriere – anders als ihre eigene – sehr erfolgreich verlief. Er hatte gerade seine Atelierassistentin entlassen und bot Abbott diese Stellung an. Nachdem sie bei Man Ray das Foto-Handwerk erlernt hatte, gründete sie 1926 ihr eigenes Porträt-Studio in Paris.

Über diesen Ort lässt sich nicht viel sagen – alles ist einfach perfekt. Nichts als Lob. Die Hitze ist überhaupt nicht schlimm, zwischendurch wird es immer angenehm kühl. Es übertrifft alle meine Erwartungen. Überall Schönheit – Komfort – Freiheit. Geist und Körper finden Ruhe und ich vermute, dass mir das sehr gut tun wird: Den Geist befreien von allen «Homo«-Möglichkeiten. Ich hoffe, Sie waren in Paris nicht so deprimiert wie ich. Jetzt ist alles ganz einfach und gut.

Habe gerade Nachricht von Duchamp erhalten, dass Man Ray herüberkommt – er wird am 22. da sein.

Viel Glück und die besten Wünsche! Würde mich sehr freuen, hier von Ihnen zu hören.

Ihre
B.A.

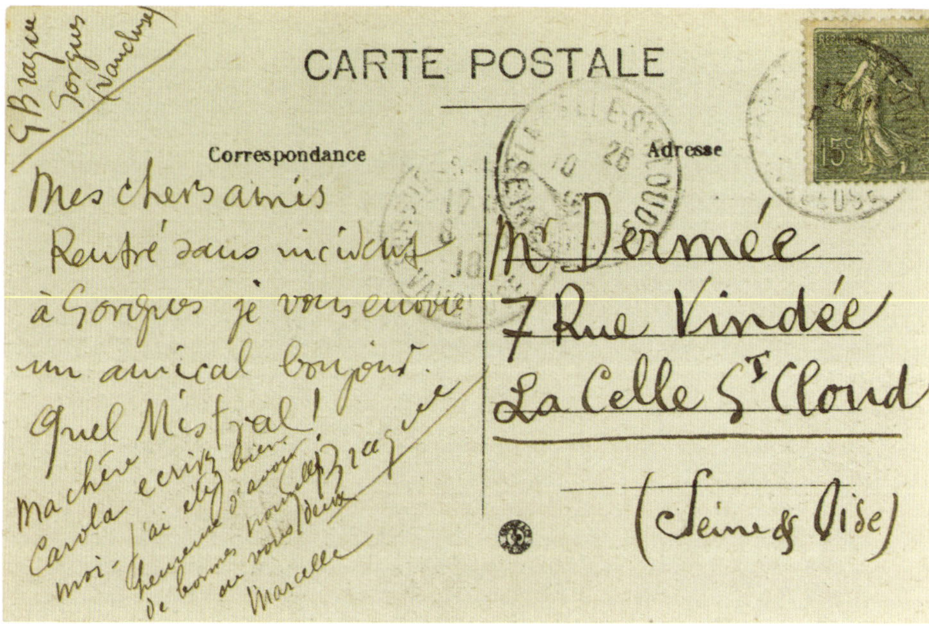

CARTE POSTALE

Correspondance

G Braque
Sorgues
(Vaucluse)

Mes chers amis
Rentré sans incident
à Sorgues je vous envoie
un amical bonjour.
Quel Mistral!
G Braque

ma chère
Carola écrivez bien
moi - j'ai été si
heureuse d'avoir
de bonnes nouvelles
de vous deux
Marcelle

Adresse

Mr Dermée
7 Rue Vindée
La Celle St Cloud
(Seine & Oise)

Georges Braque (1882–1963) und Marcelle Braque (1879–1965) an Paul Dermée and Carolina Goldstein

17. August 1918

Ende Juli 1912 bezogen Georges Braque und seine Freundin Marcelle eine Villa in der kleinen provenzalischen Stadt Sorgues, wo sich auch Picasso und Eva Gouel eingemietet hatten. Braque und Picasso waren seit 1906 gemeinsam bestrebt gewesen (als «Seilschaft«, wie Picasso sagte) die zweidimensionale Malerei grundlegend zu reformieren, was später als Kubismus bekannt wurde. Während ihres Sommeraufenthalts in Sorgues kochten Picasso und Braque gemeinsam und berieten, wie sie ihren zunehmend abstrakten Arbeiten wieder mehr Gegenständlichkeit verleihen könnten. Braque hatte damit begonnen, seinen Farben Sand beizumengen, Picasso klebte auf ein Stillleben ein Stück Stuhlgeflecht. Braque kaufte im nahen Avignon eine Tapete mit vorgeblicher Eichenholzmaserung und klebte einige Stücke davon auf eine Leinwand. Es war der Beginn einer Reihe von *papiers collés* oder Collagen, die sich schließlich als einer der nie versiegenden kubistischen Beiträge zur Kunst der Moderne erweisen sollten.

Auch in den zwei folgenden Jahren verbrachten Braque und Marcelle den Sommer in Sorgues. Als sie nach Ausbruch des Ersten Weltkriegs im August 1914 nach Paris zurückkehrten, wurde Braque zum Wehrdienst einberufen. Im Mai 1915 erlitt er in der Lorettoschlacht eine schwere Kopfverletzung durch einen Schrapnellsplitter und erblindete fast. Als die Wunden verheilten und er wieder sehen konnte, reiste er zur Genesung nach Sorgues. Erst eineinhalb Jahre später sollte er wieder malen können. Im August 1918, als sich die Deutschen an der Somme schließlich zurückzogen, kehrte der aus der Armee entlassene Braque erneut nach Sorgues zurück.

Die Karte aus Avignon ist an den belgischen Dichter Paul Dermée und dessen Frau, die aus Rumänien stammende und unter dem Pseudonym Céline Arnauld schreibende Dichterin Carola Goldstein, gerichtet. Beide sollten bald darauf in der internationalen Dada-Bewegung (siehe S. 69) aktiv werden, deren anarchischer Führer Tristan Tzara Dermée zum offiziellen Dada-Repräsentanten in Paris ernannte. Arnauld wirkte an zahlreichen Dada-Veranstaltungen und -Veröffentlichungen mit, so auch an Francis Picabias Zeitschrift *391*. Die Collagen, mit denen Braque in Sorgues 1912 experimentiert hatte und die seinen und Picassos Ruhm begründeten, sollten (neben dem daraus abgeleiteten Verfahren der Fotomontage) zu subversiven Lieblings-Waffen der Dadaisten werden.

G Braque
Sorgues
(Vaucluse)

Meine lieben Freunde

Wieder wohlbehalten in Sorgues zurück, sende ich Euch einen herzlichen Gruß. Was für ein Mistral hier!

G Braque

Meine liebe Carola, schreib mir – ich hab mich gefreut, zu hören, dass es Euch gut geht
Marcelle

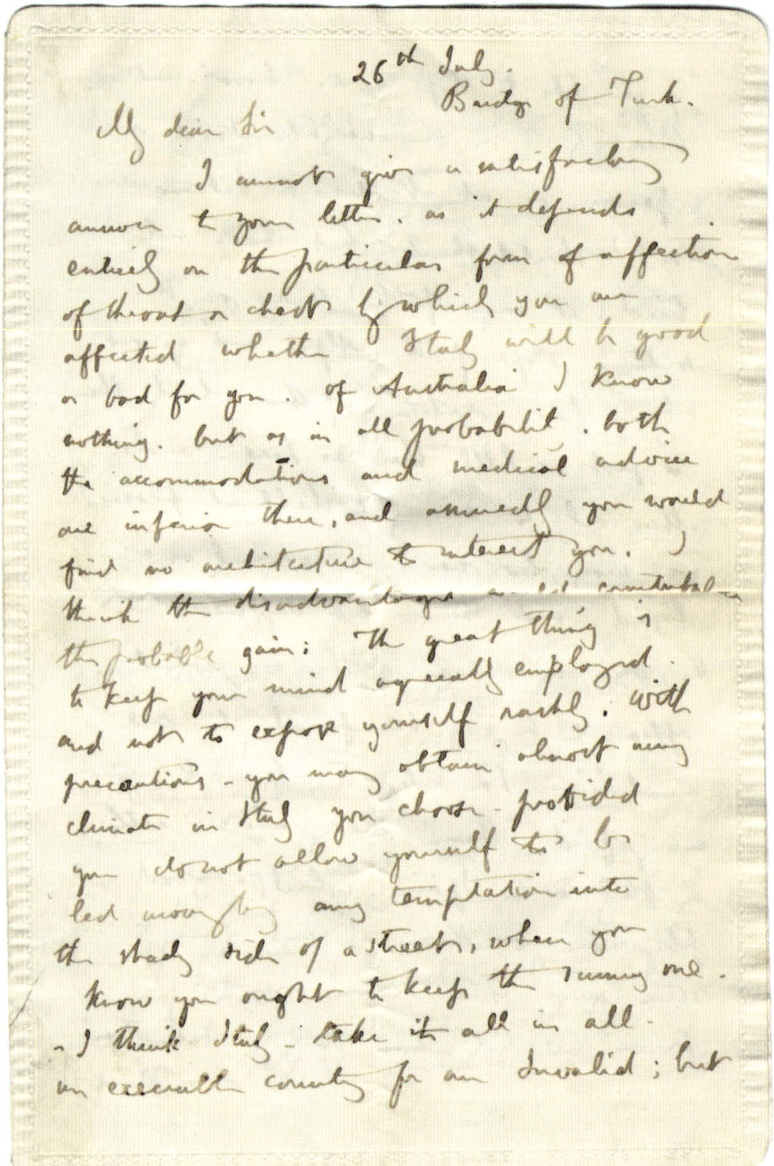

26th July.
Brig of Turk.

My dear Sir

I cannot give a satisfactory answer to your letter. as it depends entirely on the particular form of affection of throat or chest by which you are affected whether Italy will be good or bad for you. Of Australia I know nothing. but as in all probability. both the accommodations and medical advice are inferior there, and assuredly you would find no architecture to interest you. I think the disadvantages would counterbalance the probable gain: The great thing is to keep your mind agreeably employed. and not to expose yourself rashly: with precautions - you may obtain almost any climate in Italy you choose - provided you do not allow yourself to be led wrongly by any temptation into the shady side of a street, when you know you ought to keep the sunny one. - I think Italy - take it all in all - an excellent country for an Invalid; but

John Ruskin (1819–1900) an einen unbekannten Empfänger
26. Juli 1853

John Ruskin und Euphemia Chalmers Gray (bekannt als Effie) heirateten 1848. Als sie sich sieben Jahre zuvor kennenlernten, war Gray zwölf Jahre alt. Ruskin hatte eben sein Studium in Oxford beendet, Bücher veröffentlicht und sein Talent als Zeichner und Aquarellist bewiesen. 1843 und 1846 erschienen die beiden ersten Bände seines Werks *Modern Painters*, der Beginn seines Aufstiegs zur führenden Kunstautorität im viktorianischen England. Für seine nächsten Projekte, zwei Bücher über die gotische Architektur Venedigs, verbrachte er zwischen 1849 und 1852 zweimal längere Zeit in der Lagunenstadt. Er untersuchte und zeichnete »Stein für Stein jedes Fragment« des mittelalterlichen Venedigs, während Effie dort das gesellschaftliche Leben genoss. Sie schienen, zumindest jeder für sich, glücklich gewesen zu sein, die Ehe wurde aber nie vollzogen. Hinzu kamen Spannungen, die davon herrührten, dass Ruskin stark auf seine Arbeit fixiert war und unter Einfluss und Kontrolle seiner Eltern stand.

Nach England zurückgekehrt, wurde er zum Fürsprecher einer Gruppe von Malern, die sich als *Die Präraffaelitische Bruderschaft* bezeichneten. Nachdem Effie einem von ihnen – Mr. John E. Millais – Modell für ein Historiengemälde gestanden hatte, lud ihn Ruskin zu einem gemeinsamen Urlaub nach Schottland ein. Anfang Juli trafen sie in Brig o' Turk nahe der Wälder von Glen Finglas ein und mieteten ein Cottage. Ruskin beendete sein neues Buch *Die Steine von Venedig*, während Millais Studien von Effie für ein geplantes Porträt zeichnete. Ruskins Brief mit allgemein gehaltenen Gesundheitstipps an einen unbekannten Empfänger mit Brustbeschwerden enthält keinen Hinweis auf eine sich hinter seinem Rücken anbahnende Liebesbeziehung. Doch ein Jahr darauf war die Ehe am Ende. Aufgrund seiner »unheilbaren Impotenz« (eine Mutmaßung, die er später zu widerlegen suchte) ließ sich Effie von Ruskin am 15. Juli 1854 scheiden. Im Juli 1855 heiratete sie Millais.

Bridge of Turk

My dear Sir,

ich kann Ihren Brief nicht zufriedenstellend beantworten, da es völlig von der Art Ihrer Hals- oder Brusterkrankung abhängt, ob Italien für Sie gut oder schlecht sein wird. Zu Australien kann ich nichts sagen, da aber aller Wahrscheinlichkeit nach die Unterkünfte und die medizinische Betreuung unzureichend sind und Sie dort mit Sicherheit keine Architektur vorfinden, die Sie interessiert, glaube ich, dass die Nachteile einen möglichen Nutzen überwiegen würden. Wichtig ist, dass Sie Ihren Geist auf angenehme Weise beschäftigen und sich nicht unbedacht entblößen. Mit entsprechenden Vorkehrungen können Sie sich in Italien beinah jedem Klima aussetzen, das Sie wünschen. Natürlich dürfen Sie sich nicht dazu hinreißen lassen, auf der schattigen Straßenseite zu gehen, wenn Sie wissen, dass Sie auf der sonnigen Seite bleiben sollten. Ich betrachte Italien – alles in allem – als ein für Kranke unumgängliches Land [...]. Ich halte die französische Luft für vorzüglich. Wenn es Ihnen zu kalt wird, fahren Sie einfach mit der Bahn nach Paris und von dort aus nach Nizza [...].

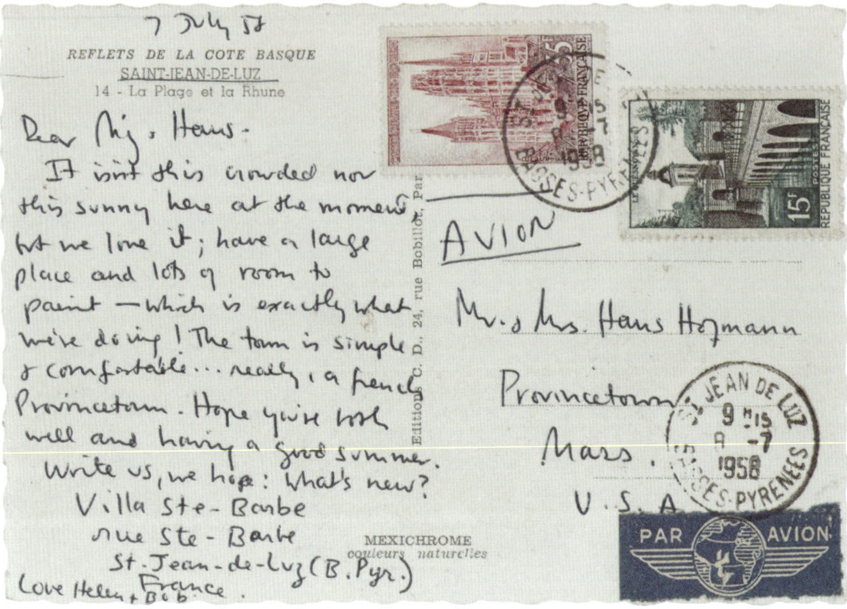
7 July 58

REFLETS DE LA COTE BASQUE
SAINT-JEAN-DE-LUZ
14 - La Plage et la Rhune

Dear Miz & Hans –
It isn't this crowded nor this sunny here at the moment but we love it; have a large place and lots of room to paint — which is exactly what we're doing! The town is simple & comfortable... really, a French Provincetown. Hope you're both well and having a good summer.
Write us, we hope: What's new?
Villa Ste-Barbe
rue Ste-Barbe
St.-Jean-de-Luz (B. Pyr.)
France
Love Helen + Bob.

Editions C. D., 24, rue Bobillot, Paris

AVION

Mr. & Mrs. Hans Hofmann
Provincetown
Mass.
U.S.A.

ST JEAN DE LUZ 9 15 9-7 1958 BASSES-PYRENEES

MEXICHROME
couleurs naturelles

PAR AVION

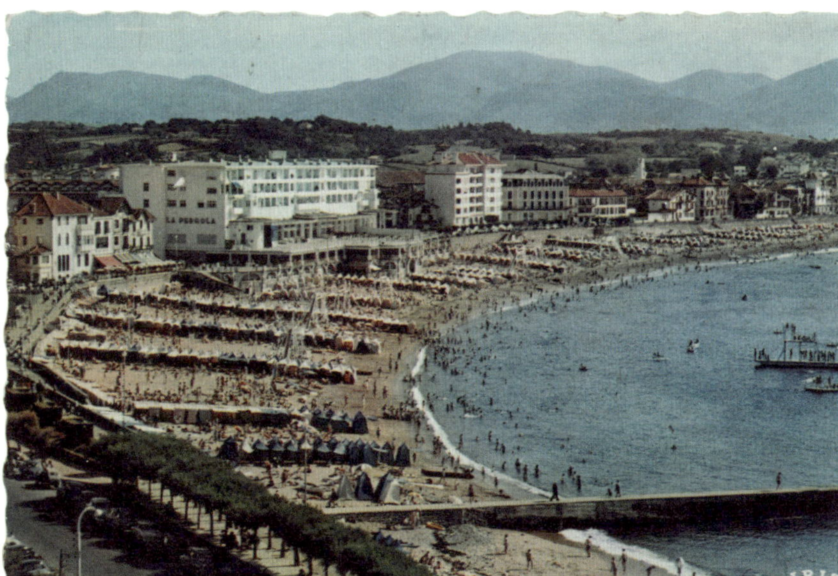

Helen Frankenthaler (1928–2011) und Robert Motherwell (1915–1991) an Maria und Hans Hofmann

7. Juli 1958

Robert Motherwell und Helen Frankenthaler heirateten im Frühjahr 1958 und verbrachten dann mehrere Monate im französischen Badeort Saint-Jean-de-Luz unweit der Grenze zu Spanien. Wie Frankenthaler ihrem früheren Kunstlehrer Hans Hofmann und seiner Frau Maria (»Miz«) auf dieser Karte schreibt, haben Motherwell und sie in ihrer oberhalb des Stadtstrands gemieteten Villa »viel Platz zum Malen« und machen davon ausgiebig Gebrauch. Motherwell, zwölf Jahre älter als seine dritte Frau, war einer der ersten abstrakten Expressionisten gewesen und wurde wie Jackson Pollock (siehe S. 121) in den 1940er Jahren von der New Yorker Galeristin Peggy Guggenheim gefördert. In der Villa Sainte-Barbe arbeitete er an einer zehn Jahre zuvor begonnenen Reihe mit dem Titel »Elegie auf die spanische Republik«. Der durch einen düsteren Tanz schemenhafter Blöcke und ovaler Formen charakterisierte Zyklus würde schließlich über 170 Bilder umfassen.

Helen Frankenthaler gehörte einer jüngeren Gruppe amerikanischer abstrakter Malerinnen an. Sie erinnerte sich, wie sehr sie die Möglichkeiten gestischer Abstraktion faszinierten, als sie 1950 Pollocks Drip Paintings sah und den Wunsch empfand, »in dieser Hand zu leben ... und die Sprache zu beherrschen«. In ihrer fünf Jahre währenden Beziehung mit dem einflussreichen Kritiker Clement Greenberg, die sie als »Bad in der Malerei« bezeichnete, besuchte sie alle erdenklichen Ausstellungen, begegnete führenden Malern und entwickelte ihre spezielle »Soak-Stain-Technik«, bei der sie stark verdünnte Farben benutzte, die von der rauen Leinwand sofort aufgesogen wurden. Das in Saint-Jean-de Luz entstandene Gemälde *Silver Coast* (Bennington College, Vermont) ist eine Komposition aus wolkig-blaugrauen Einfärbungen und explosiv aufgetragenen oder gespritzten roten, schwarzen und ockergelben Farbflecken.

Frankenthaler und Motherwell stammten beide aus vermögenden Familien, was ihnen ein sorgloses, von Reisen und Vergnügungen geprägtes Leben ermöglichte. Ihre fröhlich gestimmte Karte erreichte die Hofmanns, kurz nachdem Hans an seiner Schule in Provincetown mit 78 Jahren in den Ruhestand gewechselt war. Es war dies die letzte einer Reihe von Schulen in Deutschland und den USA, mit denen sich Hofmann einen Namen als erfolgreicher Lehrer und Mentor gemacht hatte – eine große Zahl berühmter Künstlerinnen und Künstler hatte bei ihm studiert.

Liebe Miz und Hans,

es ist zurzeit weder besonders voll noch besonders sonnig hier, aber wir lieben es. Haben ein großes Haus und viel Platz zum Malen – und genau das tun wir! Der Ort ist einfach und gemütlich ... wahrhaftig, eine französische Provinzstadt. Hoffe, es geht Euch gut und ihr verbringt einen schönen Sommer. Ihr schreibt uns doch hoffentlich: Was gibt's Neues?
Villa Ste-Barbe
rue Ste-Barbe
St-Jean-de-Luz (B. Pyr.)
Frankreich

Alles Liebe
Helen und Bob

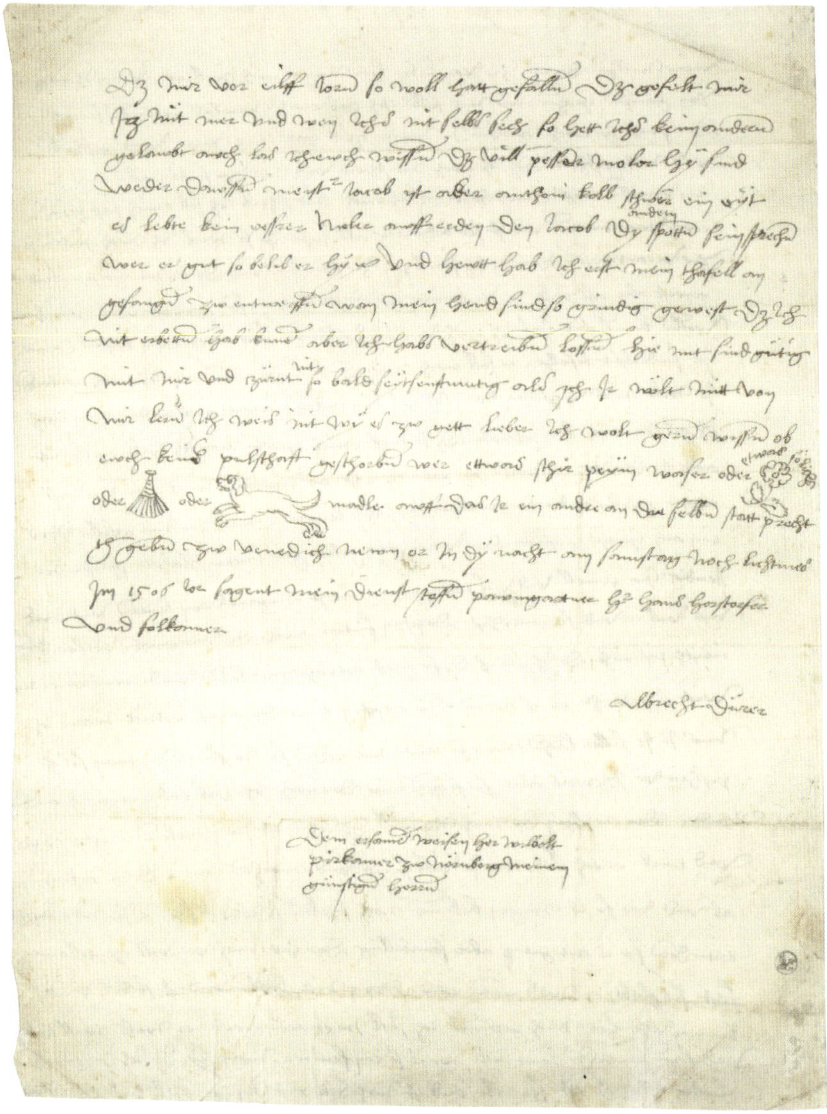

Albrecht Dürer

Dem ersamen weisen herr wilbolt
pirkamer zu nörnberg meinem
günstigen herrn

Albrecht Dürer (1471–1528) an Willibald Pirckheimer
7. Februar 1506

Gegen Ende des Jahres 1505 brach Albrecht Dürer in Nürnberg zu seiner zweiten Reise nach Venedig auf. Als er im Herbst 1494 zum ersten Mal nach Venedig reiste, war er ein junger Künstler gewesen, der die italienische Renaissance nur durch Drucke kannte. Er war selbstbewusst, wissbegierig und originell. Die Aquarellbilder, die er auf seiner Reise durch die Alpen malte, sind die ersten künstlerischen Darstellungen von Landschaften um dieser selbst willen.

Dürer kehrte nun als berühmter Künstler und Meister einer florierenden Werkstatt nach Venedig zurück. Er war aber immer noch von einem Wunsch angetrieben, den der venezianische Maler Jacopo de' Barbari (»Meister Jacob«) während seiner Tätigkeit in Nürnberg in ihm entfacht hatte: die Kenntnisse über Perspektive und klassische Proportionen zu vervollkommnen. Als er einige Wochen nach seiner Ankunft seinem besten Freund, dem humanistischen Gelehrten Willibald Pirckheimer schreibt, scheint er darauf aus zu sein, die italienischen Maler auf ihrem eigenen Boden herauszufordern. Mit seinem von deutschen Kaufleuten für ihre Kirche in Venedig in Auftrag gegebenen *Rosenkranzfest* (Národní galerie, Prag) wollte er genau das erreichen.

Meinen willigen Dienst vor Ihnen, lieber Herr. Wenn es Euch wohl geht, dann gönne ich Euch das von ganzem Herzen, so wie mir selbst. Ich habe Euch neulich geschrieben und hoffe, der Brief ist bei Euch angekommen. In der Zwischenzeit hat mir meine Mutter geschrieben und mich gescholten, dass ich Euch nicht schreibe [...]. Ich soll mich gegenüber Euch verantworten und sie ist sehr bekümmert, so wie es ihre Art ist [...].

Ich wollte, dass Ihr hier in Venedig wäret, es sind so viele freundliche Gesellen unter den Walschen [den Italienern], die mich mit der Zeit mehr und mehr begleiten – was mich im Herzen froh stimmt –, vernünftige und gelehrte Männer, gute Lautenspieler und Pfeifer, verständig in der Malerei und von edlem Gemüt [...].

Ich habe viele gute Freunde unter den Italienern, die mich warnen, dass ich mit ihren Malern nicht Essen und Trinken sollte. Viele von ihnen sind meine Feinde und malen meine Arbeiten in der Kirche ab, wenn sie sie finden. Und sie schelten meine Arbeit und sagen, es sei keine antike Kunst und es sei nicht gut. Doch Giovanni Bellini hat mich vor vielen Ehrenmännern sehr gelobt. Er wollte gerne etwas von meinen Arbeiten haben und ist selbst zu mir gekommen und hat mich gebeten, ihm etwas gegen Bezahlung zu malen. Und alle Leute sagen mir, was für ein frommer Mann er ist, sodass ich ihm gegenüber gut gesinnt bin. Er ist sehr alt und ist dennoch der beste Maler von allen. Und all das, was mir vor elf Jahren so gut gefallen hat, das gefällt mir jetzt nicht mehr [...]. Auch lasse ich Euch wissen, dass hier viel bessere Maler sind als Meister Jacob [...].

Mein Lieber, ich würde gern wissen, ob auch niemand von Ihren Liebschaften gestorben ist, etwa die beim Wasser oder die eine, die wie eine [Zeichnung Blume] oder jene [Zeichnung Bürste] oder das [Zeichnung Hund] Mädchen, auf dass Ihr nun eine durch eine andere ersetzen müsst [...].

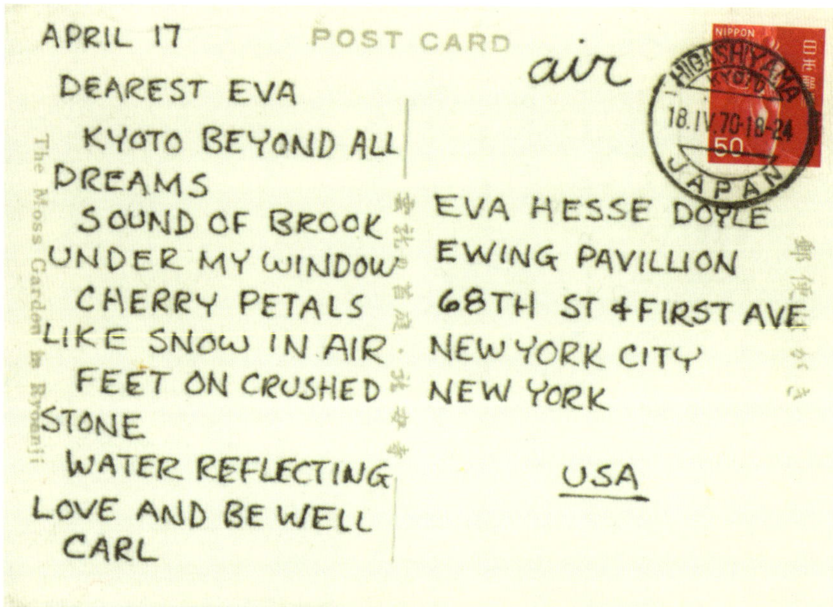
POST CARD
The Moss Garden in Ryoanji
NIPPON
50
HIGASHIYAMA
KYOTO
18.IV.70-18-24
JAPAN
air
APRIL 17
DEAREST EVA
KYOTO BEYOND ALL
DREAMS
SOUND OF BROOK
UNDER MY WINDOW
CHERRY PETALS
LIKE SNOW IN AIR
FEET ON CRUSHED
STONE
WATER REFLECTING
LOVE AND BE WELL
CARL
EVA HESSE DOYLE
EWING PAVILLION
68TH ST & FIRST AVE
NEW YORK CITY
NEW YORK
USA

Carl Andre (geb. 1935) an Eva Hesse

17. April 1970

Carl Andre, der im Frühjahr 1970 zur 10. Tokio-Biennale nach Japan gereist war, schrieb Eva Hesse (siehe S. 117) eine Karte, von der er wusste, dass sie ihr gefallen würde. Sie zeigt eine Abbildung des Steingartens im Tempel Ryōan-ji in Kyoto. Mit seinem weißen, von Mönchen fein gerechten Kiesbett, in dem scheinbar zufällig 15 Steine unterschiedlicher Größe platziert sind, gilt er als ein berühmtes Beispiel für einen zur Meditation einladenden japanischen Zen-Garten. In seiner Verbindung von natürlichen Formen und rhythmischen Mustern erinnert er an Hesses Skulpturen sowie – wenn auch weniger direkt – an Andres minimalistische Arbeiten in Form von regelmäßigen Anordnungen industriell gefertigter Objekte wie Ziegel oder Metallplatten. Carl Andres Grundgedanke der »axialen Symmetrie« geht auf seine Zeit als Zugführer und Bremser bei der Pennsylvania Railroad Company zurück, wo er im Güterverkehr jahrelang von »horizontalen Linien aus Stahl und Rost und großen Mengen Kohle und Baustoffen« umgeben war.

Nach dem Zweiten Weltkrieg versuchten auch japanische Künstler die Grenzen der Kunst weiter zu fassen, indem sie natürliches und industrielles Rohmaterial verwendeten und mit alternativen Medien wie Performances und Installationen experimentierten. Unter dem Motto »Zwischen Mensch und Materie« sollte die Tokio-Biennale 1970 das erste große Treffen radikaler amerikanischer, europäischer und japanischer Künstler werden. Andre wurde von Hesses engem Freund und künstlerischem Mitarbeiter Sol LeWitt begleitet, der auf der Biennale ebenfalls ausstellte. Einige Tage später sandte auch er ihr eine Karte aus dem Steingarten von Ryōan-ji.

Andre und LeWitt waren beide von dieser jahrhundertealten minimalistischen Installation fasziniert. Sie inspirierte Andre, seinen Kartengruß als Gedicht nach Art eines Haikus zu gestalten. Es ist zwar sicherlich eine Persiflage, gleichzeitig aber ernsthafter Ausdruck seines an die »liebste Eva« gerichteten Zuspruchs. Hesse hatte sich im April 1969 wegen eines Hirntumors einer Operation unterzogen. Die Prognose der Ärzte war alles andere als gut, doch sie arbeitete weiter und stellte auch aus, bis sie am 22. Mai 1970 – einen Monat, nachdem Andre seine Karte abschickte – ins Koma fiel. Am 29. Mai starb Eva Hesse.

---

17. APRIL

LIEBSTE EVA
    KYOTO ÜBERSTEIGT
ALLE TRÄUME
    KLANG DES BACHES
UNTER MEINEM FENSTER
    KIRSCHBLÜTENBLÄTTER
WIE SCHNEEFLOCKEN
    FÜSSE AUF
SPLITT
    WASSER REFLEKTIEREND
ALLES LIEBE UND WERDE GESUND
    CARL

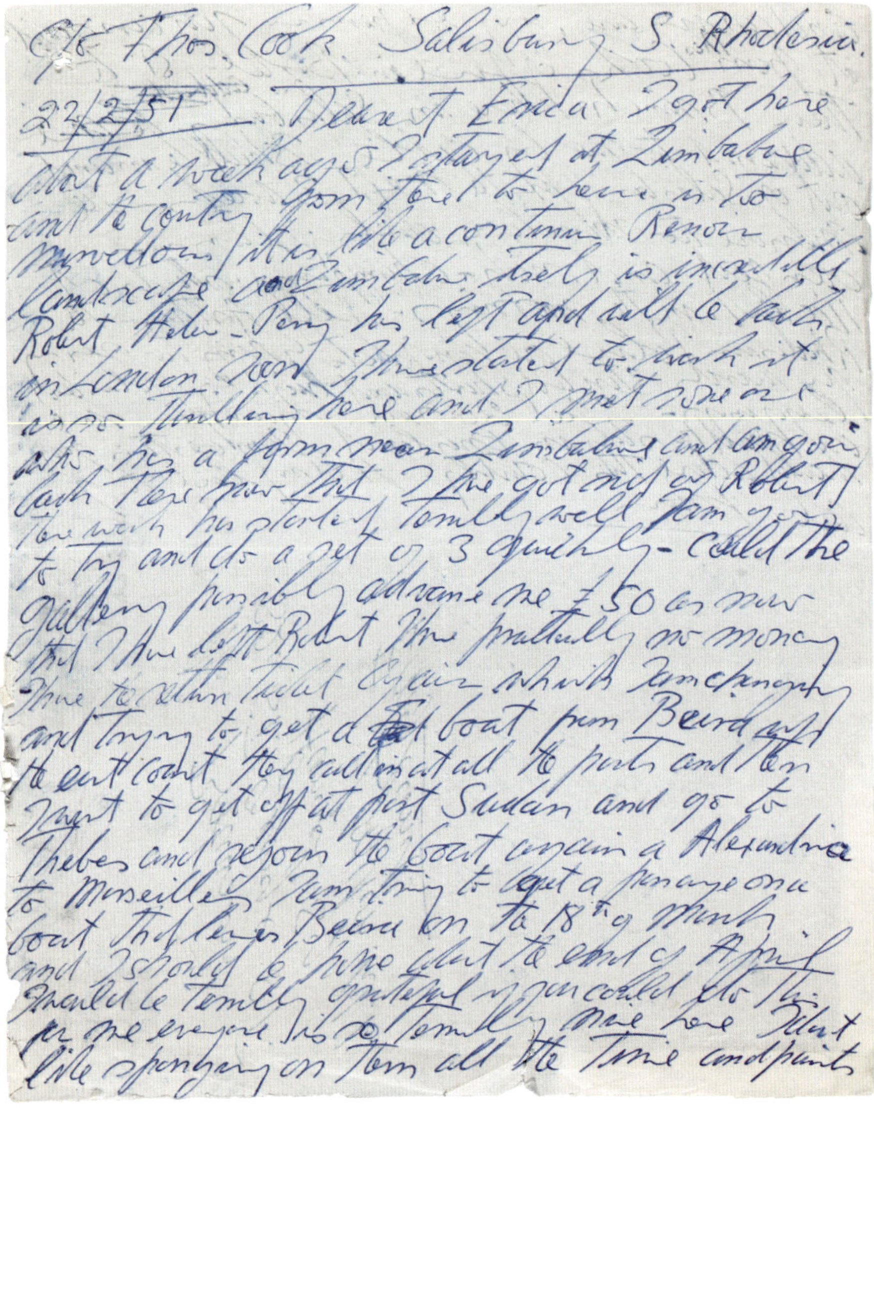

C/o Thos. Cook Salisbury S. Rhodesia.

22/2/51 Dearest Erica I got here
about a week ago I stayed at Zimbabwe
and the country from there to here is too
marvellous it is like a continual Renoir
landscape and Zimbabwe itself is incredibly [illegible]
Robert Heber-Percy has left and will be back
in London soon I have started to work it
is so thrilling here and I met someone
who has a farm near Zimbabwe and am going
back there now that I have got rid of Robert
the work has started terribly well I am going
to try and do a set of 3 quickly – could the
gallery possibly advance me £50 as now
that I have left Robert I have practically no money
I have to return ticket again which I am changing
and trying to get a [illegible] boat from Beira up
the east coast they call in at all the ports and then
I want to get off at Port Sudan and go to
Thebes and rejoin the boat again at Alexandria
to Marseilles I am trying to get a passage on a
boat that leaves Beira on the 18th of March
and I should be home about the end of April
I should be terribly grateful if you could do this
for me everyone is so terribly nice here I feel
like sponging on them all the time and paints

Francis Bacon (1909–1992) an Erica Brausen
22. Februar 1951

Im November 1950 segelte Bacon zusammen mit Robert Heber-Percy nach Südafrika. Heber-Percy, bekannt als »Mad Boy«, war Gefährte und Lover Lord Berners gewesen bis zu dessen Tod im April 1950. Bacon wollte seine Mutter besuchen, die nach Südrhodesien (heute Simbabwe) umgezogen war, danach wollte er über Ägypten zurück nach England reisen. Zwei Jahre zuvor hatte ihm Erica Brausen in ihrer kurz zuvor eröffneten Londoner Hanover Gallery seine erste Einzelausstellung ermöglicht; zu ihren jungen Protegés zählte auch Lucian Freud (siehe S. 19). Der äußerst belesene, jedoch ohne kontinuierliche Schulbildung aufgewachsene Bacon schreibt (fast) ohne Interpunktion und kombiniert bezeichnenderweise Klatsch und Tratsch mit Forderungen nach Geld. Brausen scheint darauf nicht schnell genug reagiert zu haben, denn fünf Tage später schreibt er: »Es tut mir leid, nochmals zu fragen, aber könntest du mir sofort telegrafisch die 50 Pfund [ca. 1.680 Euro nach heutigem Wert] überweisen?«

c/o Thos Cook Salisbury [heute: Harare], Südrhodesien

Liebste Erica ich kam hier vor etwa einer Woche an Ich war in Simbabwe [Groß-Simbabwe, monumentale Ruinenstadt] und das Land ist von dort bis hierher wunderschön und wie eine ständige Renoir-Landschaft und Simbabwe selbst ist unglaublich Robert Heber-Percy ist abgereist und wird bald wieder in London sein Ich habe mit der Arbeit begonnen Es ist so aufregend hier und ich lernte jemanden kennen, der in der Nähe von Simbabwe eine Farm hat und jetzt fahre ich dort hin, jetzt wo ich Robert los bin und versuche allein schnell drei Bilder zu machen – könnte die Galerie mir vielleicht 50 Pfund vorstrecken da ich jetzt Robert verlassen habe und praktisch kein Geld habe ich habe noch die Rückfahrkarte die ich umtausche und versuche ein Schiff von Beira an der Ostküste zu bekommen sie fahren alle Häfen an und dann möchte ich in Port Sudan an Land gehen und nach Theben fahren und dann wieder mit dem Schiff von Alexandria nach Marseille Ich versuche einen Platz auf einem Schiff zu bekommen das in Beira am 18. März ausläuft und sollte gegen Ende April daheim sein Ich wäre schrecklich dankbar wenn du das für mich tun könntest alle sind hier so schrecklich nett ich möchte hier nicht die ganze Zeit herumschmarotzen und Farben und Leinwände sind sehr teuer du kannst das Geld von Thomas Cook in der Berkeley Street an das Büro in Salisbury schicken und mir telegrafisch zusenden Ich werde die kommenden 3 Wochen in und außerhalb von Salisbury sein – die Männer werden sich wundern über den faulen, überfressenen – und reichen – Darling [?] Champagnertrinken beginnt immer um 11 Uhr morgens – Sag das Arthur – die rhodesische Polizei ist etwas für ihn, unsagbar sexy gestärkte Shorts und hochglanzpolierte Gamaschen – ich fühle mich wieder wie zwanzig ja wir sind verrückt, dass wir in England bleiben Ich bin sicher du würdest dieses Land lieben. Alles Liebe an euch alle. Francis

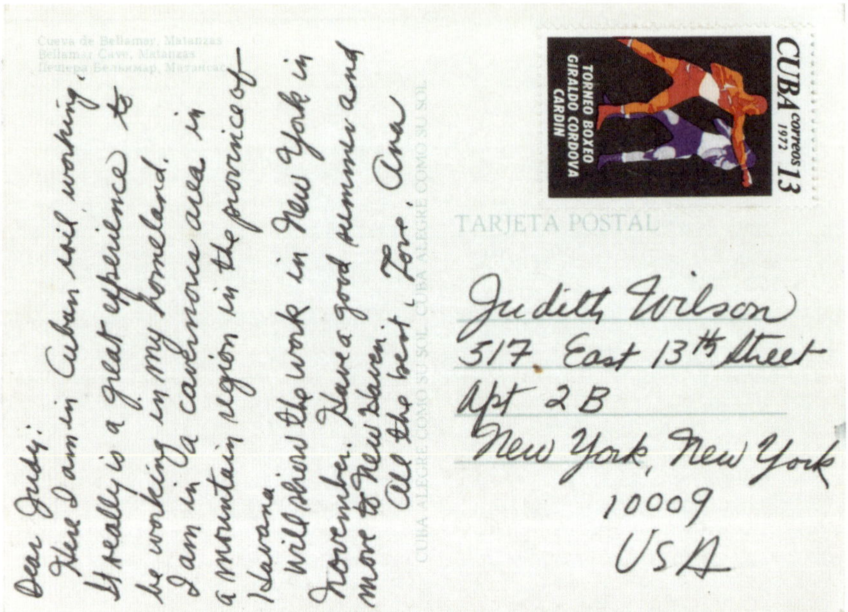

Cueva de Bellamar, Matanzas
Bellamar Cave, Matanzas
Пещера Белламар, Матансас

Dear Judy:
Here I am in Cuban soil working.
It really is a great experience to
be working in my homeland.
I am in a cavernous area in
a mountain region in the province of
Havana.
Will show the work in New York in
November. Have a good summer and
move to New Haven.
All the best, Love, Ana

CUBA ALEGRE COMO SU SOL. CUBA ALEGRE COMO SU SOL. CUBA ALEGRE COMO SU SOL.

CUBA CORREOS 1977 13
TORNEO BOXEO GIRALDO CORDOVA CARDIN

TARJETA POSTAL

Judith Wilson
517 East 13th Street
Apt 2B
New York, New York
10009
USA

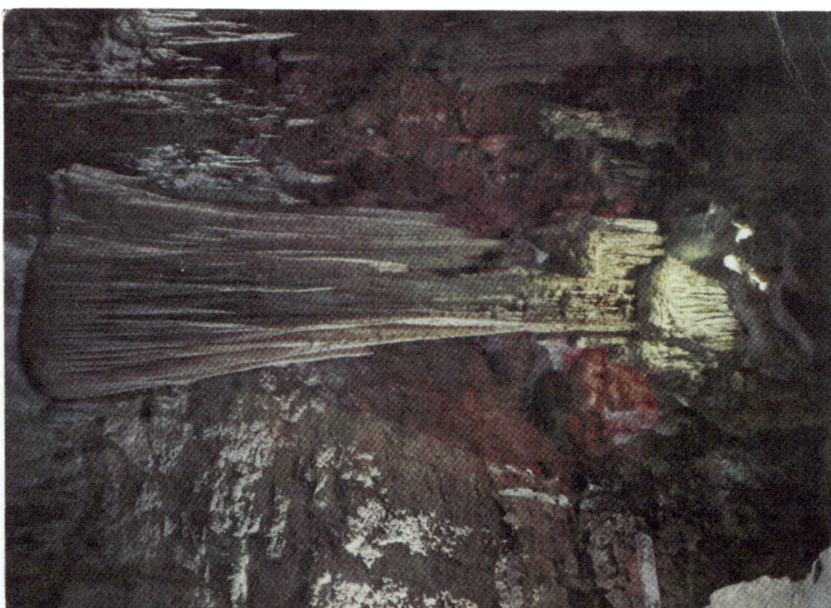

Ana Mendieta (1948–1985) an Judith Wilson
20. August 1980

»Hier arbeite ich in kubanischer Erde«, schreibt Ana Mendieta an ihre Freundin, die Kunsthistorikerin Judith Wilson: »Es ist wirklich eine großartige Erfahrung.« Mit ihrer Reise im August 1980 kehrte Mendieta zum ersten Mal nach Kuba zurück, nachdem ihr Vater sie mit zwölf Jahren mit ihrer älteren Schwester zu deren Sicherheit in die USA geschickt hatte. Als Gegner Fidel Castros wurde er bald darauf verhaftet und verbrachte die folgenden 18 Jahre im Gefängnis. Mendieta wurde von ihrer Schwester getrennt und in eine grausame Erziehungsanstalt in Iowa eingewiesen. Es folgten Aufenthalte in Pflegefamilien.

Nachdem sie in ihren Zwanzigern an einem Intermedia Programm für Graduierte der University of Iowa teilgenommen hatte, entwickelte Mendieta ihre »Erd-Körper-Kunstwerke«, bei denen sie ihren Körper, die umgebende Natur und elementare Materialien wie Blut, Erde und Feuer zum Gegenstand von Performances, Fotos und Videos machte. Ein Aufenthalt in Mexiko 1971 (»Einer Rückkehr zum Ursprung gleich, durch das bloße Dortsein kann etwas Magisches entstehen«) war Anlass für ihre *Silueta*-Serie (Silhouetten-Serie), bei der sie die Umrisse ihres Körpers auf unterschiedliche Art und Weisen (wie mittels Steinen und Blättern oder gar per Schwarzpulver-Explosion) auf verschiedene Untergründe übertrug. 1981 kehrte sie erneut nach Kuba zurück und meißelte im Nationalpark Escaleras de Jaruco ihre *Rupestrian Sculptures* in den Fels. »Meine Kunst gründet in dem Glauben an eine universelle Energie, die alles durchströmt«, schrieb sie, »vom Insekt zum Menschen, vom Menschen zum Geist, vom Geist zur Pflanze, von der Pflanze zur Galaxie.«

1978 übersiedelte Mendieta nach New York, wo sie sich in der Frauenbewegung engagierte und *Silueta* in der A.I.R. Gallery ausstellte, der ersten von Künstlerinnen für Künstlerinnen organisierten Galerie. Durch deren Mitbegründerin Nancy Spero begegnete sie dem Minimalisten Carl Andre (siehe S. 105 und S. 205). Wie ihre Arbeiten schienen auch der beiden Persönlichkeiten unvereinbar – Mendieta war reizbar und freimütig, Andre reserviert und systematisch. Das aber hinderte sie nicht daran, im Januar 1985 zu heiraten. Am Abend des 8. Septembers verständigte Andre den Rettungsdienst und sagte, seine Frau sei in der gemeinsamen Wohnung im 34. Stockwerk »aus dem Fenster gestürzt«. Er wurde des Mordes angeklagt. Offenbar hatte es nach reichlichem Alkoholgenuss einen heftigen Streit gegeben. Die Umstände von Mendietas Tod in Manhattan konnten jedoch nicht zweifelsfrei geklärt werden und Andre wurde freigesprochen. Mendietas Freunde wollten jedoch nicht an einen Selbstmord glauben. »Sie sagte mir, sie habe ein neues Werk begonnen«, erinnerte sich einer von ihnen, »und das Trinken und Rauchen wollte sie aufgeben, weil Künstlerinnen erst Anerkennung finden, wenn sie alt sind. Sie sagte, sie wollte lange genug leben, um es zu genießen.«

Liebe Judy:

Hier arbeite ich in kubanischer Erde. Es ist wirklich eine großartige Erfahrung, in meiner Heimat zu arbeiten. Ich bin in einer Höhlenregion in einem Berggebiet in der Provinz Havanna.

Werde die Arbeit im November in New York ausstellen. Einen schönen Sommer dir und zieh nach New Haven.

Alles Gute,
alles Liebe, Ana

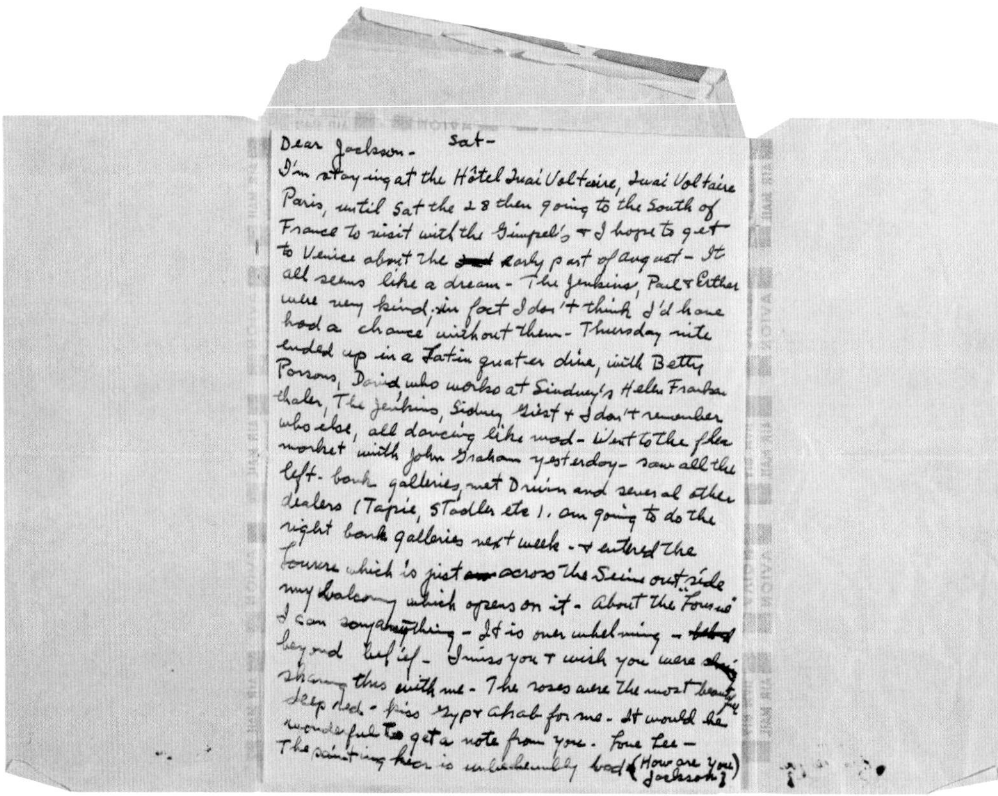

Dear Jackson – Sat –
I'm staying at the Hôtel Quai Voltaire, Quai Voltaire Paris, until Sat the 28 then going to the South of France to visit with the Gimpel's + I hope to get to Venice about the early part of August – It all seems like a dream – The Jenkins, Paul + Esther were very kind, in fact I don't think I'd have had a chance without them – Thursday nite ended up in a Latin quarter dive, with Betty Parsons, David who works at Sidney's Helen Frankenthaler, The Jenkins, Sidney Geist + I don't remember who else, all dancing like mad – Went to the flea market with John Graham yesterday – saw all the left-bank galleries, met Drouin and several other dealers (Tapie, Stadler etc). am going to do the right bank galleries next week – + entered the Louvre which is just across the Seine outside my balcony which opens on it – About the "Louvre" I can say nothing – It is over whelming – beyond belief – I miss you + wish you were sharing this with me – The roses were the most beautiful deep red – kiss Gyp + Ahab for me – It would be wonderful to get a note from you. Love Lee –
The painting here is unbelievably bad (How are you Jackson)

Lee Krasner (1908–1984) an Jackson Pollock

21. Juli 1956

»Es scheint alles wie ein Traum«, schwärmt Lee Krasner, als sie im Sommer 1956 auf ihrer ersten Europareise aus Paris ihrem Ehemann Jackson Pollock schreibt. Trotz der Umstände dieser Reise – Trennung auf Probe nach elfjähriger Ehe, gewissermaßen eine Erholungspause angesichts von Pollocks Alkoholismus und seiner Depression – schickte er ihr rote Rosen ins Hotel. Krasner wird in Paris von Paul und Esther Jenkins betreut, die sie mit New Yorkern umgeben. Sie erwähnt den Bildhauer Sydney Geist, die Malerin Helen Frankenthaler (siehe S. 201) und Pollocks frühere Galeristin Betty Parsons. John D. Graham, ihr Begleiter beim unumgänglichen Flohmarktbesuch, ist ein russisch-amerikanischer Künstler und Sammler, der 1941 die Ausstellung organisierte, durch die Krasner und Pollock sich kennenlernten. Seither (auch mit Blick auf die Dripping-Technik seiner Action Paintings, die ihn international berühmt machten) sah Pollock in Graham »den einzigen Menschen, der wirklich weiß, worum es geht«.

Krasner erwähnt auch Michel Tapié, der bei der Pariser Ausstellung mithalf, auf der Pollock 1952 der französischen Kunstwelt vorgestellt wurde. Sie versichert ihm, dass die zeitgenössische französische Malerei »unglaublich schlecht« und somit keine Konkurrenz für ihn sei. Teil ihrer Reiseplanung ist auch ein Aufenthalt im Landhaus der Londoner Galeristen Charles und Peter Gimpel in Ménerbes und ein Besuch der Biennale in Venedig. Sie sendet Grüße an ihre Hunde Gyp und Ahab. Natürlich weiß sie nicht, dass inzwischen Pollocks Geliebte, die junge Malerin Ruth Kligman, in ihrem und Pollocks Haus in Springs auf Long Island eingezogen ist. Drei Wochen später, am 11. August 1956, stirbt Pollock, nachdem er in Begleitung Kligmans unter Alkoholeinfluss mit dem Auto gegen einen Baum geprallt war. Statt nach Venedig zu fahren, reist Krasner zurück, um sein Begräbnis zu arrangieren (siehe S. 63).

Samstag –

Lieber Jackson –

Ich bin im Hôtel Quai Voltaire, Quai Voltaire Paris, bis Samstag, den 28. Dann fahre ich mit den Gimpels nach Südfrankreich und hoffe, Anfang August in Venedig zu sein – Es scheint alles wie ein Traum – Die Jenkins, Paul und Esther, waren so nett, ohne sie hätte gar nichts geklappt. Der Donnerstagabend endete in einer Kneipe im Quartier Latin mit Betty Parsons, David, der bei Sidney arbeitet, Helen Frankenthaler, den Jenkins, Sidney Geist, ich weiß nicht mehr, wer noch dabei war, alle tanzten wie verrückt – Gestern war ich mit John Graham auf dem Flohmarkt – besuchte alle Rive-Gauche-Galerien, Druin [Drouin] und noch ein paar Galeristen (Tapie, Stadler etc.) Die Rive-Droite-Galerien mache ich nächste Woche – Und ich war im Louvre, der auf der anderen Seite der Seine gegenüber meines Balkons liegt – Vom »Louvre« kann ich nur sagen – überwältigend – unglaublich – Du fehlst mir, ich wünschte, wir könnten das hier miteinander teilen – Die dunkelroten Rosen waren wunderschön – Grüß Gyp und Ahab von mir – Es wäre wundervoll, eine Nachricht von Dir zu bekommen.
Alles Liebe, Lee –

Die Malerei hier ist unglaublich schlecht
(Wie geht es Dir, Jackson?)

Kapitel 8

Abschied

nt erreicht ist, bleibt ein gewis
den Hafen erreicht habe. Das
er Hoffnung ist die Farbenpale

haben

»Ich sehe besser«

wer

on kleinen holländischen Lanc
en. Nach der entsetzlichen Hi
erzen, meine Hoffnung ist der
beharrlich und so lange Zeit
lass ich mit meinen Antworten
enn die Einsamkeit bedrückt e
ch unablässig auf denselben
n, dürften nichts anders getan
oßen Mischung aus körperlich
er Trübungen bemerken, die
ab, bis sich die Trübung zu lös
en all diese kindischen Leide
müter wieder ein wenig beruh
nichts als simple Mittel um de

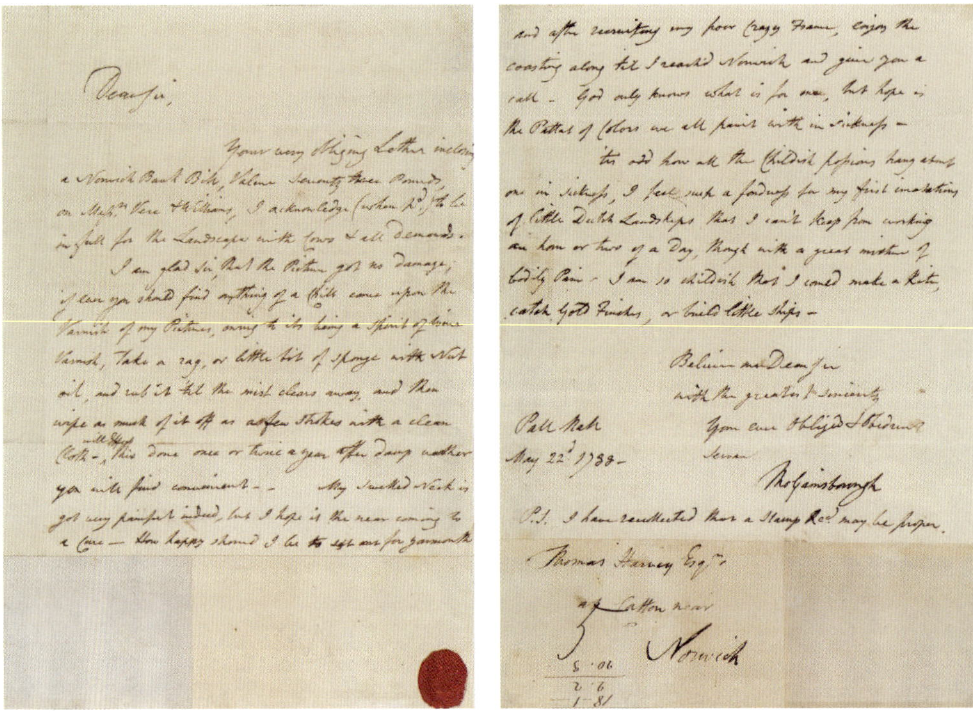
Dear Sir,

Your very obliging Letter inclosing a Norwich Bank Bill, Value Seventy three Pounds, on Mess.rs Vere & Williams, I acknowledge (when Rd.) to be in full for the Landscape with Cows & all demands.

I am glad Sir, that the Picture got no damage; if ever you should find anything of a Chill come upon the Varnish of my Pictures, owing to its being a Spirit of Wine Varnish, Take a rag, or little bit of sponge with Nut oil, and rub it til the mist clears away, and then wipe as much of it off as often strikes with a clean Cloth - this done once or twice a year after damp weather you will find convenient - - My Swelled Neck is got very painful indeed, but I hope is the near coming to a Cure - How happy should I be to set out for Yarmouth and after recruiting my poor Crazy Frame, enjoy the coasting along til I reach'd Norwich and give you a call - God only knows what is for me, but hope is the Pallat of Colors we all paint with in sickness -

'tis odd how all the Childish passions hang about one in sickness, I feel such a fondness for my first imitations of little Dutch Landskips that I can't keep from working an hour or two of a Day, though with a great mixture of bodily Pain - I am so childish that I could make a Kite, catch Gold Finches, or build little Ships -

Believe me Dear Sir
with the greatest sincerity
Your ever Obliged & Obedient
Servant
Tho Gainsborough

Pall Mall
May 22d 1788 -

P.S. I have recollected that a Stamp Rec.t may be proper.

Thomas Harvey Esq.r
at Catton near
Norwich

Thomas Gainsborough (1727–1788) an Thomas Harvey
22. Mai 1788

Der im ländlichen Suffolk aufwachsende Thomas Gainsborough war erst neun Jahre alt, als er das erste Selbstporträt malte. Er sollte einer der bedeutendsten britischen Maler des 18. Jahrhunderts werden, der durch seine eleganten Porträts adeliger Landbesitzer und bekannter Persönlichkeiten, wie den Theatergrößen Sarah Siddons und David Garrick, äußerst gefragt war. In den 1780er Jahren bewohnte Gainsborough ein Stadthaus im Zentrum Londons und erhielt regelmäßig Aufträge vom Hof. Trotz allem hatte er eine gewisse Abneigung gegen das »Gesichtermalen«, wie er es nannte. Er sehnte sich nach seiner ersten, wenn auch weit weniger einträglichen, Liebe: der Landschaftsmalerei.

Anfang 1788 bereitete ihm eine seit drei Jahren bestehende Schwellung am Hals mehr und mehr Sorgen, da sie nun auch Schmerzen verursachte. Man verschrieb ihm einen Kuraufenthalt am Meer, aber er befürchtete das Schlimmste. »Wenn es Krebs ist, bin ich ein toter Mann«, äußerte er einem Freund gegenüber. Er verkaufte weiterhin Werke, so auch eine Landschaft, die der Sammler Thomas Harvey aus Norwich erwarb. In einem seiner letzten Briefe (zwei Monate später verstarb er) gibt Gainsborough Harvey Ratschläge zur Pflege des Bildes und schildert ihm offen seinen Gesundheits- und Gemütszustand – ein bittersüßes Beispiel seines oft bizarren Humors.

Dear Sir,

ihr sehr zuvorkommendes Schreiben mit dem Akzept der Norwich Bank über dreiundsiebzig Pfund auf die Herren Vere & Williams quittiere ich als vollständige Bezahlung der Landschaft mit Kühen und allem Gewünschten.

Ich freue mich, dass das Bild keinen Schaden erlitten hat. Sollten Sie jemals auf dem Firnis meiner Bilder Trübungen bemerken, die bei Weingeistfirnis durchaus auftreten können, nehmen Sie einen Lumpen oder einen Schwamm mit Nussöl und reiben Sie die Stelle ab, bis sich die Trübung zu lösen beginnt und wischen Sie dann das Öl mit einem sauberen Tuch ab. Sie werden das ein oder zweimal im Jahr nach feuchter Witterung als angebracht erachten.

Die Schwellung am Hals bereitet mir starke Schmerzen, meine Hoffnung ist der baldige Beginn meiner Kur. Wie glücklich wäre ich, nach Yarmouth zu fahren und – sobald sich meine arme verrückte Gestalt erholt hätte – mich daran zu erfreuen, nach Norwich zu reisen und Sie zu besuchen. Nur Gott weiß, was mir bevorsteht, aber Hoffnung umfasst die Palette an Farben, mit denen wir malen, wenn wir krank sind.

Es ist seltsam, wie sich um einen Kranken all diese kindischen Leidenschaften versammeln. Ich spüre eine derartige Freude an meinen ersten Nachahmungen von kleinen holländischen Landschaften, dass ich es nicht lassen kann, jeden Tag ein, zwei Stunden zu malen, wenn auch mit einer großen Mischung aus körperlichen Schmerzen. Ich bin so kindisch, dass ich einen Drachen basteln, Goldfinken fangen oder kleine Schiffe bauen könnte.

Glauben Sie mir geehrter Herr,
ich verbleibe in größter Aufrichtigkeit
Ihr stets dankbarer und ergebener
Diener
Thos Gainsborough
Pall Mall

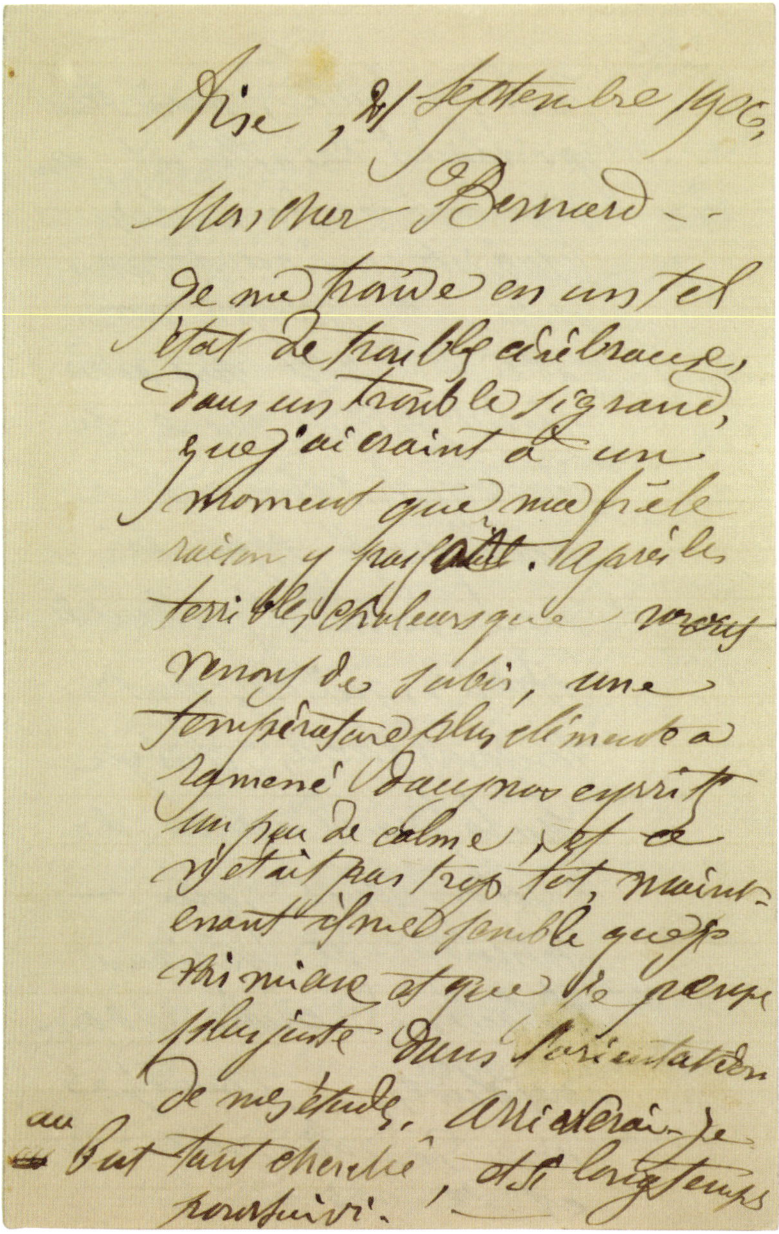
Aix, 21 septembre 1906,

Mon cher Bernard —

Je me trouve en un tel état de troubles cérébraux, dans un trouble si grand, que j'ai craint à un moment que ma faible raison y passât. Après les terribles chaleurs que nous venons de subir, une température plus clémente a ramené dans nos esprits un peu de calme, et ce n'était pas trop tôt; maintenant il me semble que je vois mieux et que je pense plus juste dans l'orientation de mes études. Arriverai-je au but tant cherché, et si longtemps poursuivi!

Paul Cézanne (1839–1906) an Émile Bernard
21. September 1906

Es ist dies der letzte einer Reihe von Briefen, die der schon ältere Paul Cézanne an den jüngeren Maler und Schriftsteller Émile Bernard schrieb. Bernard hatte ihn 1904 erstmals besucht. Wie von ihm vielleicht erhofft (Bernard hatte bereits an ihn gerichtete Schreiben van Goghs veröffentlicht), gab Cézanne in diesem Briefwechsel einige seiner tiefsten Überzeugungen in Bezug auf die Malkunst preis: »Alle Formen in der Natur lassen sich auf Kugel, Kegel und Zylinder zurückführen.« Oder: »Wir müssen wiedergeben, was wir sehen und alles vergessen, was vor uns existierte.« Doch nun fragt er Bernard: »Werde ich je das Ziel erreichen, das ich so beharrlich und so lange Zeit angestrebt habe?« Einige Wochen später, am 17. Oktober, klagte er in einem Brief an seinen Händler, dass die bestellten Farben noch nicht eingetroffen wären. Doch dann, nachdem er beim Malen in seinem Garten in Aix-en-Provence zusammengebrochen war und das sich selbst gegebene Versprechen beinahe erfüllt hatte, verstarb er am 22. Oktober 1906.

Aix, 21. September 1906

Mein lieber Bernard!

Ich befinde mich in einem solchen Zustand geistiger Verstörtheit, dass ich in manchen Momenten glaube, meinen angegriffenen Verstand zu verlieren. Nach der entsetzlichen Hitzewelle der letzten Zeit konnten nun mildere Temperaturen unsere Gemüter wieder ein wenig beruhigen; es war höchste Zeit. Mir scheint, ich sehe besser jetzt und kann klarer denken im Hinblick auf die Ausrichtung meiner Studien. Werde ich je das Ziel erreichen, dass ich so beharrlich und so lange Zeit angestrebt habe? Ich hoffe doch, aber so lange es nicht erreicht ist, bleibt ein gewisses Gefühl des Unbehagens bestehen, das erst verschwinden wird, wenn ich den Hafen erreicht habe. Das heißt, bis dass ich etwas realisiert habe, das etwas Besseres darstellt als meine bisherigen Errungenschaften und dadurch Theorien bestätigt (Theorien als solche sind ja immer leicht in die Welt zu setzen), ist es der Versuch selbst, den Ideen konkrete Form zu verleihen, der einen auf ernstzunehmende Hindernisse stoßen lässt. Also setze ich meine Naturstudien fort.

Doch eben habe ich Ihren Brief wieder durchgelesen und sehe, dass ich mit meinen Antworten danebenliege. Bitte entschuldigen Sie dies; der Grund hierfür ist, wie ich Ihnen schon sagte, diese ständige Vertieftsein in das zu erreichende Ziel.

Ich arbeite weiter nach der Natur und es scheint mir, als mache ich langsam Fortschritte. Ich hätte Sie gern bei mir gehabt, denn die Einsamkeit bedrückt einen immer ein bisschen. Doch ich bin alt und krank und habe mir geschworen, lieber beim Malen zu sterben, als einem entwürdigendem Siechtum zu verfallen, das den Betagten droht, die sich von sinnenverrohenden Leidenschaften dominieren lassen.

Falls ich noch eines Tages das Vergnügen haben werde, mit Ihnen zusammen zu sein, werden wir dies alles höchstpersönlich erörtern können. Sie müssen entschuldigen, dass ich unablässig auf denselben Punkt zurückkomme. Aber ich glaube an die logische Fortentwicklung dessen, was wir beim Studium der Natur sehen und empfinden und beschäftige mich erst später mit technischen Fragen. Denn die technischen Fragen sind für uns nichts als simple Mittel, um der Öffentlichkeit zu veranschaulichen, was wir selbst empfinden und wie wir uns verständlich machen können. Die großen Meister, die wir bewundern, dürften nichts anders getan haben.

Einen freundlichen Gruß von Ihrem unverwüstlichen Dickkopf, der Ihnen einen herzlichen Handschlag sendet.

Paul Cézanne

Zeitleiste

Index

Danksagungen

Wir danken allen hier genannten Personen und Institutionen für ihre freundliche Genehmigung zur Reproduktion des aufgeführten Materials. Es wurden große Anstrengungen unternommen, alle Abdruckrechte einzuholen. Der Verlag entschuldigt sich für alle unabsichtlichen Irrtümer und Auslassungen. Bei begründeten Ansprüchen wird der Verlag diese nach Möglichkeit durch Korrekturen berücksichtigen.

14 Collections Aristophil/DACS, London 2019; 16 Collection Marques de Casa Torres, Madrid/Museo del Prado; 18 Private Collection/© The Lucian Freud Archive/Bridgeman Images; 20 © Tate, London 2019; 22 British Library, London, UK/© British Library Board. All Rights Reserved/Bridgeman Images; 24 Elise Asher papers, 1923–1994. Archives of American Art, Smithsonian Institution/© The Estate of Philip Guston; 26 © The Morgan Library & Museum; 28 Collections Aristophil; 30 Courtesy of Wienbibliothek, Estate Josef Lewinsky; 32 Archives of American Art, Smithsonian Institution Washington/DACS, London 2019; 34 © Ashmolean Museum, University of Oxford; 36 © The Morgan Library & Museum; 38 Archives of American Art, Smithsonian Institution/DACS, London 2019; 40 © 2019. Image copyright The Metropolitan Museum of Art/Art Resource/Scala, Florence; 42 Courtesy of Sotheby's London; 44 Archives of American Art, Smithsonian Institution/DACS, London 2019; 46 Archives of American Art, Smithsonian Institution/DACS, London 2019; 50 Van Gogh Museum, Amsterdam (Vincent van Gogh Foundation); 52 © The Morgan Library & Museum; 54 British Library, London, UK/© British Library Board. All Rights Reserved/Bridgeman Images; 56 Originalbrief an Claude Monet (der Woche ab dem 21 Juli 1920 Bleistift und Tinte auf gefaltetem Papier), Signac, Paul (1863–1935)/Private Collection/Photo © Christie's Images/Bridgeman Images; 58 Archives of American Art, Smithsonian Institution/DACS, London 2019; 60 The Metropolitan Museum of Art/© 2019 Estate of Pablo Picasso/Artists Rights Society (ARS), New York; 62 Archives of American Art, Smithsonian Institution/DACS, London 2019; 64 The Metropolitan Museum of Art/Purchase, Guy Wildenstein Gift, 2003; 66 David Hockney Fax (handgeschriebener Brief) 1988, handgeschriebener Brief gefaxt auf einem weißen Blatt, maschinell hergestellt, Faxpapier, 26,8 × 21,6 cm, National Gallery of Australia, Canberra, Gift of Kenneth Tyler 2002/© David Hockney; 68 Yale Collection of American Literature, Beinecke Rare Book and Manuscript Library, Yale University; 70 Archives of American Art, Smithsonian Institution/© Holt/Smithson Foundation; 72 Musée Marmottan Monet, Paris, France/Bridgeman Images; 74 Handgeschriebener Brief von Marina Abramović und Ulay an Mike Parr, Seite 1. Mexico, Juni 1978 1978, National Gallery of Australia, Canberra, Geschenk von Mike Parr 2012/© Ulay Foundation; 76 Brief von Mike Parr an Marina Abramović und Ulay. Newtown, 27 Juli 1978 1978, National Gallery of Australia, Canberra, Geschenk von Mike Parr 2012; 78 British Library, London, UK/© British Library Board. All Rights Reserved/Bridgeman Images; 80 Yale Center for British Art, Paul Mellon Collection; 84 Archives of American Art, Smithsonian Institution/Courtesy of Cindy Sherman; 86 Archives of American Art, Smithsonian Institution/DACS, London 2019; 88 Yale Collection of American Literature, Beinecke Rare Book and Manuscript Library, Yale University; 90 Metropolitan Museum of Art, bequest of John M. Crawford Jr., 1988; 92 © Judd Foundation/Zitate von Yayoi Kusama entnommen aus Infinity Net: The Autobiography of Yayoi Kusama (Tate Publishing: London, 2013); 94 Archives of American Art, Smithsonian Institution/Estate of George Grosz, Princeton, N.J.; 96 Archives of American Art, Smithsonian Institution/Courtesy of Yoko Ono; 98 Archives of American Art, Smithsonian Institution/DACS, London 2019; 102 © The Samuel Courtauld Trust, The Courtauld Gallery, London; 104 Archives of American Art, Smithsonian Institution/DACS, London 2019; 106 © RMN-Grand Palais (Musée d'Orsay)/RMN-GP; 108 Archives of American Art, Smithsonian Institution/DACS, London 2019; 110 © The Samuel Courtauld Trust, The Courtauld Gallery, London; 112 Archives of American Art, Smithsonian Institution/© Cy Twombly Foundation; 114 Archives of American Art, Smithsonian Institution; 116 Allen Memorial Art Museum, Oberlin College, Ohio, USA/Geschenk von Helen Hesse Charash/Bridgeman Images; 118 Archives of American Art,

Smithsonian Institution; 120 Archives of American Art, Smithsonian Institution/DACS, London 2019; 122 Veneranda Biblioteca Ambrosiana, Milan, Italy/© Veneranda Biblioteca Ambrosiana/Metis e Mida Informatica/ Mondadori Portfolio/Bridgeman; 124 © Leopold Museum, Wien; 126 Royal Collection Trust/© Her Majesty Queen Elizabeth II 2014; 128 Ketterer Kunst/DACS, London 2019; 130 Archives of American Art, Smithsonian Institution/DACS, London 2019; 132 Archives of American Art, Smithsonian Institution/DACS, London 2019; 136 Archives of American Art, Smithsonian Institution/DACS, London 2019; 138 Archives of American Art, Smithsonian Institution/© Joan Mitchell Foundation; 140 © The Morgan Library & Museum; 142 © Tate, London 2019; 144 Archives of American Art, Smithsonian Institution; 146 Archives of American Art, Smithsonian Institution/DACS, London 2019; 148 Courtesy of Sotheby's, Inc. © 2017/DACS, London 2019; 150 Yale Collection of American Literature, Beinecke Rare Book and Manuscript Library, Yale University; 152 Yale Collection of American Literature, Beinecke Rare Book and Manuscript Library, Yale University; 154 © Musée Rodin; 156 © Musée Rodin; 158 © Tate, London 2019/DACS, London 2019; 160 © Tate, London 2019; 164 © The Trustees of the British Museum; 166 Heritage Image Partnership Ltd/Alamy Stock Foto; 168 © Tate, London 2019/Henry Moore Foundation; 170 Archives of American Art, Smithsonian Institution; 172 Lebrecht Authors/Bridgeman Images; 174 Archives of American Art, Smithsonian Institution/DACS, London 2019; 176 Archives of American Art, Smithsonian Institution/© Tate, London 2019; 178 British Library, London, UK/© British Library Board. All Rights Reserved/Bridgeman Images; 180 Collections Aristophil; 182 Private Collection/Prismatic Pictures/Bridgeman Images; 184 Bonhams; 186 Fitzwilliam Museum, University of Cambridge, UK/Bridgeman Images; 188 Archives of American Art, Smithsonian Institution/DACS, London 2019; 192 Tennyson Research Centre, Lincolnshire Archives; 194 Archives of American Art, Smithsonian Institution; 196 Courtesy of Sotheby's London/DACS, London 2019; 198 Bonhams; 200 Archives of American Art, Smithsonian Institution/DACS, London 2019; 202 Collection Frits Lugt; 204 Allen Memorial Art Museum, Oberlin College, Ohio, USA/Gift of Helen Hesse Charash/Bridgeman Images; 206 © Tate, London 2019/ DACS, London 2019; 208 Archives of American Art, Smithsonian Institution; 210 Archives of American Art, Smithsonian Institution; 214 © The Samuel Courtauld Trust, The Courtauld Gallery, London; 216 © The Samuel Courtauld Trust, The Courtauld Gallery, London.

Autorendanksagung
Ich danke Catherine Angerson und Andrea Clarke von der British Library, Okkyun Choi und Ketty Gottardo von der Courtauld Gallery, Alice Howard vom Ashmolean Museum, sowie Jessica Lin und Alice Mahoney, Gesine Mahoney, Ian Massey und Sheila McTighe am Courtauld Institute of Art, Darragh O'Donoghue in der Tate und Gemma Rhodes für ihre großzügige Hilfe bei der Suche nach Hintergrundinformationen, Übersetzungen und digitalen Bildern von Briefen. Ein Dankeschön geht auch an meine geduldigen und wunderbaren Lektoren bei White Lion, Nicki Davis und Michael Brunström sowie an Alison Stevens für ihre brillante Bildrecherche.

Umschlag: Vincent van Gogh an Paul Gauguin, 17. Oktober 1888,
siehe Seite 52 ff.

2. Auflage 2019

Die Originalausgabe erschien 2019 unter dem Titel:
Artists' Letters: Leonardo da Vinci to David Hockney
Published by arrangement with White Lion Publishing,
an imprint of The Quarto Group, London.

Projektleitung: Claudia Stäuble, Stella Christiansen
Übersetzung: Werner Kügler
Lektorat: Tilmann Schönecker
Cover-Gestaltung: Cornelia Niere
Gestaltung: Paileen Currie
Satz: Sofarobotnik
Herstellung: Andrea Cobré

Printed in China

ISBN 978-3-7913-8611-9

www.prestel.de